16가지 문법 테마를 만화로 배우는

대한민국에서 가장 재밌는 FunFun 일본어 문법

시사일본어사

머리말

일본어 공부는 이제 기초 문형과 기초 문법부터!

문법은 문장을 만들 때의 법칙이나 공식이기 때문에 딱딱하고 복잡하게 생각하여 문법 공부를 기피한 채, 단순히 어휘력만 키워 일본어를 마스터하려는 학습자들이 많은 것 같습니다. 하지만, 문법은 어학을 공부하는 사람에게서는 빼놓을 수 없는 기본적인 학습 부분입니다. 그렇기 때문에 많은 분들이 도전하지만 또 그만큼 어려워하며 포기해 버리기도 합니다.

이 문법책은 딱딱하고 어렵게 느껴지는 기존 문법 교재들의 정형화된 틀을 과감하게 탈피하여, 흥미로운 문법 공부를 최우선의 목표로 하여 만들었습니다. 일본어를 처음 공부하는 학습자나 초기 단계에 있는 학습자 여러분을 위해 일본어 공부의 기초가 되는 문법을 재미있는 만화와 풍부한 삽화, 그리고 알기 쉬운 설명으로 깔끔하게 구성한 새로운 차원의 일본어 문법책의 결정판입니다.

적재적소의 삽화와 자세하고 풍부한 해설과 Tip!

이 책은 일본어 문법을 16개의 테마로 나누어, 내용의 난이도와 기초 문법의 중요도를 고려하여 구성한 색깔 있는 문법책입니다.

제일 앞에 나오는 도입 부분에서는 각각의 문법 테마에서 다루는 내용이나, 실제 회화 장면에서의 테마별 문법 사항을 재미있는 우리말 만화를 통해 쉽게 이해하면서도 간단하게 맛볼 수 있도록 하였습니다. 그리고, 각 테마별 문법 사항의 본론 첫 단계인 '읽으면서 쏙쏙 Q&A'에서는 똑똑 학생과 콕 선생님이 주고받는 질문과 대답을 통해 각각의 테마에서 다루게 되는 문법 사항을 좀 더 구체적으로 파악하며 학습내용에 대한 WARMING UP을 할 수 있습니다.

또한, '맥 짚어보기'에서는 각각의 테마에서 다루게 되는 주요 핵심 사항을 한 눈에 쏙 들어오게 정리해 놓았으며, 본론 중의 본론인 문법 설명부분은 적재적소에 넣은 풍부한 삽화와 노래 등을 문법 사항에 접목시켜 여러분이 쉽고 재미있게 공부할 수 있도록 하였습니다. 이 외에도 풍부한 'TIP'과 '맞짱뜨기', '질문 있어요!' 등의 코너를 통해 여러분들이 헷갈리기 쉬운 내용을 알기 쉽게 정리하였으며, 특히 '콕 선생의 비밀과외' 코너는 학습자들이 궁금해하거나 꼭 알아 두어야할 사항을 시원스럽게 콕콕 찍어 자세히 설명해 놓았습니다. 또한, 본문 속 '확인문제'와 그림으로 재미있게 풀어 볼 수 있는 다양한 'Exercise'로 실력을 점검할 수도 있습니다. 그리고, 일본어 왕초보자들을 위해 일본어 문자를 그림과 함께 쉽게 이해하고 익히도록 배려하였습니다. 또한, 본문 속 문법 사항에 나온 예문은 되도록이면 실제 회화 상황에서 많이 사용되고, 학습자들이 잘 알고 있는 내용을 토대로 하여 만들었습니다.

Fun Fun한 일본어 문법으로 신나고 재미있게!

자, 이제는 일본어 문법! 신나고 재미있게 즐길 때가 왔습니다. 딱딱하고 지루한 일본어 문법은 이제 끝입니다! 이 책 한 권이면 여러분은 문법을 재미있고 신나게 마스터할 수 있습니다. 「대한민국에서 가장 재밌는 Fun Fun 일본어 문법」으로 이제부터는 Fun Fun하게 공부하세요!

저자 정의상

차례

머리말	03
이 책의 구성	08
일본어 문자	10

I. 품사편

1. 기본 문형	19
01 기본 문형 I	21
02 기본 문형 II	24
Exercise	28
2. 대명사	29
01 인칭 대명사	32
02 지시 대명사	35
Exercise	38
3. 수사	41
Exercise	49
4. 형용사	53
01 い형용사	55
[그림으로 익히는 기본 い형용사 33]	65
02 な형용사	67
[그림으로 익히는 기본 な형용사 33]	76
Exercise	79
5. 동사	83
01 동사의 종류	90
02 동사의 활용	93
(1) 동사의 ます형	93
(2) 명사 수식형	96
(3) 동사의 て형	97
(4) 동사의 ない형	104
(5) 동사의 의지형	106
(6) 동사의 가정형	108
(7) 동사의 명령형	110
(8) 동사의 た형	112
[그림으로 익히는 기본 동사 73]	117
Exercise	122

6. 자동사・타동사　127
　Exercise　134

7. 조동사　137
　01 희망・의무 표현　140
　　(1) ～たい・たがる　　(2) ～なければならない
　02 허가・금지 표현　144
　　(1) ～てもいい　　(2) ～てはいけない
　03 의지・권유 표현　146
　　(1) ～つもりだ
　　(2) ～う(よう)
　　(3) ～ことになる(する), ～ようになる(する)
　04 의뢰・제안 표현　151
　　(1) ～てください
　　(2) ～てもらいたい・てほしい
　　(3) ～ましょう・ましょうか・ませんか
　05 추측・판단 표현　155
　　(1) ～かもしれない　　(2) ～だろう・でしょう
　　(3) ～はずだ　　(4) ～と思う
　06 추측・전달 표현　162
　　(1) ～ようだ・みたいだ　　(2) ～らしい
　　(3) ～そうだ(추측)　　(4) ～そうだ(전달)
　07 경험・충고 표현　169
　　(1) ～(た)ことがある　　(2) ～たほうがいい
　Exercise　173

8. 조사　179
　01 꼭 외워야 할 기본 조사　182
　02 주로 함께 쓰이는 조사　187
　03 정도 등을 나타내는 조사　189
　04 문장과 문장을 잇는 조사　193
　05 문장 끝에 오는 조사　200
　06 조사에 다른 말을 붙여 만드는 복합 조사　204
　07 한국인이 틀리기 쉬운 조사　206
　Exercise　212

9. 부사와 접속사　215
　01 부사　218
　02 접속사　230
　Exercise　237

차례

II. 표현편

10. 시간 표현　247
　01 시제를 나타내는 표현　249
　02 상태를 나타내는 표현　254
　03 동사의 ます형에 접속되는 표현　260
　04 동사의 て형에 접속되는 표현　262
　Exercise　265

11. 수수 표현　269
　01 사물의 주고 – 받기　272
　　(1) あげる
　　(2) くれる
　　(3) もらう
　02 행위의 주고 – 받기　276
　　(1) ～てあげる
　　(2) ～てくれる
　　(3) ～てもらう
　Exercise　283

12. 수동 표현　287
　01 그룹별 동사의 수동형 만들기　290
　02 수동문의 특징　292
　Exercise　296

13. 가능 표현　299
　01 가능 표현의 종류　302
　02 가능형 문장의 생김새　303
　03 그룹별 동사의 가능 동사 만들기　304
　Exercise　307

14. 사역 표현　309
　01 그룹별 동사의 사역형 만들기　312
　02 자동사 사역문 VS 타동사 사역문　314
　03 의미에 따른 사역의 분류　315
　04 사역 수동 표현　316
　Exercise　320

15. 가정 · 조건 표현   323
  01 〜ば   326
  02 〜と   329
  03 〜たら   331
  04 〜なら   333
  Exercise   335

16. 경어 표현   339
  01 존경 표현   342
  02 겸양 표현   344
  03 정중 표현   346
  04 특별 경어 동사   347
    [비즈니스에 필요한 꼭 필요한 경어 표현의 NG or OK]   349
  Exercise   350

확인문제 정답   354
Exercise 정답   359
부록   369

이 책의 구성

▶ 만화

도입부분으로서, 각 테마별 문법 사항을 재미있는 우리말 만화로 구성하여 쉽고 간단하게 맛보기를 할 수 있도록 하였습니다.

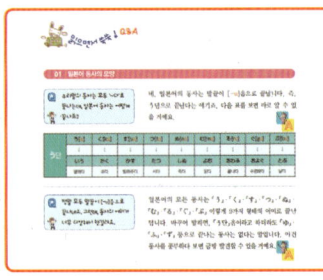

▶ 읽으면서 쑥쑥! Q&A

본문 첫 단계로서, 각각의 문법 사항을 똘똘 학생과 콕 선생님이 주고 받는 질문과 대답을 통해 학습 내용에 대한 Warming up을 할 수 있도록 하였습니다.

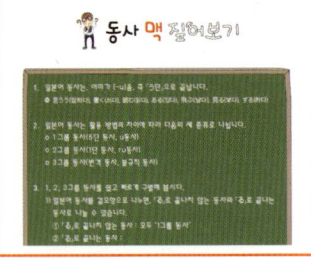

▶ 맥 짚어보기

각각의 테마에서 배우게 되는 주요 핵심 사항을 한눈에 쏙 들어오도록 깔끔하게 정리하였습니다.

▶ Tip

본문 내용 이외에 알아 두면 유용한 문법 내용을 보충 설명하였습니다.

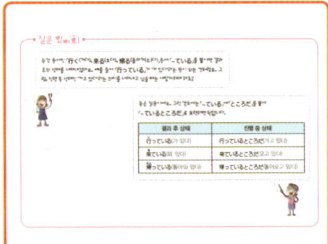

▶ 질문 있어요!

호기심 많은 똑순이 학생의 질문에 대한 콕 선생님의 명쾌한 대답을 실어 학습자들의 궁금증을 깔끔하게 해소할 수 있도록 하였습니다.

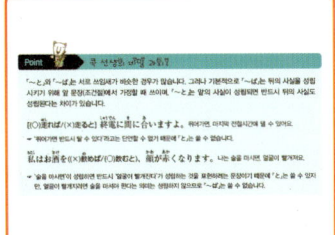

▶ Point  콕 선생의 비밀 과외!

학습자들이 문법 사항을 학습하는데 있어서 포인트가 되는 중요 사항이나 주의할 점 등을 콕 선생님이 직접 콕콕 찍어 비밀스럽고도 자세하게 설명하였습니다.

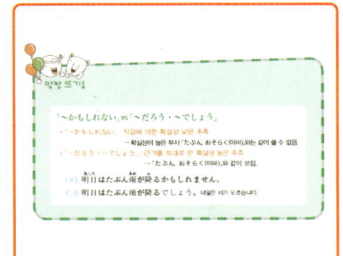

▶ 맛짱 뜨기

비슷한 표현이나 반대되는 표현 등 두 가지 이상의 문법 사항을 서로 비교·대조하여 사용상의 차이점이나 주의할 점을 철저히 분석하여 설명해 놓았습니다.

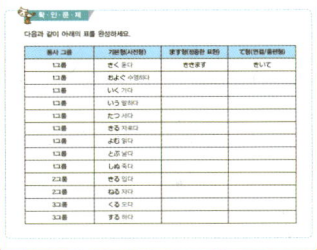

▶ 확·인·문·제

각각의 작은 문법 사항 학습이 끝나면 그때마다 확인문제를 풀어 보며 얼마나 이해하였는지를 바로 체크할 수 있도록 하였습니다.

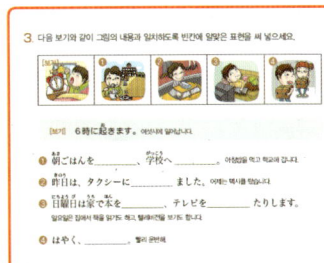

▶ Exercise

16개 각각의 문법 학습이 끝날 때마다 반드시 각 과에서 배운 학습 내용을 다룬 연습문제를 풀어보면서 실력을 점검할수 있도록 하였습니다.

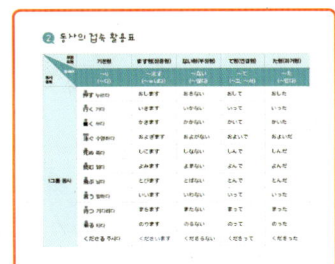

▶ 부록

동사의 여러 가지 표현 일람, 동사, 형용사, 명사의 접속 활용표를 깔끔하게 정리하여 바로 찾아 볼 수 있도록 하였습니다.

일본어 문자

일본어 문자는 히라가나(ひらがな)와 가타카나(カタカナ), 그리고 한자로 이루어져 있습니다. 히라가나는 가장 기본적으로 사용되는 문자이고, 가타카나는 주로 외래어를 표기하기 위해 사용됩니다. 그럼, 본격적인 문법 학습 전에 일본어 문자부터 간단하게 살펴보도록 합시다.

1 히라가나 익히기

히라가나 청음

	あ단	い단	う단	え단	お단
あ행	あ [a 아]  あかい 빨갛다	い [i 이]  いえ 집	う [u 우]  うし 소	え [e 에]  え 그림	お [o 오]  おう 왕
か행	か [ka 카]  かい 조개	き [ki 키]  かき 감	く [ku 쿠]  くも 구름	け [ke 케]  いけ 연못	こ [ko 코]  こえ 목소리
さ행	さ [sa 사]  あさ 아침	し [shi 시] 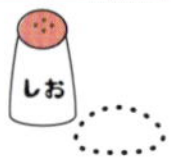 しお 소금	す [su 스]  すし 초밥	せ [se 세]  せなか 등	そ [so 소]  そら 하늘
た행	た [ta 타]  たこ 문어	ち [chi 치]  ちち 아빠	つ [tsu 츠]  くつ 구두	て [te 테]  て 손	と [to 토]  とけい 시계
な행	な [na 나]  なす 가지	に [ni 니]  かに 게	ぬ [nu 누]  いぬ 개	ね [ne 네]  ねこ 고양이	の [no 노]  のり 풀

히라가나 탁음

히라가나 반탁음

2 가타카나 익히기

가타카나 청음

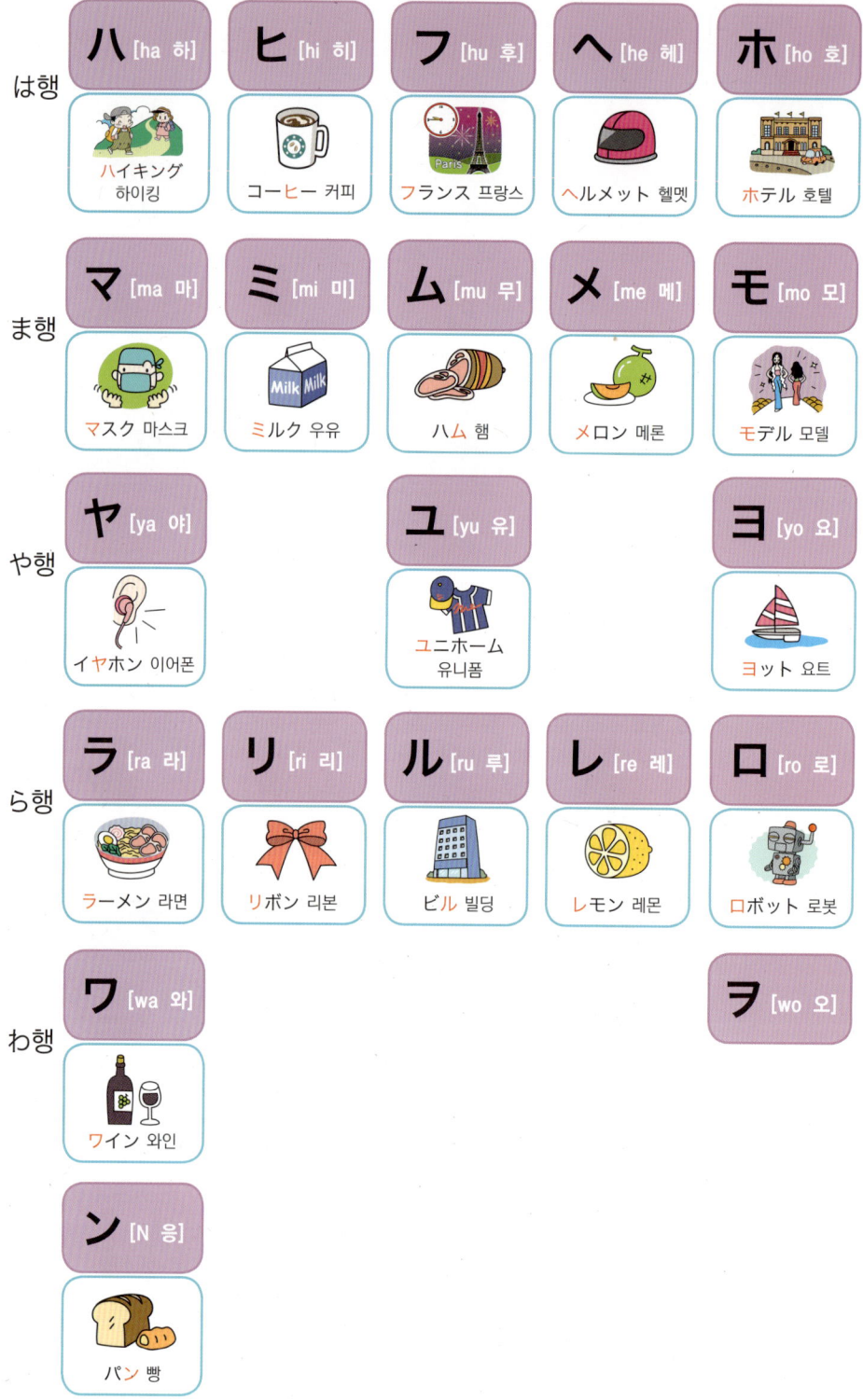

가타카나 탁음

가타카나 반탁음

1. 품사편

1. 기본 문형	19
2. 대명사	29
3. 수사	41
4. 형용사	53
5. 동사	83
6. 자동사・타동사	127
7. 조동사	137
8. 조사	179
9. 부사와 접속사	215

품사란 문장에서의 기능이나 활용의 방법 등을 기준으로 분류한 단어의 그룹을 말합니다. 품사 편에서 공부하게 되는 문법 테마는 기초회화에 있어서 가장 기본이 되는 '기본문형'과 '대명사', '수사'에 대해 공부하고, 문장을 구성하는 데에 있어 가장 중심이 되는 술어, 즉 형용사(い형용사, な형용사)와 동사의 활용 및 기능에 대해 공부합니다. 그리고 동사나 형용사의 뒤에 연결되어 말하는 사람이 표현하고자 하는 내용을 좀 더 풍요롭고 정확하게 표현할 수 있도록 도와주는 '조동사', 문장 안에서 명사와 대명사의 역할 및 기능을 명확하게 할 수 있도록 도와주는 '조사', 단어 또는 문장을 꾸며주거나 이어주는 역할을 하는 '부사 및 접속사'에 대해 공부합니다. 특히 품사 편에서는 무엇보다도 동사, い형용사, な형용사의 활용 및 접속과 말하는 사람의 주관적인 표현을 가능하도록 도움을 주는 조동사의 쓰임새를 정확히 파악하는 것이 가장 중요하다고 할 수 있겠습니다.
그럼, 일본어 품사의 완전정복을 꿈꾸며 품사 편 문법 여행을 떠나 볼까요?

1 기본 문형

건물의 기본은 주춧돌, 문장의 기본은 기본 문형

기본 문형이란 회화의 가장 기본이 되는 문장 형식으로, 초급 단계에 자주 쓰이는 간단한 어휘를 사용하여 만든 표현입니다.

*일본어는 원래 띄어쓰기를 하지 않지만, 학습자들의 편의를 위해 이 책에서는 기본문형에서만 띄어쓰기를 하였습니다. 참고하세요!

일본어의 기본 문형이란?

Q 일본어의 기본 문형이란 무엇인가요?

일본어의 기본 문형이란 문법의 기본인 명사, 대명사, 기본 조사, 그리고 긍정이나 부정의 '~입니다', '~아닙니다' 등을 사용하여 만든 아주 간단한 기본 회화문을 말합니다.

Q 마치 영어의 'I am a student', 'It isn't my bag'과 같이 기초 중의 기초인 문형을 말하는 거군요?

그렇죠. 우리말의 '나는 ○○○입니다', '이것은 ○○○입니다', '여기는 ○○○이/가 아닙니다'에 해당하는 아주 기본적인 문장이지요.

Q 그 외의 기본 문형에는 어떤 것들이 있나요?

'여기, 저기'와 같은 장소 지시대명사와 짝을 이루어, 동사 '~있습니다', '~없습니다' 등을 사용하는 존재 표현도 기본 문형에 속한다고 할 수 있어요.

Q 일본어는 우리말과 어순도 같으니까 단어만 잘 알면 기본 문형을 익히기는 쉽겠네요?

그렇지요. 하지만 기본 문형을 공부할 때는 주의할 게 두 가지 정도 있어요. 첫 번째는 '~이/가 아닙니다'와 '~이/가 없습니다'에 해당하는 각각의 일본어 「〜ではありません」과 「〜がありません」을 잘 구별해서 외워두어야 한다는 점이에요. 두 번째로 일본어는 우리말과 달리 생물이나 무생물의 존재 여부를 구분해서 사용하는데, 사물 등의 무생물이나 식물에 대해서는 「あります」를 쓰고, 사람이나 동물 등의 존재에 대해서는 「います」를 써서 두 종류의 존재를 구분해야 한답니다.
자, 그럼 일본어 문형 중 가장 기본이 되는 기본 문형을 자세히 살펴 볼까요?

01 기본 문형 I

1 「～は ～です(か)」: ~은/는 ~입니다(까?)

❶ 이것은 타코야키입니다.   ❷ 여기는 도쿄입니다.   ❸ 당신은 짱구입니까?

これは　　　　　　　　ここは　　　　　　　　あなたは
たこやきです。　　　　東京(とうきょう)です。　　しんちゃんですか。

これ 이것　～は ~은/는　たこやき 타코야키　～です ~입니다　ここ 여기　東京(とうきょう) 도쿄
あなた 당신, 너　しんちゃん 짱구(애니메이션 '짱구는 못말려'의 주인공)　～ですか ~입니까?(「～か」~까?(의문 조사))

2 「～は ～の ～です(か)」: ~은/는 ~의 ~입니다(까?)

❶ 저는 짱구의 엄마입니다.   ❷ 거기는 도라에몽의 방입니다.   ❸ 이것은 일본(의) 라면입니까?

私(わたし)は　しんちゃんの　　そこは　どらえもんの　　これは　日本(にほん)の
母(はは)です。　　　　　　　部屋(へや)です。　　　　　ラーメンですか。

私(わたし) 나, 저　～の ~의(소유격 조사)　母(はは) 엄마(자신의 어머니를 가리킬 때)　そこ 거기
どらえもん 도라에몽(일본 애니메이션 캐릭터)　部屋(へや) 방　日本(にほん) 일본　ラーメン 라면

3 「〜は 〜のです(か)」 : ～은/는 ～의 것입니다(까?)

❶ 이 장난감은 짱구의 것입니다. ❷ 저 술은 일본 술입니다. ❸ 저 차는 당신 것입니까?

この おもちゃは しんちゃんのです。

あの お酒(さけ)は 日本(にほん)のです。

あの 車(くるま)は あなたのですか。

この 이 おもちゃ 장난감 〜のです ～의 것입니다 あの 저 お酒(さけ) 술 車(くるま) 자동차

4 「〜も 〜です(か)」 : ～도 ～입니다(까?)

❶ 그 사람도 의사입니다. ❷ 그것도 일본 음식입니다. ❸ 저곳도 약국입니까?

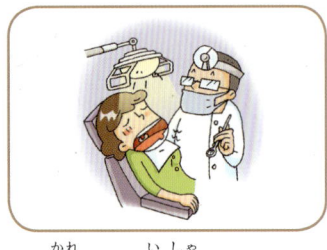  

彼(かれ)も 医者(いしゃ)です。

それも 日本(にほん)の 食(た)べものです。

あそこも くすり屋(や)ですか。

彼(かれ) 그, 그 사람 〜も ～도 医者(いしゃ) 의사 それ 그것 食(た)べもの 음식 あそこ 저기, 저곳 くすり屋(や) 약국

5 「〜は 〜では(じゃ)ありません」: ~은/는 ~이/가 아닙니다

❶ 그는 선생님이 아닙니다.　　❷ 여기는 백화점이 아닙니다.　　❸ 이것은 코알라가 아닙니다.

彼(かれ)は　先生(せんせい)では　　ここは　デパートじゃ　　これは　コアラでは
ありません。　　　　　　　ありません。　　　　　　ありません。

어휘톡

先生(せんせい) 선생님　〜では(じゃ)ありません ~이/가 아닙니다　デパート 백화점　コアラ 코알라

> **Tip** 「〜では」는 「〜じゃ」로 바꾸어 말할 수 있는데, 「〜じゃ」 쪽이 좀 더 격식을 차리지 않은 표현으로 주로 회화에서 많이 사용된답니다.

6 「〜は (〜でも) 〜でも ありません」: ~은/는 (~도) ~도 아닙니다

❶ 저는 학생도 아닙니다.　　❷ 그것은 책도 잡지도 아닙니다.　　❸ 여기는 프랑스도 독일도 아닙니다.

私(わたし)は　学生(がくせい)でも　　それは　本(ほん)でも　　ここは　フランスでも
ありません。　　　　　　　雑誌(ざっし)でも　ありません。　　ドイツでも　ありません。

어휘톡

学生(がくせい) 학생　〜でも　ありません ~도 아닙니다　本(ほん) 책　雑誌(ざっし) 잡지　フランス 프랑스
ドイツ 독일

 02 기본 문형 II

> あります/ありません　(무생물이나 식물이) 있습니다 / 없습니다
> います/いません　(사람이나 동물이) 있습니다 / 없습니다

1 「~が/は ~に あります(か)」: ~이(가)/은(는) ~에 있습니다(까?)

❶ 꽃은 테이블 위에 있습니다.

花は　テーブルの上に　あります。
_{はな}　　　　　_{うえ}

❷ 후지산은 도쿄에 있습니다.

ふじ山は　東京に　あります。
　　_{さん}　_{とうきょう}

花(はな) 꽃　テーブル 테이블, 탁자　上(うえ) 위　~に ~에, ~에게　あります (무생물이나 식물이) 있습니다
ふじ山(さん) 후지산

2 「~(に)は ~が/は ありません(か)」: ~(에)게는 ~이(가)/은(는) 없습니다(까?)

❶ 로보트에게는 마음이 없습니다.

ロボットには　心が　ありません。
　　　　　　_{こころ}

❷ 뱀은 다리가 없습니까?

へびは　足が　ありませんか。
　　　_{あし}

ロボット 로보트　~には ~에게는, ~에는　心(こころ) 마음　へび 뱀　足(あし) 발, 다리
ありません (무생물이나 식물이) 없습니다(「あります」의 부정 표현)

3 「～には ～も あります(ありません)」:
~에(게)는 ~도 있습니다(없습니다)

❶ 편의점에는 쌀도 있습니다.

コンビニには お米も あります。

❷ 그에게는 돈도 없습니다.

彼には お金も ありません。

コンビニ 편의점 お米(こめ) 쌀 お金(かね) 돈

4 「～が/は ～に います(か)」: ~이(가)/은(는) ~에 있습니다(까?)

❶ 고래는 바다에 있습니다.

くじらは 海に います。

❷ 코끼리는 어디에 있습니까?

ゾウは どこに いますか。

くじら 고래 海(うみ) 바다 います (사람이나 동물이) 있습니다 ゾウ 코끼리 どこ 어디

5 「~には ~が/は いません(か)」 : ~에(게)는 ~이(가)/은(는) 없습니다(까?)

❶ 그녀에게는 남자친구가 없습니다.

彼女(かのじょ)には 彼氏(かれし)が いません。

❷ 이 동물원에는 사자가 없습니까?

この 動物園(どうぶつえん)には ライオンが
いませんか。

彼女(かのじょ) 그녀, 여자친구　彼氏(かれし) 남자친구　いません (사람이나 동물이) 없습니다(「います」의 부정 표현)
動物園(どうぶつえん) 동물원　ライオン 사자

6 「~に(は) ~も います(いません)」 : ~에(는) ~도 있습니다(없습니다)

❶ 회의실에 사장님도 있습니다.

会議室(かいぎしつ)に 社長(しゃちょう)も います。

❷ 이 반에는 여자 아이가 한 명도 없습니다.

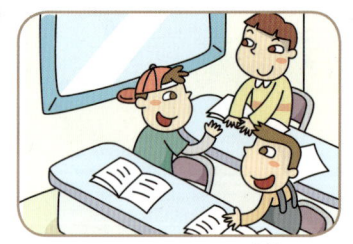

この クラスには 女(おんな)の子(こ)が
一人(ひとり)も いません。

会議室(かいぎしつ) 회의실　社長(しゃちょう) 사장(님)　クラス 반, 클래스　女(おんな)の子(こ) 여자 아이
一人(ひとり) 한 명, 한 사람

7 「〜と 〜が あります/います」 : ~와/과 ~이/가 있습니다

❶ 테이블 위에 장미와 국화가 있습니다.

テーブルの 上(うえ)に バラと 菊(きく)が あります。

❷ 나에게는 언니와 오빠가 있습니다.

私(わたし)には 姉(あね)と 兄(あに)が います。

〜と ~와/과   バラ 장미   菊(きく) 국화   姉(あね) 언니, 누나(자신의 언니나 누나를 지칭할 때)
兄(あに) 오빠, 형(자신의 오빠나 형을 지칭할 때)

가족을 나타내는 표현에서는 자신의 가족을 지칭할 때와 다른 사람의 가족을 지칭할 때의 표현을 구분해서 사용해야 합니다. 여기서처럼 「姉」와 「兄」는 자신의 가족을 지칭할 때 사용하지만, 다른 사람의 가족을 지칭할 때는 「お姉さん(언니, 누나)」, 「お兄さん(오빠, 형)」이라고 불러야 한다는 것을 기억해 둡시다.

8 「〜や 〜などが あります/います」 : ~랑 ~등이 있습니다

❶ 가방 안에 빵이랑 음료수 등이 있습니다.

かばんの 中(なか)に パンや 飲(の)み物(もの)などが あります。

❷ 동물원에는 판다랑 기린 등이 있습니다.

動物園(どうぶつえん)に パンダや キリンなどが います。

かばん 가방   中(なか) 안, 속   パン 빵   〜や ~(이)랑, ~(이)나   飲(の)み物(もの) 음료수   〜など ~등
パンダ 판다   キリン 기린

Exercise

1. 다음 그림을 보고 빈칸에 들어갈 알맞은 표현을 쓰세요.

❶ ここは　デパート _____。 여기는 백화점입니다.

❷ 本は　テーブルの　下に _____。 책은 테이블 아래에 있습니다.

❸ ここには、かめが _____。 여기에는 거북이가 없습니다.

❹ 会議室には　だれも _____。 회의실에는 아무도 없습니다.

❺ 私は　学生 _____。 저는 학생이 아닙니다.

2. 다음의 우리말을 일본어로 바르게 옮기세요.

❶ 이것은 가방입니다.
→ _____

❷ 그는 의사(医者)가 아닙니다.
→ _____

❸ 여기는 일본도 한국(韓国)도 아닙니다.
→ _____

❹ 테이블 위에 책이랑 컴퓨터(パソコン) 등이 있습니다.
→ _____

❺ 나에게는 형제(兄弟)가 없습니다.
→ _____

2 대명사

운전을 대신하면 대리운전,
명사를 대신하면 대명사

대명사란, 사람이나 사물, 장소, 방향 등의 이름을 대신해서 가리킬 때 사용하는 말로, 대표적인 대명사에는 인칭대명사와 지시대명사가 있습니다.

대명사의 종류

Q 대명사란, 말 그대로 명사를 대신하는 말인가요?

네, 일본어의 대명사도 우리말의 대명사와 거의 비슷하답니다. 일본어의 대명사는 크게 나누면, 인칭대명사, 사물 지시대명사, 장소 지시대명사 이렇게 세 종류가 있습니다. 먼저 인칭대명사에는 1인칭 「わたし(나)」, 2인칭 「あなた(당신)」, 3인칭 「かれ(그 (남자))」 등이 있어요. 그리고 사물 지시대명사에는 「これ(이것)」, 「それ(그것)」, 「あれ(저것)」, 「どれ(어느 것)」 등이 있답니다. 마지막으로, 장소 지시대명사에는 장소를 나타내는 「ここ(여기)」, 「そこ(거기)」, 「あそこ(저기)」, 「どこ(어디)」 등이 있습니다.

Q 아~ 그렇군요. 그 밖에 또 어떤 것이 있나요?

네, 방향을 나타내는 「こちら(이쪽)」, 「そちら(그쪽)」, 「あちら(저쪽)」, 「どちら(어느 쪽)」 등도 있습니다.

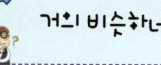
Q 음, 말만 다를 뿐이지 우리말과 거의 비슷하네요.

맞아요. 하지만 일본어의 대명사에는 이외에도 여러 가지가 있어요. 그럼, 이제부터 일본어의 대명사에 대해 좀 더 자세하게 알아보도록 할까요?

대명사 맥 짚어보기

(1) 인칭대명사 – 사람을 가리키는 말
(2) 사물 지시대명사 – 물건을 가리키는 말
(3) 장소 지시대명사 – 장소를 가리키는 말
(4) 방향 지시대명사 – 방향 또는 장소를 가리키는 말

인칭대명사를 제외한 다른 대명사에 공통적으로 쓰이는 말은 「こ(이)」, 「そ(그)」, 「あ(저)」 그리고 「ど(어느)」입니다.

1. 가까운 곳에 있는 「こ」
    말하는 사람 가까이에 있는 물건, 장소, 방향을 가리킬 때

2. 약간 떨어져 있는 「そ」
    말하는 사람에게서는 약간 떨어져 있고, 상대방 쪽 가까이에 있는 물건, 장소, 방향을 가리킬때

3. 멀리 있는 「あ」
    말하는 사람과 상대방 모두에게서 멀리 떨어져 있는 물건, 장소, 방향을 가리킬 때

4. 확실하지 않은 「ど」
    확실하지 않은 물건, 장소, 방향을 가리킬 때

지시대명사 「こ・そ・あ・ど」

	명사 수식	물건	장소	방향 · 장소
こ	この(이)	これ(이것)	ここ(여기)	こちら(=こっち)(이쪽, 여기)
そ	その(그)	それ(그것)	そこ(거기)	そちら(=そっち)(그쪽, 거기)
あ	あの(저)	あれ(저것)	あそこ(저기)	あちら(=あっち)(저쪽, 저기)
ど	どの(어느)	どれ(어느 것)	どこ(어디)	どちら(=どうち)(어느 쪽, 어디)

01 인칭대명사

1 본인을 가리키는 인칭대명사

01 단수

❖ **わたし** _ 나, 저 : 가장 대표적인 1인칭 대명사입니다.
　わたしは学生です。 나는 학생입니다.

❖ **わたくし** _ 저 : 「わたし」보다 격식을 차린 말로, 자신을 정중하게 말할 때 사용합니다.
　わたくしは田中です。 저는 다나카입니다.

❖ **ぼく** _ 나 : 남성어로서, 일반적으로 남자들이 자신을 가리킬 때 가장 많이 쓰는 말입니다.
　ぼくはしんちゃんの父です。 저는 짱구의 아빠입니다.

❖ **おれ** _ 나 : 남성어이며, 「ぼく」보다 거친 느낌을 주는 말입니다.
　おれは男です。 나는 남자입니다.

02 복수

❖ **わたしたち** _ 우리들 : 여러 명의 복수를 지칭할 때 씁니다.
　わたしたちは１年生です。 우리들은 1학년입니다.

❖ **ぼくたち** _ 우리들 : 남성어로서, 남성들이 여러 명의 복수를 지칭할 때 씁니다.
　ぼくたちは友達です。 우리들은 친구입니다.

2 상대방을 가리키는 인칭대명사

01 단수

❖ **あなた** _ 당신 : 가장 대표적으로 사용되는 2인칭 대명사이며, 정중한 표현으로 쓰일 때도 있지만 윗사람에게 사용하면 무례한 표현이 될 수 있습니다. 이 경우에는 상대방의 이름 뒤에 직책이나 「～さん(～씨)」을 붙여 「田中部長(다나카 부장님)」 또는 「田中さん(다나카 씨)」과 같이 부르는 것이 좋습니다.
　あなたは宇宙人ですか。 당신은 우주인입니까?

❖ **きみ** _ 너, 자네 : 주로 남성이 손아랫사람을 친근하게 부르거나, 또는 선생님이 학생을 부를 때와 같이 손아랫사람을 부를 때 사용하는 표현입니다.

きみ、学(がく)生(せい)か。 자네 학생인가?

❖ **おまえ** _ 너 : 주로 남성이 상대방(주로 여성)을 친근하게 부르거나, 또는 같은 또래나 손아랫사람을 부를 때 사용하는 말입니다.

おれとおまえの最(さい)後(ご)の夜(よる)だ。 나와 너의 마지막 밤이다.

02 복수

❖ **あなたたち** _ 너희들 :「あなた」의 복수 형태입니다.

あなたたちは学(がく)生(せい)なの？ 너희들은 학생이니?

「〜さま(様)」는「〜さん」보다 좀더 격식을 차린 말이랍니다.

❖ **みなさん(みなさま)** _ 여러분 : 한 자리에 있는 모두를 총칭적으로 부를 때 사용합니다.

みなさん、おはようございます。 여러분, 안녕하세요. [아침 인사]

Point 콕 선생님의 비밀 과외!

일본어에서「先(せん)生(せい)」의 경우는 우리말의 '선생님'처럼 '〜님'에 해당하는 「〜さん」을 안 붙여도 실례가 되지 않나요?

일본어를 처음 접하는 분들이 많이 헷갈려 하는 부분이에요. 「先(せん)生(せい)」나 「部(ぶ)長(ちょう)」와 같은 경우는 「〜さん」을 붙이지 않아요. 왜냐하면 상대방의 직책이나 직함 그 자체가 상대를 높이는 말이기 때문이죠. 이제 아셨죠?

예) 선생님 → 先(せん)生(せい) : 김 선생님 → 金(キム)先(せん)生(せい)   부장님 → 部(ぶ)長(ちょう) : 다나카 부장님 → 田(た)中(なか)部(ぶ)長(ちょう)

3 본인·상대방 이외의 다른 사람을 가리키는 인칭대명사

❖ **彼(かれ)** _ 그, 그 사람

彼(かれ)はどらえもんです。 그는 도라에몽입니다.

❖ **彼(かの)女(じょ)** _ 그녀

彼(かの)女(じょ)はきれいです。 그녀는 예쁩니다.

❖ **この/その/あの子(こ)** _ 이/그/저 아이

あの子(こ)がうちの子です。 저 아이가 내 아이입니다.

- ❖ **この/その/あの人** _ 이/그/저 사람

    その人は僕の友達です。 그 사람은 내 친구입니다.

- ❖ **この/その/あの方** _ 이/그/저 분

    あの方が社長ですか。 저 분이 사장님입니까?

4 확실히 잘 모르는 사람을 가리키는 인칭대명사

- ❖ **だれ** _ 누구

    あなたはだれですか。 당신은 누구입니까?

- ❖ **だれか** _ 누군가

    あそこにだれかいますか。 저기에 누군가 있습니까?

어휘 톡
だれが 누가
だれか 누군가

- ❖ **どなた** _ 누구, 어느 분 : 「だれ」의 높임말입니다.

    どなたですか。 누구십니까?

- ❖ **どの人** _ 누구, 어느 사람

    どの人が男で、どの人が女ですか。 누가 남자이고, 누가 여자입니까?

- ❖ **どの方** _ 어느 분 : 「どの人」의 높임말입니다.

    あなたの先生はどの方ですか。 당신의 선생님은 어느 분입니까?

표로 정리하는 인칭대명사

인칭대명사 총정리

	1인칭	2인칭	3인칭	부정칭
인칭대명사	わたし(나, 저) わたくし(저) ぼく(나)〈남성어〉 おれ(나)〈남성어〉	あなた(당신) きみ(자네)〈남성어〉 おまえ(너)〈남성어〉	彼(그, 그 사람) 彼女(그녀) この人(이 사람) / この方(이 분) その人(그 사람) / その方(그 분) あの人(저 사람) / あの方(저 분)	だれ(누구) どなた(어느 분)〈「だれ」의 높임말〉 どの人(누구) どの方(어느 분)〈「どの人」의 높임말〉

02 지시대명사

1 물건을 가리키는 지시대명사

❖ これ _ 이것 : 말하는 사람 가까이에 있는 물건 또는 사람 이외의 동물, 식물을 가리킬 때 씁니다.

これはケーキです。 이것은 케이크입니다.

❖ それ _ 그것 : 말하는 사람에게서는 조금 떨어져 있고, 상대방 쪽 가까이에 있는 물건 또는 사람 이외의 동물, 식물을 가리킬 때 씁니다.

それは何(なん)ですか。 그것은 무엇입니까?

❖ あれ _ 저것 : 말하는 사람이나 상대방 모두에게서 멀리 떨어져 있는 물건 또는 사람 이외의 동물, 식물을 가리킬 때 씁니다.

あれはだれの車(くるま)ですか。 저것은 누구의 자동차입니까?

❖ どれ _ 어느 것 : 어느 것인지 확실하지 않을 때 씁니다.

あなたのくつはどれですか。 당신의 구두(신발)는 어느 것입니까?

2 장소를 가리키는 지시대명사

01 장소를 가리키는 대명사

❖ ここ _ 여기 : 말하는 사람에게서 가장 가까운 곳을 가리킬 때 사용합니다.

ここは会社(かいしゃ)です。 여기는 회사입니다.

❖ そこ _ 거기 : 듣는 사람에게서 가까운 곳을 가리킬 때 사용합니다.

そこは会議室(かいぎしつ)です。 거기는 회의실입니다.

❖ あそこ _ 저기 : 말하는 사람과 듣는 사람 모두에게서 먼 곳을 가리킬 때 사용합니다.

あそこは社長室(しゃちょうしつ)です。 저기는 사장실입니다.

❖ どこ _ 어디 : 어디인지 모를 때 사용합니다.

トイレはどこですか。 화장실은 어디입니까?

35

02 방향을 가리키는 대명사

❖ **こちら(＝こっち)** _ 이쪽, 이리 : 말하는 사람의 근처를 가리킬 때 사용합니다.

　こちらへどうぞ。 이쪽으로 오세요.

❖ **そちら(＝そっち)** _ 그쪽, 그리 : 듣는 사람의 근처를 가리킬 때 사용합니다.

　エレベーターは**そちら**にあります。 엘리베이터는 그쪽에 있습니다.

❖ **あちら(＝あっち)** _ 저쪽, 저리 : 말하는 사람과 듣는 사람 모두에게서 먼 쪽을 가리킬 때 사용합니다.

　トイレは**あちら**です。 화장실은 저쪽입니다.

❖ **どちら(＝どっち)** _ 어느 쪽 : 어느 쪽인지 모를 때 사용합니다.

　食堂(しょくどう)は**どちら**ですか。 식당은 어느 쪽입니까?

☞ 「こちら, そちら, あちら, どちら」를 격식 없이 편하게 말할 때는 「こっち, そっち, あっち, どっち」를 사용한답니다.

 「こちら, そちら, あちら, どちら」는 방향을 지시하는 용법 외에도 장소를 나타내는 「ここ, そこ, あそこ, どこ」를 정중하게 말할 때나 사람을 가리키는 「この方(かた), その方, あの方, どの方」를 대신하여 쓰이기도 한답니다. 꼭 기억해 두세요!

Point 콕 선생의 비밀 과외!

명사 수식의 「こ・そ・あ・ど」

[1] 「この・その・あの・どの」는 '이・그・저・어느'에 해당하는 말로, 뒤에는 항상 명사가 옵니다.

➤ **この** _ 이　　　　**この**お酒(さけ)は韓国(かんこく)のですか。 이 술은 한국에서 만든 것입니까?
➤ **その** _ 그　　　　**その**人(ひと)も日本人(にほんじん)ですか。 그 사람도 일본인입니까?
➤ **あの** _ 저　　　　**あの**山(やま)、**この**川(かわ)。 저 산, 이 강.
➤ **どの** _ 어느(어떤)　**どの**車(くるま)がいいですか。 어느 차가 좋겠습니까?

◆ **잠도 쿡!** 말하는 사람이 가까운 쪽은 「この」, 듣는 사람이 가까운 쪽은 「その」로 나타내므로, 「この」로 물으면 「その」로 답해야 한다는 것도 알아 두세요!

(2) 「こんな・そんな・あんな・どんな」는 '이런·그런·저런·어떤'에 해당하는 말로, 뒤에는 항상 명사가 옵니다. 단, 이 말들은 원근감과는 관계가 없다는 것, 기억하세요!

> こんな _ 이런　　　こんな音楽はどうですか。이런 음악은 어떻습니까?
> そんな _ 그런　　　そんなことがありましたか。그런 일이 있었습니까?
> あんな _ 저런　　　あんな人が好きです。저런 사람을 좋아합니다.
> どんな _ 어떤　　　彼はどんな学生ですか。그는 어떤 학생입니까?

맞짱 뜨기

CASE 01 「どれ(무엇, 어느 것)」 vs 「何(무엇)」

❶ 「どれ」: 제시된 것 중에 '무엇, 어느 것'을 물을 때 사용하는 표현

この中で、どれを飲みますか。이 중에서 무엇을 마시겠습니까?

☞ 놓여 있는 음료수 중에서 선택을 요구할 때 사용합니다.

❷ 「何」: 막연하게 제시되는 것 중에 '무엇'을 물을 때 사용하는 표현

何を飲みますか。무엇을 마시겠습니까?

☞ 막연하게 무엇을 마실 것인지를 물어 볼 때 사용합니다.

CASE 02 「どれ(어느 것)」 vs 「どちら(어느 것(어느 쪽))」

❶ 「どれ」: 세 개 이상 중에서 하나를 선택해야 할 때 사용하는 표현

この中で、どれを飲みますか。이 중에서 무엇을 마시겠습니까?

☞ 놓여 있는 세 개 이상의 음료수 중에서 선택을 요구할 때 사용합니다.

❷ 「どちら」: 두 개 중 하나를 선택해야 할 때 사용하는 표현

この二つの中で、どちらを飲みますか。이 둘 중에서 무엇을 마시겠습니까?

☞ 놓여 있는 두 개의 음료수 중에서 선택을 요구할 때 사용합니다.

Exercise

1. 아래의 보기를 참고하여 다음 빈칸에 들어갈 알맞은 말을 우리말에 맞도록 써 넣어 문장을 완성하세요.

   [보기] これ それ あれ この その あの 車(くるま) 人形(にんぎょう) カメラ
   かんづめ 私(わたし) 彼女(かのじょ) 彼(かれ) お母(かあ)さん 母(はは) お父(とう)さん 父(ちち)

❶ A これは何(なん)ですか。
　　이것은 무엇입니까?

　B ＿＿＿＿＿＿＿＿＿＿＿＿＿＿＿＿＿＿＿です。
　　그것은 그의 통조림 캔입니다.

❷ A それは何(なん)ですか。
　　그것은 무엇입니까?

　B ＿＿＿＿＿＿＿＿＿＿＿＿＿＿＿＿＿＿＿です。
　　이것은 인형입니다.

　A ＿＿＿＿＿＿＿人形(にんぎょう)は、あなたのですか。
　　그 인형은 당신의 것입니까?

　B いいえ、＿＿＿＿＿＿＿＿＿＿＿＿＿＿＿＿です。
　　아니요, 이것은 그녀의 것입니다.

❸ A あれは何(なん)ですか。
　　저것은 무엇입니까?

　B ＿＿＿＿＿＿＿＿＿＿＿＿＿＿＿＿＿＿＿です。
　　저것은 차입니다.

　A ＿＿＿＿＿＿＿車(くるま)はお父(とう)さんのですか。
　　저 차는 아버지의 것입니까?

　B いいえ、あれは＿＿＿＿＿＿＿＿です。
　　아니요, 저것은 엄마의 것입니다.

38

2. 다음 그림을 보고 빈칸에 들어갈 알맞은 장소 지시대명사를 넣어 문장을 완성하세요.

(1)

❶ A 社長室はどこですか。 사장님 방은 어디입니까?

　B 社長室は ＿＿＿＿＿＿＿＿＿＿＿＿＿＿＿。 사장님 방은 여기입니다.

❷ A エレベーターはどこですか。 엘리베이터는 어디입니까?

　B エレベーターは ＿＿＿＿＿＿＿＿＿＿＿＿＿＿＿。 엘리베이터는 거기입니다.

❸ A トイレはどこですか。 화장실은 어디입니까?

　B トイレは ＿＿＿＿＿＿＿＿＿＿＿＿＿＿＿。 화장실은 저기입니다.

(2)

❶ A 犬はどこにいますか。 개는 어디에 있습니까?

　B 犬は ＿＿＿＿＿＿＿＿＿＿＿＿＿＿＿。 개는 거기에 있습니다.

❷ A 子供はどこにいますか。 아이는 어디에 있습니까?

　B 子供は ＿＿＿＿＿＿＿＿＿＿＿＿＿＿＿。 아이는 저기에 있습니다.

❸ A バラの花はどこにありますか。 장미꽃은 어디에 있습니까?

　B バラの花は ＿＿＿＿＿＿＿＿＿＿＿＿＿＿＿。 장미꽃은 여기에 있습니다.

Exercise

3. 다음 우리말을 일본어로 바르게 옮기세요.

❶ 저 빨간(赤い) 구두는 누구의 것입니까?
→ _____

❷ 회의실은 저기입니다.
→ _____

❸ 이 분이 다나카 씨입니다.
→ _____

❹ 사무실(事務室)은 어느 쪽입니까?
→ _____

❺ 당신의 집은 어디입니까?
→ _____

❻ 저기에 누군가 있습니까?
→ _____

3 수사

one, いち, 一, un, eins, uno……. 말은 서로 다르지만, 우리는 모두 하나(1)입니다.

수사란, 수량이나 순서 등을 나타낼 때 쓰는 표현으로, 대표적인 수사에는 수사와 조수사가 있습니다.

다음은 일본의 동요 중 숫자를 암기할 수 있는 「一本でもニンジン」이라는 노래입니다. 이 노래만 외워도 기본 수사는 완성입니다. 단, 가사는 일부 개사하였습니다.

一本でもニンジン

1(いち)	いっぽんでも	ニンジン
2(に)	にそくでも	サンダル
3(さん)	さんさつでも	ノート
4(よん)	よっつでも	キャラメル
5(ご)	ごだいでも	ロケット
6(ろく)	ろくにんでも	アメリカ人
7(しち)	しちひきでも	ハチ
8(はち)	はちまいでも	シャツ
9(きゅう)	きゅうはいでも	ジュース
10(じゅう)	じゅっこでも	イチゴ

~本 : 연필, 꽃, 나무 등 길고 가는 긴 것을 세는 단위 ~足 : 켤레 ~冊 : ~권 ~つ : ~개
~台 : ~대 ~人 : ~사람, 명 ~匹 : ~마리 ~枚 : ~장 ~杯 : ~잔, 그릇 ~個 : ~개

 # 수사

일본어의 수사에는 기본적으로 숫자만으로 수량을 나타내는 수사와, 수사에 붙어 수량이나 시간, 순서 등을 나타내는 조수사가 있습니다.

 ## 1. 기본 숫자 표현

숫자	1	2	3	4	5	6	7	8	9	10
읽기	いち	に	さん	し(よん)	ご	ろく	しち(なな)	はち	きゅう(く)	じゅう

 ## 2. 여러 가지 조수사 말하기

いくつありますか。 몇 개 있습니까?
何人(なんにん)いますか。 몇 명 있습니까?

조수사	1	2	3	4	5	6	7	8	9	10	몇~
~つ ~개	ひとつ	ふたつ	みっつ	よっつ	いつつ	むっつ	ななつ	やっつ	ここのつ	とお	いくつ
~人(にん) ~사람, ~명	ひとり	ふたり	さんにん	よにん	ごにん	ろくにん	しちにん /ななにん	はちにん	きゅうにん /くにん	じゅうにん	なんにん
~回(かい) ~회, ~번	いっかい	にかい	さんかい	よんかい	ごかい	ろっかい	ななかい	はちかい	きゅうかい	じゅっかい	なんかい
~階(かい) ~층	いっかい	にかい	さんがい	よんかい	ごかい	ろっかい	ななかい	はちかい /はっかい	きゅうかい	じゅっかい	なんがい
~個(こ) ~개	いっこ	にこ	さんこ	よんこ	ごこ	ろっこ	ななこ	はちこ /はっこ	きゅうこ	じゅっこ /じっこ	なんこ
~枚(まい) ~장	いちまい	にまい	さんまい	よんまい	ごまい	ろくまい	しちまい /ななまい	はちまい	きゅうまい	じゅうまい	なんまい
~本(ほん) ~자루	いっぽん	にほん	さんぼん	よんほん	ごほん	ろっぽん	ななほん	はっぽん	きゅうほん	じゅっぽん /じっぽん	なんぼん
~杯(はい) ~잔, ~그릇	いっぱい	にはい	さんばい	よんはい	ごはい	ろっぱい	ななはい	はちはい /はっぱい	きゅうはい	じゅっぱい /じっぱい	なんばい

	1	2	3	4	5	6	7	8	9	10	몇~
~匹(ひき) ~마리	いっぴき	にひき	さんびき	よんひき	ごひき	ろっぴき	しちひき /ななひき	はちひき /はっぴき	きゅうひき	じゅっぴき /じっぴき	なんびき
~冊(さつ) ~권	いっさつ	にさつ	さんさつ	よんさつ	ごさつ	ろくさつ	ななさつ	はっさつ	きゅうさつ	じゅっさつ /じっさつ	なんさつ
~歳(さい) ~살, ~세	いっさい	にさい	さんさい	よんさい	ごさい	ろくさい	ななさい	はっさい	きゅうさい	じゅっさい /じっさい	なんさい
~足(そく) ~켤레	いっそく	にそく	さんぞく	よんそく	ごそく	ろくそく	ななそく	はっそく	きゅうそく	じゅっそく /じっそく	なんぞく
~台(だい) ~대	いちだい	にだい	さんだい	よんだい	ごだい	ろくだい	しちだい /ななだい	はちだい	きゅうだい	じゅうだい	なんだい

- 「とお(열 개)」 다음부터는 「じゅういっこ(열한 개)」, 「じゅうにこ(열두 개)」와 같이 「個(こ)」로 읽습니다.
- 「20歳(스무 살)」은 「はたち」라고 읽습니다.
- 「1個 ~ 10個」의 쓰임새와 「ひとつ ~ とお」의 쓰임새는 거의 같습니다.

▶ ~個(~개) : 귤, 달걀, 돌, 사탕 등과 같이 그다지 크지 않은 물건을 세는 단위
▶ ~匹(~마리) : 곤충, 물고기, 작은 동물 등을 세는 단위
▶ ~本(~자루) : 연필, 꽃, 나무 등 길고 가는 것을 세는 단위
▶ ~枚(~장) : 종이, 접시, 셔츠 등 얇은 것을 세는 단위

3. 순서를 나타내는 표현

何番目の席ですか。 몇 번째 좌석입니까?

순서를 나타내는 대표적인 표현에는 「~目(~째)」가 있는데, 「~目」는 접미사적인 '순서 조수사'입니다. 이와 같은 접미사적인 수사에는 「~等(~등), ~位(~위), ~級(~급), ~番(~번, ~순서)」 등이 있고, 접두사적인 순서 조수사에는 「第~(제~)」가 있습니다.

조수사	1	2	3	4	5	6	7	8	9	10	몇~
~等(とう) ~등	いっとう	にとう	さんとう	よんとう	ごとう	ろくとう	ななとう /しちとう	はちとう /はっとう	きゅうとう	じゅっとう	なんとう
~位(い) ~위	いちい	にい	さんい	よんい	ごい	ろくい	なない	はちい	きゅうい	じゅうい	なんい
~級(きゅう) ~급	いっきゅう	にきゅう	さんきゅう	よんきゅう	ごきゅう	ろっきゅう	ななきゅう	はちきゅう /はっきゅう	きゅうきゅう	じっきゅう	なんきゅう
~番(ばん) ~번	いちばん	にばん	さんばん	よんばん	ごばん	ろくばん	しちばん /ななばん	はちばん	きゅうばん	じゅうばん	なんばん
第(だい)~ 제~	だいいち	だいに	だいさん	だいよん	だいご	だいろく	だいしち /だいなな	だいはち	だいきゅう (だいく)	だいじゅう	

4. 화폐 단위를 나타내는 표현

いくらですか。 얼마입니까?

両替してください。 환전해 주세요.

レートはいくらですか。 환율은 어떻게 됩니까?

1엔	5엔	10엔	50엔	100엔	500엔
いちえん	ごえん	じゅうえん	ごじゅうえん	ひゃくえん	ごひゃくえん

1,000엔	5,000엔	10,000엔
せんえん	ごせんえん	いちまんえん

5. 시간을 나타내는 표현

今何時ですか。 지금 몇 시입니까?

どれくらい(何時間)かかりますか。 어느 정도(몇 시간) 걸립니까?

時(じ) 시(간)	1시	2시	3시	4시	5시	6시
	いちじ	にじ	さんじ	よじ	ごじ	ろくじ
	7시	8시	9시	10시	11시	12시
	しちじ	はちじ	くじ	じゅうじ	じゅういちじ	じゅうにじ

分(ふん) 분	1분	2분	3분	4분	5분	6분	7분	8분	9분	10분
	いっぷん	にふん	さんぷん	よんぷん	ごふん	ろっぷん	ななふん/しちふん	はっぷん	きゅうふん	じゅっぷん/じっぷん
	15분	20분	25분	30분	35분	40분	45분	50분	55분	60분
	じゅうごふん	にじゅっぷん	にじゅうごふん	さんじゅっ(じっ)ぷん	さんじゅうごふん	よんじゅっぷん	よんじゅうごふん	ごじゅっぷん	ごじゅうごふん	ろくじゅっ(じっ)ぷん

▶ 다음 시계를 보면서 시간을 말하는 연습을 해 봅시다.

❶ 12시 10분

じゅうにじじゅっ(じっ)ぷん

❷ 4시 30분

よじさんじゅっ(じっ)ぷん/はん

❸ 7시 45분

しちじよんじゅうごふん

※「30分」은 「半」이라고도 합니다.

6. 년, 월, 일, 요일을 나타내는 표현

何年生まれですか。 몇 년생입니까?

今日は何月何日何曜日ですか。 오늘은 몇 월 며칠 무슨 요일입니까?

① 년도 말하기

1995년	1999년	2000년	2002년
せんきゅうひゃくきゅうじゅうごねん	せんきゅうひゃくきゅうじゅうきゅうねん	にせんねん	にせんにねん

2007년	2009년	2010년	2011년
にせんななねん	にせんきゅうねん	にせんじゅうねん	にせんじゅういちねん

2020년	2030년
にせんにじゅうねん	にせんさんじゅうねん

② 월 말하기

月(がつ) 월	1月	2月	3月	4月	5月	6月	7月	8月	9月	10月	11月	12月
	いちがつ	にがつ	さんがつ	しがつ	ごがつ	ろくがつ	しちがつ	はちがつ	くがつ	じゅうがつ	じゅういちがつ	じゅうにがつ

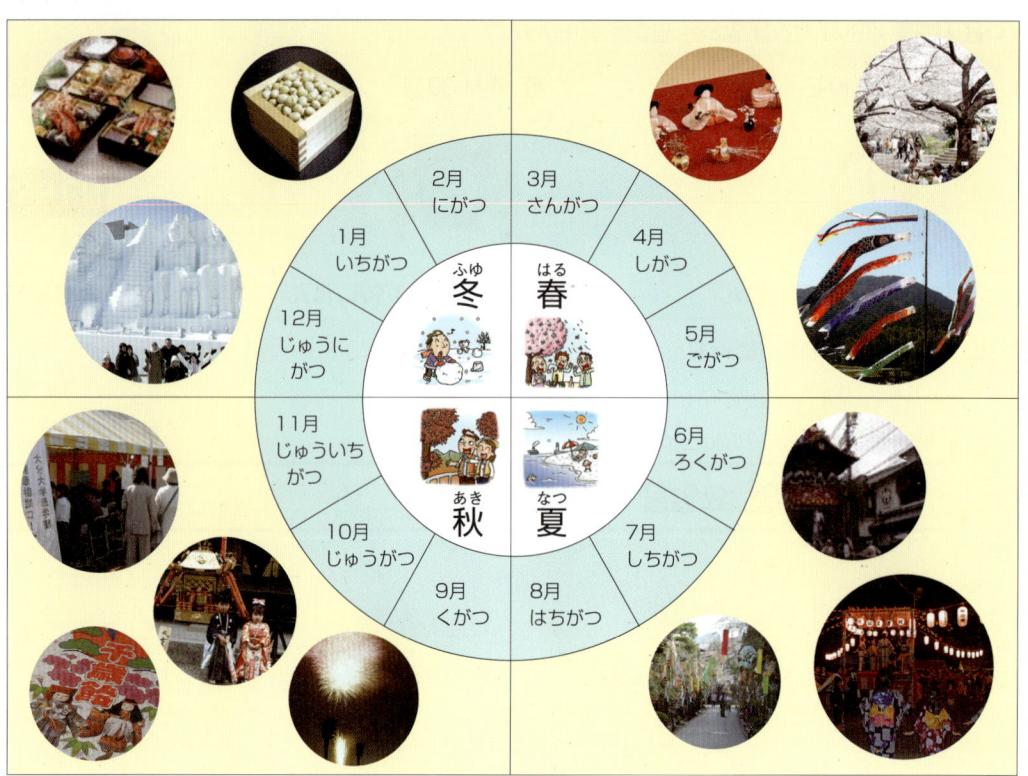

③ 요일과 날짜 말하기

7. 때를 나타내는 표현

いつ国へ帰りますか。 언제 고국으로 돌아갑니까?

いつ来ましたか。 언제 왔습니까?

いつですか。 언제입니까?

	현재보다 앞		현재	현재보다 뒤	
年(년)	おととし 재작년	去年(昨年) 작년	今年 올해	来年 내년	再来年 내후년
月(월)	先先月 지지난달	先月 지난달	今月 이번 달	来月 다음 달	再来月 다다음달
週(주)	先先週 지지난주	先週 지난주	今週 이번 주	来週 다음 주	再来週 다다음주
日(일)	おととい 그저께	昨日 어제	今日(本日) 오늘	明日(あす) 내일	あさって 모레

8. 전화번호 말하는 방법

전화번호(우편번호 읽는 방법도 동일)를 말할 때는 숫자는 한 자씩 읽으며, 「ー」는 「の」로 읽습니다. 단, 지역번호 뒤에 오는 「ー」를 말할 때는 「の」를 생략하기도 합니다. 또한 일반 숫자 읽기와 다른 점은 2는 「にー」, 5는 「ごー」라고 음절을 늘려서 읽는다는 점이며, 0은 「ゼロ」 또는 「れい」 양쪽 모두 읽을 수 있습니다.

▶다음 전화번호를 말하는 연습을 해 봅시다.

ゼロ(れい)さんさん (の) にーゼロ(れい)にー の にーごーごーいち

ゼロ(れい)きゅうゼロ(れい) (の) さんはちにーなな の にーはちごーよん

ゼロ(れい)いちゼロ(れい) (の) にーきゅうななさん の はちはちなな ゼロ(れい)

그 외에 일본에서 자주 사용되는 번호와 특수하게 읽는 전화번호

자주 사용되는 전화번호
일기예보 : 104 → いちれいよん
시간알림 : 117 → いちいちなな

특수하게 읽는 전화번호
소방서 : 119 → ひゃくじゅうきゅうばん
경찰서 : 110 → ひゃくとおばん
※~ばん : ~번

Exercise

1. 다음 그림을 보면서 빈칸에 적당한 수사(조수사)를 히라가나로 써 넣으세요.

❶ 女の子が _____、男の子が _____、おとなが _____ います。
여자 아이가 1명, 남자 아이가 2명, 어른이 1명 있습니다.

  ぜんぶで _____ います。 전부해서 4명 있습니다.

❷ りんごが ⓐよんこ 또는 ⓑ_____、みかんが ⓐはちこ 또는

  ⓑ_____ あります。 사과가 4개, 귤이 8개 있습니다.

  ぜんぶで _____ あります。 전부해서 12개 있습니다.

❸ 千円さつが _____、五千円さつが _____ あります。
천 엔짜리가 7장, 오천 엔짜리가 2장 있습니다.

  ぜんぶで _____ 円です。 전부해서 만 칠천 엔 입니다.

❹ ビールが _____、ワインが _____ あります。 맥주가 5병, 와인이 3병 있습니다.

  ぜんぶで _____ あります。 전부해서 8병 있습니다.

❺ 弟が _____、兄が _____ です。 남동생이 16살, 형이 스무 살입니다.

  私は _____ です。 (※자신의 나이를 써 넣으세요.)

Exercise

2. 다음 그림을 보면서 각각의 질문에 대한 답을 히라가나로 써 보세요.

① 　② 　③

④ 　⑤

① ロンドンは何時(なんじ)ですか。 런던은 몇 시입니까?

→ _____

② パリは何時(なんじ)ですか。 파리는 몇 시입니까?

→ _____

③ ローマは何時(なんじ)ですか。 로마는 몇 시입니까?

→ _____

④ ベルリンは何時(なんじ)ですか。 베를린은 몇 시입니까?

→ _____

⑤ モスクワは何時(なんじ)ですか。 모스크바는 몇 시입니까?

→ _____

3. 다음 그림을 보면서 각각의 질문에 대한 답을 히라가나로 써 보세요.

❶ 子供の日は何月何日ですか。 어린이 날은 몇 월 며칠입니까?

→ _____

❷ ワールドカップは何日からですか。 월드컵은 며칠부터입니까?

→ _____

❸ 夏休みはいつからいつまでですか。 여름방학은 언제부터 언제까지입니까?

→ _____

❹ テストは何曜日と何曜日ですか。 시험은 무슨 요일과 무슨 요일입니까?

→ _____

❺ 今日は何月何日何曜日ですか。 오늘은 몇 월 며칠 무슨 요일입니까?

→ _____

Exercise

4. 다음 그림을 보면서 각각의 전화번호를 히라가나로 써 보세요.

❶  ❷  ❸

❹  ❺

❶ 치과 병원 : 02-2828-7575

→ _____

❷ 오사카 사무실 : 06-6241-2421

→ _____

❸ 도라에몽 핸드폰 : 090-5726-0028

→ _____

❹ 토토로 핸드폰 : 080-2525-0823

→ _____

❺ 일본 경찰서 : 110번

→ _____

4 형용사

말로 형용할 수 없을 정도로 예쁜 그녀

형용사는 사물 또는 사람이나 동물의 성질, 속성(크기, 색), 상태, 감정, 감각 등을 나타내는 말로, 주로 명사를 수식하거나 동사와 마찬가지로 문장의 끝에 와서 서술어의 역할을 하는 말입니다.

01 형용사의 종류

Q 우리말의 형용사는 모두 '~다'로 끝나는데, 일본어는 형용사의 말끝(어미)이 다르네요. 그런데 어떻게 다른 거죠?

A 네, 우리말과는 달리 일본어의 형용사는 어미 형태의 차이에 따라, 「～い」로 끝나는 'い형용사'와 「～だ」로 끝나는 'な형용사'로 나뉩니다. 예를 들어 「やさしい、かわいい、おもしろい」처럼 끝이 「い」로 끝나는 형용사를 'い형용사', 그리고 「好きだ、きらいだ、ハンサムだ」와 같이 끝이 「だ」로 끝나는 형용사를 'な형용사'라고 한답니다.

02 형용사의 구분

Q 근데, 왜 끝이 「だ」로 끝나는 형용사는 だ형용사라고 하지 않고, な형용사라고 하는 거죠?

A 아~, 그 이유는 な형용사(健康だ : 건강하다)와 「명사＋だ(健康だ : 건강이다)」의 말끝이 똑같은데다가 어미 변화도 거의 비슷하여, 혼동하지 않도록 구분하기 위해서랍니다.

Q な형용사와 명사는 뒤에 오는 명사를 수식할때의 형태가 다르지 않나요?

A 네, 맞아요. 명사의 경우는 「の」를 붙여 뒤의 명사를 수식하지만, な형용사는 어미 「だ」가 「な」로 바뀌어 뒤의 명사를 수식하죠. 다시 한번 정리하자면, 일본어의 두 가지 형용사는 명사를 수식할 때의 어미가 「い」가 되면 い형용사, 어미가 「な」가 되면 な형용사로 구분되는 거랍니다.

종 류		기본형(사전형)	명사 수식형	정중 표현(～ㅂ니다)
형용사	い형용사	「～い」로 끝남	「～い」＋명사	「～い」＋「です」
		からい (맵다)	からいラーメン (매운 라면)	からいです (맵습니다)
	な형용사	「～だ」로 끝남	「～な」＋명사	～だです
		すきだ (좋아하다)	すきな人 (좋아하는 사람)	すきです (좋아합니다)
명 사		명사＋だ	명사＋の＋명사	명사＋です

 い형용사 맥 짚어보기

1. い형용사는 어미가 「〜い」로 끝납니다.
   예) 大きい(크다), 高い(높다), 白い(하얗다), よい(좋다), 新しい(새롭다)

2. い형용사는 문장을 끝맺을 때도 「い(사전형)」, 뒤에 따라오는 명사를 수식할 때도 「い(명사 수식형)」를 취합니다.
   예) こわい [기본형] → 先生はこわい。선생님은 무섭다.
   新しい [명사 수식형] + 車 → 新しい車 새 차

3. い형용사는 정중 표현인 「〜です(〜ㅂ니다)」가 와도 「い」포즈를 취합니다.
   예) 安い [기본형] → 安いです 쌉니다

い형용사의 어미 변화

い형용사	긍정 표현		부정 표현	
	보통형	정중형	보통형	정중형
현재형	暑い	暑いです	暑くない	暑くないです
	덥다	덥습니다	덥지 않다	덥지 않습니다
과거형	暑かった	暑かったです	暑くなかった	暑くなかったです
	더웠다	더웠습니다	덥지 않았다	덥지 않았습니다

01 い형용사의 활용

일본어의 형용사는 문장에서 자신의 역할이나 뒤에 오는 말에 따라 어미가 변합니다. 여러분도 잘 알고 있는 우리말의 말 잇기 놀이 노래인 「원숭이 엉덩이는 빨개」를 변형시켜, い형용사의 어미가 어떻게 변하는지 함께 살펴 볼까요?

위의 노래 중 '빨간', '맛있겠지', '맛있으면', '짧지 않다', '빨라졌다', '높았다', '높고', '아름답습니다'와 같이 형용사의 기본형은 문장에서의 자신의 역할에 따라 어미가 바뀝니다. 일본어의 い형용사도 우리말의 경우와 마찬가지로, 상황에 따라 여러 가지로 어미의 형태가 바뀐답니다.

1. 기본형(사전형) : 「～い」

い형용사의 기본형 및 사전형은 어미가 「い」로 끝납니다.

さるのおしりはあかい。
원숭이 엉덩이는 빨갛다.

先生はこわい。 선생님은 무섭다.
地球にやさしい。 지구에 이롭다.
あの男はつよい。 저 남자는 강하다.

- 기본형 : 가장 기본이 되는 형태(= 원형)
- 사전형 : 사전에 표제어로 나와 있는 형태, 또는 문장을 끝낼 때의 형태(= 종지형)
  ※일본어의 동사나 い형용사는 기본형이 사전에 실려 있기 때문에, 각각의 사전형과 기본형은 동일합니다.

우리말의 형용사도 '～다'로 끝나고, 다음에 배우는 な형용사도 「～だ」로 끝나기 때문에, い형용사 뒤에 다른 말이 연결될 때 어미 「い」에 「だ」를 붙여 표현하는 경우가 종종 있습니다. 이는 잘못된 표현이니까, 주의하세요!

예) 재미있다고 생각한다. → (○) おもしろいと思う。
　　　　　　　　　　　　 (✗) おもしろいだと思う。

 **2. 정중 표현 : 「～い ＋ です」**

정중 표현은 い형용사를 존댓말로 쓸 때의 표현으로, 사전형(～い)에 그대로 「です」를 붙여 만듭니다. 뜻은 우리말의 '～ㅂ니다'입니다.

> ペクドゥ山はうつくし**い**。
> 백두산은 아름답다.
> ↓
> ペクドゥ山はうつくし**いです**。
> 백두산은 아름답습니다.

風（かぜ）がつよ**いです**。 바람이 강합니다.
冬（ふゆ）はさむ**いです**。 겨울은 춥습니다.
ソウルはひろ**いです**。 서울은 넓습니다.

～い＋です

 **3. 명사 수식 표현 : 「～い ＋ 명사」**

명사 수식 표현은 い형용사의 어미 「い」가 변하지 않고, 「い」의 형태 그대로 뒤에 오는 명사를 수식합니다.

> あか**い**りんご
> 빨간 사과

かる**い**石（いし） 가벼운 돌
い**い**天気（てんき） 좋은 날씨
かわい**い**女（おんな） 귀여운 여인

～い＋명사

 예외적으로, '많은 사람'은 「おおくの人((×) おおい人)」, '많은 책'은 「おおくの本((×) おおい 本)」으로 표현합니다. 꼭 기억해 두세요!

 확·인·문·제

아래의 표를 완성하세요.

い형용사	기본형(사전형) : 「～い」	정중 표현 : 「～い + です」	명사 수식 표현 : 「～い + 명사」
① あおい 파랗다			そら 하늘
② おもしろい 재미있다			ほん 책
③ たかい 높다			やま 산

4. 동사 수식 표현 : 「～く + 동사」

부사적 표현이라고도 할 수 있는 동사 수식 표현은 い형용사의 어미 「い」가 「く」로 바뀌어 뒤에 오는 동사를 수식합니다.

きしゃははや**い**。
기차는 빠르다.
↓
きしゃははや**く**なる。
기차는 빨라진다.

よ**く**なる。 좋아진다.
みじか**く**切る。 짧게 자르다.
おそ**く**起きる。 늦게 일어나다.

5. 연결 표현(て형) : 「～く + て」

연결 표현은 て형이라고도 하며, '~하고, ~하여'라는 뜻으로 앞의 말과 뒤의 말을 연결하는 역할을 합니다. 이 외에도 '~하고, ~해서'라는 뜻의 원인·이유를 나타내거나, 사물 또는 사람의 성질이나 상태의 열거를 나타내기도 하는 등 연결 표현은 여러 가지 의미를 갖습니다. 만드는 방법은 い형용사의 어미 「い」를 「く」로 바꾼 다음, 「て」를 붙이면 됩니다.

ペクドゥ山はたかい。
백두산은 높다.
↓
ペクドゥ山はたかくて、うつくしい。
백두산은 높고 아름답다.

彼女は足が長くて、ほそい。 그녀는 다리가 길고 가늘다.
天気がよくて、みんな外で遊ぶ。 날씨가 좋아서 모두 밖에서 논다.
春は暖かくて、秋は涼しいです。 봄은 따뜻하고, 가을은 선선합니다.

6. 부정 표현(ない형) : 「～く + ない」

부정 표현은 い형용사의 어미 「い」를 「く」로 바꾼 다음, 뒤에 부정을 나타내는 「ない」를 붙여 만들며 '~지 않다'라는 뜻이 됩니다. 이 때 「ない」가 붙는다고 해서 어미 형태를 ない형이라고도 합니다.

バナナはみじかい。
바나나는 짧다.
↓
バナナはみじかくない。
바나나는 짧지 않다.

この山は高くない。 이 산은 높지 않다.

彼女はやさしくない。 그녀는 상냥하지 않다.

お金がすくなくない。 돈이 적지 않다.

Tip

부정 표현 「~くない」에서 「ない」는 보조형용사로, '없다'의 「ない」와는 그 쓰임새가 다르지만 어미가 「い」로 끝나기 때문에 어미 변화는 보통의 い형용사와 같습니다.

예) おもしろい(재미있다) + ない(없다, ~지 않다) + なる(되다)

→ おもしろくなくなる(재미없어지다)

확·인·문·제

아래의 표를 완성하세요.

い형용사	동사 수식 표현: 「~く+동사(なる)」	연결 표현: 「~く+て」	부정 표현: 「~く+ない」
① ながい 길다			
② おおい 많다			
③ たのしい 즐겁다			

 **7. 과거 표현(た형) : 「〜かった」**

과거 표현은 い형용사의 어미 「い」를 떼고 뒤에 과거를 나타내는 「かった」를 붙여 만들며, 뜻은 '〜었다, 〜했다'가 됩니다. 이 때 「た」가 붙는다 하여 'た형'이라고도 합니다.

ひこうきはたか~~い~~。
비행기는 높다.
↓
ひこうきはたかかった。
비행기는 높았다.

私(わたし)が悪(わる)かった。 내가 잘못했다.
きょうは暑(あつ)かった。 오늘은 더웠다.
きのうは寒(さむ)かった。 어제는 추웠다.

Point 콕 선생의 비밀 과외!

과거 표현의 정중형은 「〜いでした」가 아닌 「〜かったです」로 표현해야 한다는 것을 기억하세요!
또한, 「〜かったでした」도 과거 중복이므로 잘못된 표현이니까, 주의하세요!

재미있었습니다.　(O) おもしろかったです。
　　　　　　　　(X) おもしろいでした。
　　　　　　　　(X) おもしろかったでした。

비쌌습니다.　　　(O) たかかったです。
　　　　　　　　(X) たかいでした。
　　　　　　　　(X) たかかったでした。

8. 가정 표현(ば형) : 「〜ければ」

가정 표현은 い형용사의 어미 「い」를 떼고 뒤에 가정을 나타내는 「ければ」를 붙여 만들며, 뜻은 '〜면'이 됩니다. 이때, 「ば」가 붙는다고 해서 い형용사의 'ば형'이라고도 합니다.

おいし~~い~~バナナ
맛있는 바나나
↓
おいし**ければ**バナナ
맛있으면 바나나

力が弱**ければ**、負ける。
힘이 약하면, 진다.

面白**ければ**、内容は何でもいい。
재미있으면, 내용은 무엇이든 상관없다.

あなたが楽し**ければ**、私も楽しい。 당신이 즐거우면, 나도 즐겁다.

9. 추측 표현 : 「〜い+だろう」 / 「〜い+かろう」

추측 표현은 회화체의 경우에는 い형용사의 어미 「い」가 변하지 않고 그대로 추측의 「だろう」를 붙여 만들며, 문장체의 경우에는 い형용사의 어미 「い」를 떼고 추측의 「かろう」를 붙여 만듭니다. 이때 뜻은 '〜겠지, 〜거야'가 됩니다.

りんごはおいし**い**。 [おいし~~い~~]
사과는 맛있다.
↓
りんごはおいし**いだろう**。 [おいし**かろう**]
사과는 맛있겠지(맛있을 거야).

東京は暑いだろう。[暑かろう] 도쿄는 더울 거야.
この車は高いだろう。[高かろう] 이 차는 비쌀 거야.
あの部屋は暗いだろう。[暗かろう] 저 방은 어둡겠지.

확·인·문·제

아래의 표를 완성하세요.

い형용사	과거 표현: 「～かった」	가정 표현: 「～ければ」	추측 표현: 「～い＋だろう」/「～かろう」
① さむい 춥다			
② あかるい 밝다			
③ おもい 무겁다			

「いい(좋다)」 vs 「よい(좋다)」

'좋다'에 해당하는 일본어에는 「いい」와 「よい」가 있습니다. 일반적으로 회화체에서는 「いい」를 많이 쓰며, 「よい」는 주로 문장체에서 쓰입니다. 그러나 회화체에서도 「いい」는 사전형이나 명사 수식형일 때만 쓸 수 있으며, 명사 이외의 다른 말이 연결되어 어미가 변할 때는 「よい」의 형태를 취하여 변합니다. 예를 들어 「いい」는 「(×)いくて」가 아닌, 「よい」를 활용하여 「よくて」의 형태로 변합니다.

天気がいい(よい)。 날씨가 좋다.
今日はいい(よい)天気です。 오늘은 날씨가 좋습니다(좋은 날씨입니다).
天気が[(○)よくて/(×)いくて]外で遊ぶ。 날씨가 좋아서 밖에서 논다.
天気が[(○)よくない/(×)いくない]。 날씨가 좋지 않다.
昨日は天気が[(○)よかった/(×)いかった]。 어제는 날씨가 좋았다.

그림으로 익히는

기본 い형용사 33

しろ
白い
(하얗다)

くろ
黒い
(검다)

なが
長い
(길다)

みじか
短い
(짧다)

おお
大きい
(크다)

ちい
小さい
(작다)

おお
多い
(많다)

すく
少ない
(적다)

たか
高い
(높다, 비싸다)

ひく
低い
(낮다)

やす
安い
(싸다)

はや
早い
(빠르다)

おそ
遅い
(느리다)

とお
遠い
(멀다)

ちか
近い
(가깝다)

おも
重い
(무겁다)

かる
軽い
(가볍다)

いい/よい
(좋다)

わる
悪い
(나쁘다)

暑い
(덥다)

寒い
(춥다)

強い
(강하다)

弱い
(약하다)

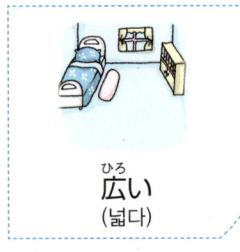
広い
(넓다)

狭い
(좁다)

新しい
(새롭다)

古い
(낡다)

嬉しい
(기쁘다)

悲しい
(슬프다)

やさしい
(쉽다)

難しい
(어렵다)

忙しい
(바쁘다)

おもしろい
(재미있다)

な형용사 맥 짚어보기

1. な형용사는 어미가 「〜だ」로 끝납니다.
   예) 静かだ(조용하다), きれいだ(깨끗하다), 元気だ(건강하다), 上手だ(능숙하다)

2. な형용사는 문장을 끝맺을 때는 「だ(사전형)」를 취하고, 뒤에 명사가 오면 「な(명사 수식형)」를 취해, 각각 서로 다른 형태를 취합니다. 이처럼 명사 수식형이 「な」형태를 취하기 때문에 이러한 종류의 형용사를 な형용사라고 합니다.
   예) きれいだ[기본형] → 彼女はきれいだ。그녀는 예쁘다.
   静かな[명사 수식형] + 海 = 静かな海 조용한 바다

3. な형용사를 정중한 표현으로 만들려면, 어미 「だ」를 떼고 「です」를 붙입니다.
   예) 好きだ[기본형] → 好きです 좋아합니다

な형용사의 어미 변화

な형용사	긍정 표현		부정 표현	
	보통형	정중형	보통형	정중형
현재형	好きだ	好きです	好きではない	好きではないです 好きではありません
	좋아하다	좋아합니다	좋아하지 않다	좋아하지 않습니다
과거형	好きだった	好きでした	好きではなかった	好きではなかったです 好きではありませんでした
	좋아했다	좋아했습니다	좋아하지 않았다	좋아하지 않았습니다

02 な형용사의 활용

な형용사도 い형용사와 마찬가지로, 뒤에 오는 말에 따라 어미가 변한답니다. 그럼, 여러분도 잘 알고 있는 영화 "친절한 금자씨"와 가요 "그녀는 예뻤다"를 응용해서 일본어 な형용사의 어미가 어떻게 활용되는지 함께 살펴보도록 하겠습니다.

1. 기본형(사전형) : 「～だ」

な형용사의 기본형(사전형)은 어미가 「だ」로 끝납니다.

> クムジャさんは親切しんせつだ。
> 금자 씨는 친절하다.

この町まちはしずかだ。 이 마을은 조용하다.
私わたしはすしすが好きだ。 나는 초밥을 좋아한다.
彼女かのじょの部屋へやはきれいだ。 그녀의 방은 깨끗하다.

☞ 「～が好すきだ」: ～을(를) 좋아하다

~だ

'사전형'이란 '사전에 표제어로 나와 있는 형태'를 말하는데, な형용사는 사전에 변하지 않는 어간만 실려 있습니다. 하지만, 이 책에서는 い형용사, 동사와 동일한 형태로의 취급과 우리말과의 편리한 비교를 위해 편의상 「だ」까지 포함한 형태를 '사전형'으로 다루도록 하겠습니다.

2. 정중 표현 : 「~だです」

な형용사를 '~ㅂ니다'라는 뜻의 정중 표현으로 만들려면 어미 「だ」를 떼고, 「です」를 붙이면 됩니다.

彼女はきれいだ。
그녀는 예쁘다.
↓
彼女はきれいです。
그녀는 예쁩니다.

彼はまじめです。 그는 성실합니다.
私はしあわせです。 나는 행복합니다.
彼女の部屋はきれいです。 그녀의 방은 깨끗합니다.

3. 명사 수식 표현 : 「~な + 명사」

명사 수식 표현은 な형용사의 어미 「だ」가 「な」로 바뀌어 뒤에 오는 명사를 수식합니다.

親切だクムジャさん
친절하다 금자 씨
↓
親切なクムジャさん
친절한 금자 씨

私ははでな服が好きだ。 나는 화려한 옷을 좋아한다.
彼女は有名な歌手です。 그녀는 유명한 가수입니다.
私のとくいな料理はラーメンです。 내가 잘하는 요리는 라면입니다.

Point 콕 선생의 비밀 과외!

な형용사 「同じだ(같다)」의 경우, 명사 수식 표현은 다른 な형용사와 달리 예외적으로 어미 「だ」를 떼고 명사를 붙인다는 점에 주의하세요.

- (○) 同じ年 (같은 나이)
- (×) 同じな年
- (○) 同じ車 (동일한 차)
- (×) 同じな車

「な형용사 + 명사」 vs 「명사 + 명사」

어미 변화라는 점에서 보면, な형용사와 명사(「명사」+ だ)는 쌍둥이입니다. 이들 쌍둥이는 보통 동일한 어미 변화 형태를 취합니다. 하지만 쌍둥이라도 약간의 차이가 있는 것처럼, 다음과 같이 뒤에 명사가 따라올 때는 다른 형태를 취합니다. 주의해서 기억해 두세요!

健康な人 (건강한 사람)	健康の秘訣 (건강의 비결)
自由な生活 (자유로운 생활)	自由の女神 (자유의 여신)
平和な村 (평화로운 마을)	平和のシンボル (평화의 상징)

확·인·문·제

아래의 표를 완성하세요.

な형용사	기본형(사전형) : 「~だ」	정중 표현 : 「~です」	명사 수식 표현 : 「~な + 명사」
① きれいだ 예쁘다			かお 얼굴
② ひまだ 한가하다			みせ 가게
③ ゆうめいだ 유명하다			ひと 사람

4. 동사 수식 표현 : 「～に + 동사」

부사적 표현이라고도 할 수 있는 동사 수식 표현은 な형용사의 어미 「だ」를 떼고, 「に」를 붙여서 뒤에 오는 동사를 수식합니다.

彼女(かのじょ)はきれいだ。
그녀는 예쁘다.
↓
彼女(かのじょ)はきれいになった。
그녀는 예뻐졌다.

歌(うた)を上手(じょうず)に歌(うた)う。 노래를 잘 부른다.
子供(こども)が元気(げんき)になる。 아이가 건강해지다.
部屋(へや)をきれいにそうじする。 방을 깨끗하게 청소한다.

～に + 동사

5. 연결 표현 : 「～で」

な형용사의 연결 표현은 な형용사의 어미 「だ」를 떼고, 「で」를 붙이면 됩니다. 이때 뜻은 '～하고, ～해서'가 되며, 앞뒤 문장을 서로 연결할 때 쓰이는 표현입니다.

親切(しんせつ)だきれいなクムジャさん
친절하다 예쁜 금자 씨
↓
親切(しんせつ)できれいなクムジャさん
친절하고 예쁜 금자 씨

彼(かれ)は親切(しんせつ)でまじめです。 그는 친절하고 성실합니다.
ここはきれいで静(しず)かな町(まち)です。 여기는 깨끗하고 조용한 마을입니다
このカメラは簡単(かんたん)で便利(べんり)です。 이 카메라는 간단하고(해서) 편리합니다.

6. 부정 표현 : 「〜ではない / 〜じゃない」

부정 표현은 な형용사의 어미 「だ」를 떼고, 「ではない」 또는 「じゃない」를 붙이며, 그 뜻은 '〜지 않다'입니다. 이때 「ない」가 붙는다 하여 ない형이라고도 합니다. 회화체에서는 주로 「〜じゃない」 쪽을 많이 씁니다.

お金(かね)はたいせつだ。
돈은 중요하다.
↓
お金(かね)はたいせつでは(じゃ)ない。
돈은 중요하지 않다.

今(いま)はひまでは(じゃ)ない。 지금은 한가하지 않다.
彼(かれ)はすてきでは(じゃ)ない。 그는 멋있지 않다.
私(わたし)はなっとうがきらいでは(じゃ)ない。
나는 낫토를 싫어하지 않는다.

☞ 「〜がきらいだ」 : 〜을(를) 싫어하다

「〜では(じゃ)ない」의 정중 표현은 「〜では(じゃ)ないです」 또는 「〜では(じゃ)ありません」입니다.

예 ひまでは(じゃ)ない → ひまでは(じゃ)ないです 한가하지 않습니다
　　　　　　　　 → ひまでは(じゃ)ありません 한가하지 않습니다

 확·인·문·제

아래의 표를 완성하세요.

な형용사	동사 수식 표현: 「~に+동사(なる)」	연결 표현: 「~で」	부정 표현: 「~では(じゃ)ない」
① しずかだ 조용하다			
② らくだ 편하다			
③ きれいだ 예쁘다			

7. 과거 표현 : 「~だった」

な형용사의 과거 표현은 어미 「だ」를 떼고 「だった」를 붙여서 만들며, 뜻은 '~었다, ~했다'가 됩니다.

彼女(かのじょ)はきれいだ。
그녀는 예쁘다.

↓

彼女はきれいだった。
그녀는 예뻤다.

この町(まち)は静(しず)かだった。 이 마을은 조용했다.
今度(こんど)の仕事(しごと)は楽(らく)だった。 이번 일은 편했다.
彼女(かのじょ)は日本語(にほんご)が下手(へた)だった。 그녀는 일본어를 잘 못했다.

☞ 「~が上手(じょうず)だ / 下手(へた)だ」 : ~을(를) 잘한다 / 못한다

~だった

 Tip

「~だった」의 정중 표현은 「~だったです」 또는 「~でした」 양쪽 모두 가능합니다.

예 しずかだった → しずかだったです 조용했습니다
            → しずかでした 조용했습니다

8. 가정 표현 :「～なら(ば)」

な형용사의 가정 표현은 어미「だ」를 떼고,「なら」를 붙여서 만들며, 뜻은 '～면'이 됩니다. 때에 따라서는 뒤에 가정을 나타내는「ば」를 붙이기도 하지만, 일반적으로는「なら」만을 사용하는 경우가 많습니다.

彼女（かのじょ）が幸（しあわ）せだ。僕（ぼく）も幸せだ。
그녀가 행복하다. 나도 행복하다.

↓

彼女が幸せなら(ば)僕も幸せだ。
그녀가 행복하다면, 나도 행복하다.

複雑（ふくざつ）なら(ば)やめる。 복잡하면 그만두겠다.
値段（ねだん）が同（おな）じなら(ば)買（か）う。 값이 똑같으면 사겠다.
ひまなら(ば)手伝（てつだ）ってください。 한가하면 도와 주세요.

～なら(ば)

9. 추측 표현 :「～だろう」

な형용사의 추측 표현은 어미「だ」를 떼고, 추측을 나타내는「だろう」를 붙여서 만듭니다. 이때 뜻은 '～겠지, ～(일) 거야'가 됩니다.

クムジャさんは幸（しあわ）せだ。
금자 씨는 행복하다.

↓

クムジャさんは幸せだろう。
금자 씨는 행복할 거야.

かのじょ
彼女はまじめだろう。 그녀는 성실할 거야.
こんど　しごと　　たいへん
今度の仕事は大変だろう。 이번 일은 힘들 거야.
　　　　　　　じょうぶ
このかばんは丈夫だろう。 이 가방은 튼튼하겠지.

Tip

「〜だろう」의 정중 표현은 「〜でしょう(〜겠지요, 〜거예요)」가 됩니다.

예) 丈夫だろう → 丈夫でしょう 튼튼하겠지요, 튼튼할 거예요

Point 콕 선생님의 비밀 과외!

「おおきい(크다), ちいさい(작다), おかしい(이상하다)」는 い형용사이므로, 뒤에 오는 명사를 수식할 때 어미의 변화가 없는 것이 보통이지만, 예외적으로 이 세 개의 표현은 각각 「おおきな(큰), ちいさな(작은), おかしな(이상한)」의 형태를 취할 수 있습니다. 이때 의미적인 차이는 거의 없답니다.

큰 시계	おおきい時計	작은 목소리	ちいさい声	이상한 이야기	おかしい話
	おおきな時計		ちいさな声		おかしな話

확·인·문·제

다음과 같이 아래의 표를 완성하세요.

な형용사	과거 표현 : 「〜だった」	가정 표현 : 「〜なら(ば)」	추측 표현 : 「〜だろう」
① じょうずだ 잘하다			
② おなじだ 같다			
③ すきだ 좋아하다			

 그림으로 익히는

기본な형용사 33

きれいだ
(예쁘다, 깨끗하다)

しずかだ
(조용하다)

好きだ
(좋아하다)

きらいだ
(싫어하다)

にぎやかだ
(번화하다)

すてきだ
(멋지다)

まじめだ
(성실하다)

ひまだ
(한가하다)

元気だ
(건강하다, 활기차다)

はでだ
(화려하다)

地味だ
(소박하다)

簡単だ
(간단하다)

複雑だ
(복잡하다)

便利だ
(편리하다)

不便だ
(불편하다)

朗らかだ
(명랑하다)

親切だ
(친절하다)

楽だ
(편하다)

上手だ
(능숙하다, 잘하다)

下手だ
(서툴다, 못하다)

だめだ
(안 된다)

大事だ
(소중하다)

大切だ
(중요하다)

大変だ
(힘들다)

同じだ
(같다)

得意だ
(자신있다, 잘하다)

苦手だ
(자신없다, 못하다)

幸せだ
(행복하다)

重要だ
(중요하다)

丈夫だ
(튼튼하다)

退屈だ
(지루하다)

ハンサムだ
(핸섬하다)

穏やかだ
(온화하다)

표로 정리하는 형용사 어미 변화

❶ 'い형용사'와 'な형용사'의 활용형

형용사	い형용사		な형용사(형용동사)	
기본형	おおい		しずかだ	
명사 수식형	おおいみかん	많은 귤	しずかなまち	조용한 마을
동사 수식형	おおくなる	많아지다	しずかになる	조용해지다
て(で)형	おおくて	많고, 많아서	しずかで	조용하고, 조용해서
가정형	おおければ	많으면	しずかなら	조용하면
추측형	おおいだろう/かろう 많겠지	おおいでしょう 많겠지요	しずかだろう 조용하겠지	しずかでしょう 조용하겠지요
부정 추측형	おおくないだろう 많지 않겠지	おおくないでしょう 많지 않겠지요	しずかではないだろう 조용하지 않겠지	しずかではないでしょう 조용하지 않겠죠

❷ 'い형용사'와 'な형용사'의 기본 8변화

형용사		い형용사		な형용사(형용동사)	
		보통형	정중형	보통형	정중형
현재	긍정	おおい 많다	おおいです 많습니다	しずかだ 조용하다	しずかです 조용합니다
	부정	おおくない 많지 않다	おおくないです/ くありません 많지 않습니다	しずかではない 조용하지 않다	しずかではないです/ ではありません 조용하지 않습니다
과거	긍정	おおかった 많았다	おおかったです 많았습니다	しずかだった 조용했다	しずかでした/だったです 조용했습니다
	부정	おおくなかった 많지 않았다	おおくなかったです/ くありませんでした 많지 않았습니다	しずかではなかった 조용하지 않았다	しずかではなかったです/ ではありませんでした 조용하지 않았습니다

Exercise

1. 다음 그림을 보고 밑줄 친 부분에 들어갈 알맞은 형용사를 써 넣으세요.

❶  ソウルは _____ です。
서울은 춥습니다.

ハワイは _____ です。
하와이는 덥습니다.

❷  セホのかばんは _____ です。
세호의 가방은 비쌉니다.

ミジのかばんは _____ です。
미지의 가방은 쌉니다.

❸  セホはりんごが _____ です。
세호는 사과를 싫어합니다.

ミジはりんごが _____ です。
미지는 사과를 좋아합니다.

❹  セホの家(いえ)は _____ です。
세호의 집은 북적거립니다.

ミジの家は _____ です。
미지의 집은 조용합니다.

❺  セホは _____ です。
세호는 한가합니다.

ミジは _____ です。
미지는 바쁩니다.

Exercise

2. 다음의 질문에 대한 대답을 긍정과 부정으로 써 넣어 문장을 완성하세요.

❶ あなたの部屋は広いですか。 당신의 방은 넓습니까?

→はい、_____。

→いいえ、_____。

❷ 日本語の勉強はやさしいですか。 일본어 공부는 쉽습니까?

→はい、_____。

→いいえ、_____。

❸ セホさんの家はここから遠いですか。 세호 씨의 집은 여기서 멉니까?

→はい、_____。

→いいえ、_____。

❹ ミジさんは運転が上手ですか。 미지 씨는 운전을 잘합니까?

→はい、_____。

→いいえ、_____。

❺ 新幹線は自動車より便利ですか。 신칸센은 자동차보다 편리합니까?

→はい、_____。

→いいえ、_____。

3. ( ) 안의 형용사를 빈칸에 들어갈 적당한 형태로 고쳐서 써 넣으세요.

❶ これは _____ りんごです。（おいしい）이것은 맛있는 사과입니다.

❷ 明日は _____ 映画を見ます。（おもしろい）내일은 재미있는 영화를 볼 겁니다.

❸ セホは _____ 人です。（まじめだ）세호는 성실한 사람입니다.

❹ セホとミジは _____ 年です。（同じだ）세호와 미지는 같은 나이입니다.

❺ ミョンドンは _____ まちです。（にぎやかだ）명동은 번화한 거리입니다.

4. 다음의 두 문장을 가정형을 사용하여 하나의 문장으로 고쳐 쓰세요.

❶ 家が駅から近い。家賃が高いです。집이 역에서 가깝다. 집세가 비쌉니다.
  → _____

❷ 首が長い。それはきりんです。목이 길다. 그것은 기린입니다.
  → _____

❸ 勉強が楽しい。成績がよくなります。공부가 즐겁다. 성적이 좋아집니다.
  → _____

❹ 顔がきれいだ。美人ですか。얼굴이 예쁘다. 미인입니까?
  → _____

❺ 値段が同じだ。どちらを買いますか。가격이 같다. 어느 쪽을 사겠습니까?
  → _____

Exercise

5. 다음 보기에서 적절한 말을 골라 다음 우리말을 일본어로 바르게 옮기세요.

❶ 이 쿠키는 딱딱해서 맛없습니다.
→ _____

❷ 어제 시험은 어려웠습니다.
→ _____

❸ 도서관은 조용하지 않았습니다.
→ _____

❹ 세호는 일본어가 능숙해졌습니다.
→ _____

❺ 미지는 사과를 좋아하고, 세호는 귤을 좋아합니다.
→ _____

[보기] としょかん　　りんご　　上手だ　　まずい　　むずかしい
　　　　みかん　　　　好きだ　　しけん　　かたい　　クッキー
　　　　しずかだ

5 동사

문장의 중심에서 움직이는 동사를 만나다.

동사는 움직임, 즉 사람이나 자연의 동작 및 행동이나 상태를 나타내는 말로, 문장의 끝에 와서 서술어의 역할을 하는 말입니다. 그래서 순수 우리말로는 움직씨라고 말하기도 합니다.

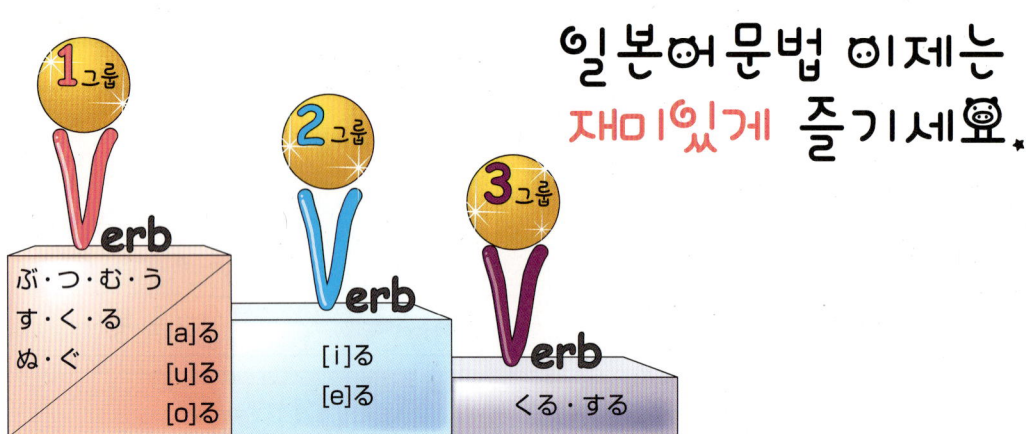

일본어문법 이제는 재미있게 즐기세요.

① 어미가 「る」로 끝나지 않는 동사

		어미	1그룹 동사 예	
		ぶ	とぶ 날다	よぶ 부르다
		つ	たつ 서다	かつ 이기다
	1그룹	む	のむ 마시다	よむ 읽다
		う	いう 말하다	かう 사다
		す	かす 빌려주다	はなす 이야기하다
		く	いく 가다	かく 쓰다
		ぬ	しぬ 죽다 (달랑 하나!)	
		ぐ	およぐ 수영하다	ぬぐ 벗다

❷ 어미가「る」로 끝나는 동사

1그룹

「る」 앞의 음이 [a]·[u]·[o]인 경우

-aる	-uる	-oる
ある 있다	うる 팔다	おる 꺾다
あがる 오르다	ぬる 칠하다	のる (차 등을) 타다
かわる 변하다	ふる (비 등이) 내리다	とる 잡다

예외 1그룹 (무늬만 2그룹)

しる 알다	きる 자르다	はしる 달리다	はいる 들어오다
かえる 돌아가(오)다	ける 차다	へる 줄다	すべる 미끄러지다

2그룹

「る」 앞의 음이 [i]·[e]인 경우

-iる	-eる
いる 있다	える 얻다
おきる 일어나다	ねる 자다
みる 보다	たべる 먹다

3그룹

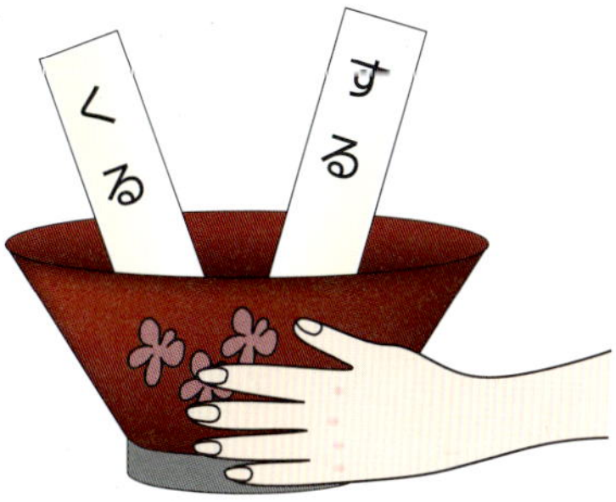

「くる」와 「する」
오다   하다

85

01 일본어 동사의 생김새

Q 우리말의 동사는 모두 '~다'로 끝나는데, 일본어 동사는 어떻게 끝나죠?

A 네, 일본어의 동사는 어미가 [-u]음으로 끝납니다. 즉, う단으로 끝난다는 얘기죠. 다음 표를 보면 바로 알 수 있을 거예요.

う단	う[u]	く[ku]	す[su]	つ[tsu]	ぬ[nu]	む[mu]	る[ru]	ぐ[gu]	ぶ[bu]
	↓	↓	↓	↓	↓	↓	↓	↓	↓
	いう	かく	かす	たつ	しぬ	よむ	おわる	およぐ	とぶ
	말하다	쓰다	빌려주다	서다	죽다	읽다	끝나다	수영하다	날다

Q 정말 모두 말끝이 [-u]음으로 끝나네요. 그런데, 동사의 어미가 너무 다양해서 헷갈려요.

A 일본어의 모든 동사는 「う」・「く」・「す」・「つ」・「ぬ」・「む」・「る」・「ぐ」・「ぶ」이렇게 9가지 형태의 어미로 끝난답니다. 바꾸어 말하면, う단음이라고 하더라도 「ゆ」・「ふ」・「ず」등으로 끝나는 동사는 없다는 이야기죠. 이건 동사를 공부하다 보면 금방 발견할 수 있을 거예요.

02 일본어 동사의 종류

Q 일본어 동사의 종류에는 어떠한 것들이 있나요?

A 일본어 동사는 어미 변화(활용)의 차이에 의해 1그룹, 2그룹, 3그룹의 세 종류가 있어요.

Q 그럼, 이러한 세 종류의 동사는 어떻게 구별해야 하나요?

A 일본어의 동사는 크게 「る」로 끝나지 않는 동사와 「る」로 끝나는 동사로 나눌 수 있는데, 이 중에서 「る」로 끝나지 않는 동사는 무조건 1그룹 동사예요. 그렇게 되면 2그룹 동사와 3그룹 동사는 모두 「る」로 끝난다는 이야기가 되는 거겠죠? 물론 예외도 있지만요.

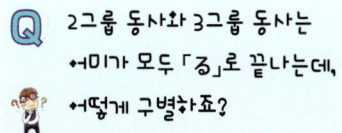

3그룹 동사는 달랑 두 개 「くる」와 「する」밖에 없습니다. 그러니까, 3그룹 동사는 쉽게 구별이 되겠죠?

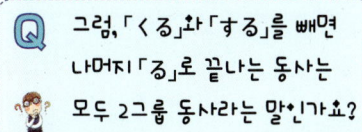

그렇게 간단히 끝나면 좋겠지만, 안타깝게도 「る」로 끝나는 1그룹 동사도 있답니다. 이제부터는 그 구분 방법을 알려 줄게요. 2그룹 동사는 「る」 앞의 음이 [-i]나 [-e], 즉 い단이나 え단이랍니다. 그리고 「る」 앞의 음이 나머지 [-a], [-u], [-o], 즉 あ단, う단, お단이 오면 1그룹 동사가 되는 거죠. 하지만 여기에서도 예외적인 1그룹 동사가 존재합니다. 너무 복잡하죠? 아래의 표를 보면 금방 이해가 될 거예요. 그래도 동사를 알면 문법의 반은 끝난다는 말을 명심하고, 이제 본격적으로 일본어 동사에 대해서 팍팍 파헤쳐 봅시다!

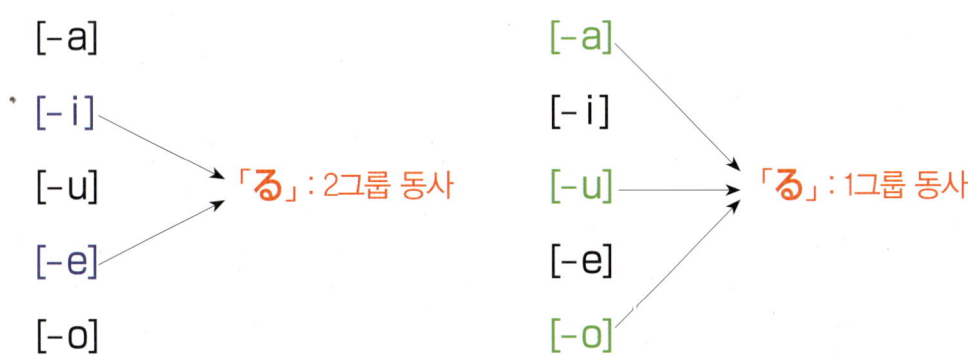

동사 맥 짚어보기

1. 일본어 동사는 어미가 [-u]음, 즉 う단으로 끝납니다.
   예) いう(말하다), かく(쓰다), よむ(읽다), ある(있다), とぶ(날다), みる(보다), する(하다)

2. 일본어 동사는 활용 방법의 차이에 따라 다음의 세 종류로 나뉩니다.
   ✪ 1그룹 동사(5단 동사, u동사)
   ✪ 2그룹 동사(1단 동사, ru동사)
   ✪ 3그룹 동사(변격 동사, 불규칙 동사)

3. 1, 2, 3그룹 동사를 쉽고 빠르게 구별해 봅시다.
   1) 일본어 동사를 겉모양으로 나누면, 「る」로 끝나지 않는 동사와 「る」로 끝나는 동사로 나눌 수 있습니다.
   ❶ 「る」로 끝나지 않는 동사 : 모두 '1그룹 동사'
   ❷ 「る」로 끝나는 동사
      ✪ 「くる」와 「する」 : 3그룹 동사
      ✪ 「る」 앞의 음이 [-i]나 [-e]인 동사('이루동', '애루동') : 2그룹 동사
      ✪ 「る」 앞의 음이 [-a], [-u], [-o]인 동사 : 1그룹 동사
      ✪ 무늬만 2그룹인 예외 1그룹 동사

4. 일본어 동사는 문장을 끝맺을 때(사전형)도, 뒤에 따라오는 명사를 수식할 때(명사 수식형)도, 어미의 생김새는 기본형(う단음)과 똑같습니다.
   예) 読む [기본형] → 本を読む。 책을 읽다. [사전형]
      読む本 읽을 책 [명사 수식형]

5. 일본어 동사의 정중한 표현은 「ます」를 붙여 나타냅니다.
   예) 読む 읽다 → 読みます 읽습니다
      書く 쓰다 → 書きます 씁니다

 **돌발퀴즈!**

다음의 동요 '둥근 해가 떴습니다'에 나오는 일본어 동사가 어떤 그룹에 해당하는 동사인지 맞춰 보세요.

둥근 해가 떴습니다 자리에서 일어나서
　　　　のぼる　　　　　　　おきる

 제일 먼저 이를 닦자 윗니 아랫니 닦자
　　　　　　　みがく

세수할 때는 깨끗이 이쪽 저쪽 목 닦고
せんめんする　　　　　　　　　　あらう

 머리 빗고 옷을 입고 거울을 봅니다
　　　とく　　　きる　　　　みる

꼭꼭 씹어 밥을 먹고 가방 메고 인사하고
　　　かむ　　　たべる　　せおう　あいさつする

 학교에 갑니다 씩씩하게 옵니다
　　　　いく　　　　　　くる

※노래의 가사는 내용에 맞도록 일부 개사하였습니다.

[정답]
1그룹 동사: のぼる/みがく/あらう/とく/きる/かむ/せおう/いく
2그룹 동사: おきる/きる/みる/たべる
3그룹 동사: せんめんする/あいさつする/くる

89

01 동사의 종류

일본어 동사에는 1그룹, 2그룹, 3그룹 이렇게 세 가지 종류의 동사가 있는데, 이들 모든 동사의 기본형(어미 변화가 일어나지 않은 동사의 기본이 되는 형태) 및 사전형(사전에 표제어로 나와 있는 형태)은 생김새가 똑같으며, 또한 어미(말끝)는 모두 [u]음, 즉 う단으로 끝나는 공통점을 갖고 있습니다.

① 1그룹 동사

부츠 신고 무우 물고 스쿠루(school)에 가는 아이들은 누구?
(ぶ・つ)　(む・う)　(す・く・る)　　　　　　　(ぬ・ぐ)

어미(말끝)가 「ぶ・つ・む・う・す・く・る・ぬ・ぐ」로 끝나는 동사입니다.

1 어미가 「る」 이외의 う단으로 끝나는 동사

「ぶ・つ・む・う・す・く・ぬ・ぐ」로 끝나는 동사

[-ぶ]　空(そら)を飛(と)ぶ。 하늘을 날다.
[-つ]　子供(こども)が立(た)つ。 아이가 서다.
[-む]　本(ほん)を読(よ)む。 책을 읽다.
[-う]　服(ふく)を買(か)う。 옷을 사다.
[-す]　彼(かれ)に話(はな)す。 그에게 이야기하다.
[-く]　学校(がっこう)へ行(い)く。 학교에 가다.
[-ぬ]　猫(ねこ)が死(し)ぬ。 고양이가 죽다.
[-ぐ]　海(うみ)で泳(およ)ぐ。 바다에서 수영하다.

2 어미가 「る」로 끝나는 1그룹 동사

01 [-a]る ⇒ 「あ단 + る」

あ(a)る((사물 등이) 있다), 上が(ga)る(오르다), 去(sa)る(사라지다), 終わ(wa)る(끝나다) 등

木がある。 나무가 있다.
仕事が終わる。 일이 끝나다.

02 [-u]る ⇒ 「う단 + る」

売(u)る(팔다), 送(ku)る(보내다), 塗(nu)る(칠하다) 등

家を売る。 집을 팔다.
お金を送る。 돈을 보내다.

03 [-o]る ⇒ 「お단 + る」

折(o)る(꺾다), 乗(no)る((차 등을) 타다), 起こ(ko)る((사건 등이) 일어나다) 등

車に乗る。 차를 타다.
地震が起こる。 지진이 일어나다.

04 예외 1그룹 동사 (무늬만 2그룹 동사)

「る」앞의 음이 [-i] 또는 [-e]라서 2그룹 동사처럼 보이지만, 예외적으로 1그룹 동사인 것도 있습니다. 다음의 '악어와 도마뱀'이라는 이야기에 나오는 색깔 있는 동사가 바로 예외 1그룹 동사입니다.

"악어에게 놀림을 당한 도마뱀은 분해서 자신의 꼬리를 자르고 쏜살같이 달려 집으로
　　　　　　　　　　　　　　　　　　　　　　　　　　き(切)る　　　 はし(走)る

돌아갔다. 그리고는 방에 들어가다 미끄러진 도마뱀은 너무 화가 나
かえ(帰)る　　　　　　　　　はい(入)る　すべ(滑)る

문을 발로 차며 화도 내 보았지만, 결국에는 놀림 받지 않기
　　　　　け(蹴)る

위해서는 힘이 필요하다는 것을 알게 되었습니다."
　　　　　　　 い(要)る　　　 し(知)る

② 2그룹 동사

「る」 앞의 음이 모두 [-i] 또는 [-e]로 끝나는 동사입니다.

01 [-i]る ⇒ 「い단+る」

居(i)る((생물이) 있다), 見(mi)る(보다), 起き(ki)る(일어나다), 降り(ri)る((차 등에서) 내리다) 등

ひと い
人が居る。 사람이 있다.

えいが み
映画を見る。 영화를 보다.

02 [-e]る ⇒ 「え단+る」

見え(e)る(보이다), 寝(ne)る(자다), 教え(e)る(가르치다), 食べ(be)る(먹다) 등

おそ ね
遅く寝る。 늦게 자다.

あさ た
朝ごはんを食べる。 아침밥을 먹다.

③ 3그룹 동사

「くる」와 「する(또는 「한자어+する」)」, 달랑 두 개뿐입니다.

ともだち く
友達が来る。 친구가 오다.

あいさつをする。 인사를 하다.

えいご べんきょう
英語を勉強する。 영어를 공부하다.

02 동사의 활용

동사가 뒤에 오는 말과 연결될 때 기본형의 어미가 다른 형태로 변하게 되는데, 이를 활용(활용형)이라고 합니다. 그럼, 앞의 돌발퀴즈 동요에 나온 동사를 이용하여 일본어의 동사 활용에 대해 자세히 살펴볼까요?

1. 동사의 ます형 : 정중 표현

동사가 ます형으로 바뀌어 정중 표현이 되면 '~합니다'라는 뜻과 미래를 나타내는 '~하겠습니다'의 의미를 나타냅니다.

① 1그룹 동사의 ます형

어미 う단을 い단으로 바꾼 다음, 「ます」를 붙이세요.

いく
↓
学校にいきます。
학교에 갑니다.

[飲む] お酒を飲みます。 술을 마십니다.
[乗る] 電車に乗ります。 전철을 탑니다.

② 2그룹 동사의 ます형

어미 「る」를 떼고, 그대로 「ます」를 붙이세요.

みる
↓
鏡をみます。
거울을 봅니다.

[居る] 猫が居ます。 고양이가 있습니다.
[食べる] たまごを食べます。 계란을 먹습니다.

93

3 3그룹 동사의 ます형

「くる」와「する」 달랑 두 개밖에 없으니까, 무조건 외우세요.

くる
↓
学校にきます。
학교에 옵니다.

する
↓
あいさつをします。
인사를 합니다.

[来る] 友達が来ます。 친구가 옵니다.
[勉強する] 日本語を勉強します。 일본어를 공부합니다.

Tip

「~ます」가 변심하면, 동사의 '과거'와 '부정'이 들통납니다.

- 「~ます」가「~ました(~했습니다)」로 바뀌면, 정중한 과거 표현
- 「~ます」가「~ません(~하지 않습니다)」으로 바뀌면, 정중한 부정 표현
- 「~ます」가「~ませんでした(~하지 않았습니다)」로 바뀌면, 정중한 과거 부정 표현

정중 표현	정중한 과거 표현
~ます : ~합니다	~ました : ~했습니다
かきます　씁니다	かきました　썼습니다
みます　봅니다	みました　보았습니다
きます　옵니다	きました　왔습니다

정중한 부정 표현	정중한 과거 부정 표현
~ません : ~지 않습니다	~ませんでした : ~지 않았습니다
かきません　쓰지 않습니다	かきませんでした　쓰지 않았습니다
みません　보지 않습니다	みませんでした　보지 않았습니다
きません　오지 않습니다	きませんでした　오지 않았습니다

❶ 1그룹 동사의 ます형과 정중 표현

	う	く	す	つ	ぬ	む	る	ぐ	ぶ
기본형	いう	かく	はなす	たつ	しぬ	よむ	ある	およぐ	よぶ
	말하다	쓰다	이야기하다	서다	죽다	읽다	있다	수영하다	부르다
	↓	↓	↓	↓	↓	↓	↓	↓	↓
い단	い[i]	き[ki]	し[shi]	ち[ti]	に[ni]	み[mi]	り[ri]	ぎ[gi]	び[bi]
ます형	いい	かき	はなし	たち	しに	よみ	あり	およぎ	よび
정중 표현	いいます	かきます	はなします	たちます	しにます	よみます	あります	およぎます	よびます
	말합니다	씁니다	이야기합니다	섭니다	죽습니다	읽습니다	있습니다	수영합니다	부릅니다

❷ 2, 3그룹 동사의 ます형과 정중 표현

	2그룹				3그룹		
기본형	みる	おきる	ねる	たべる	くる	する	べんきょうする
	보다	일어나다	자다	먹다	오다	하다	공부하다
	↓	↓	↓	↓	↓	↓	↓
ます형	み る	おき る	ね る	たべ る	き	し	べんきょうし
정중 표현	みます	おきます	ねます	たべます	きます	します	べんきょうします
	봅니다	일어납니다	잡니다	먹습니다	옵니다	합니다	공부합니다

확·인·문·제

다음과 같이 동사가 속하는 그룹을 쓰고, ます형(정중 표현)으로 고쳐 쓰세요.

① かく 쓰다　　(1그룹 / かきます)　② いう 말하다　(　　/　　)

③ おきる 일어나다　(　　/　　)　④ みる 보다　(　　/　　)

⑤ する 하다　(　　/　　)　⑥ くる 오다　(　　/　　)

⑦ たべる 먹다　(　　/　　)　⑧ よむ 읽다　(　　/　　)

2. 명사 수식형

동사가 뒤에 오는 명사를 수식할 때 동사의 형태를 명사 수식형이라고 합니다. 동사의 명사 수식형은 기본형(사전형)과 동일한 형태를 취합니다. (※기본형 = 사전형 = 명사 수식형)

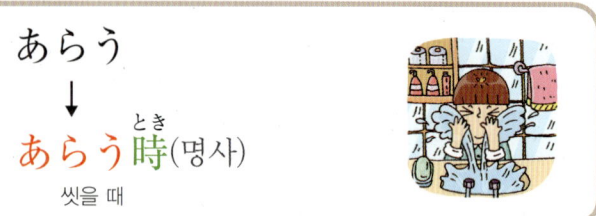

あらう
↓
あらう 時(명사)
씻을 때

[終わる]　授業が終わる時間です。 수업이 끝날 시간입니다.

[見る]　今晩見る映画を決めます。 오늘 밤 볼 영화를 정합니다.

[来る]　明日来る人は何人ですか。 내일 올 사람은 몇 명입니까?

확·인·문·제

다음 동사의 ます형(정중 표현)을 명사 수식형으로 고쳐 쓰세요.

① かいます 삽니다　　→　(　本 살 책　)
② ならいます 배웁니다　→　(　学生 배우는 학생　)
③ おきます 일어납니다　→　(　時間 일어날 시간　)
④ おしえます 가르칩니다　→　(　先生 가르치는 선생님　)
⑤ べんきょうします 공부합니다　→　(　友達 공부하는 친구　)
⑥ きます 옵니다　　→　(　日 오는 날　)

3. 동사의 て형 : 연결형·음편형

1 동사가 「て」에 연결되는 것을 て형이라고 하며, 이 때는 동사의 어미 형태가 변합니다.

2 「て」는 우리말의 '~(하)고, ~(해)서'에 해당하는 말로, 절과 절 또는 문장과 문장을 연결할 때 쓰입니다.

1그룹 동사의 어미 변화는 복잡하므로, 우선 여러분이 잘 알고 있는 동요를 통해 간단히 1그룹 동사의 て형을 알아볼까요? 참고로 일본어의 동요도 우리의 동요와 음이 같으니까, 가사만 바꿔서 불러 보세요.

むすんでひらいて　　주먹 쥐고 (손을 펴서)

むすん**で**ひらい**て**
て**を**うっ**て**むすん**で**
またひらい**て**て**を**うっ**て**
そのてをうえに
むすん**で**ひらい**て**
て**を**うっ**て**むすん**で**

♪♬~주먹 쥐**고** 손을 펴**서**
손뼉 치**고** 주먹 쥐**고**
또 다시 펴**서** 손뼉 치**고**
그 손을 (머리) 위에
주먹 쥐**고** 손을 펴**서**
손뼉 치**고** 주먹 쥐**고** ♪♬~

(ペンを)にぎっ**て**おとし**て**
ひろっ**て**にぎっ**て**
またおとし**て**ひろっ**て**
そのペンで字をかい**て**
にぎっ**て**おとし**て**
ひろっ**て**にぎっ**て**

♪♬~(펜을)꼭 잡**고** 떨어뜨리**고**
주워**서** 꼭 잡**고**
또 떨어뜨리**고** 주워**서**
그 펜으로 글씨 쓰**고**
꼭 잡**고** 떨어뜨리**고**
주워**서** 꼭 잡**고** ♪♬~

▶ 여기서 일본어의 て형은 우리말로 '~(하)고', '~(해)서'로 해석되고 있는 것을 금방 알 수 있겠죠?

① 1그룹 동사의 て형

1 「う・つ・る」 → 「〜って」

동사의 어미 「う」「つ」「る」를 떼고, 「って」를 붙이세요.

ひろう (줍다) ⇒ ひろって (줍고, 주워(서))
うつ (치다) ⇒ うって (치고, 쳐(서))
にぎる (잡다) ⇒ にぎって (잡고, 잡아(서))

立って、話します。 [立つ→立って] 서서 이야기합니다.
電車に乗って、本を読みます。 [乗る→乗って] 전철을 타서, 책을 읽습니다.
友達に会って、ごはんを食べる。 [会う→会って] 친구를 만나서, 밥을 먹는다.

2 「ぬ・む・ぶ」 → 「〜んで」

동사의 어미 「ぬ」「む」「ぶ」를 떼고, 「んで」를 붙이세요.

しぬ (죽다) ⇒ しんで (죽고, 죽어(서))
よむ (읽다) ⇒ よんで (읽고, 읽어(서))
とぶ (날다) ⇒ とんで (날고, 날아(서))

本を読んで、寝る。 [読む→読んで] 책을 읽고 자다.
学生を呼んで、ほめる。 [呼ぶ→呼んで] 학생을 불러 칭찬하다.
猫が死んで、犬も死にました。 [死ぬ→死んで] 고양이가 죽고, 개도 죽었습니다.

3 「く」→「～いて」

동사의 어미 「く」를 떼고, 「いて」를 붙이세요.

かく (쓰다) ⇒ かいて (쓰고, 써(서))
あるく (걷다) ⇒ あるいて (걷고, 걸어(서))
なく (울다) ⇒ ないて (울고, 울어(서))

名前を書いて、住所を書きます。[書く→書いて] 이름을 쓰고, 주소를 씁니다.
私は歩いて、友達は走ります。[歩く→歩いて] 나는 걷고, 친구는 달립니다.

 **Point** 콕 선생의 비밀 과외!

예외로 활용되는 て형 : 行く (가다)

行く(가다) ⇒ 行って(가고, 가서) [(✗) 行いて]

デパートへ行って、服を買います。[行く→行って] 백화점에 가서, 옷을 삽니다.

4 「ぐ」→「～いで」

동사의 어미 「ぐ」를 떼고, 「いで」를 붙이세요.

およぐ (수영하다) ⇒ およいで (수영하고, 수영해(서))
ぬぐ (벗다) ⇒ ぬいで (벗고, 벗어(서))
いそぐ (서두르다) ⇒ いそいで (서두르고, 서둘러(서))

服を脱いで、寝ます。[脱ぐ→脱いで] 옷을 벗고, 잡니다.
プールで泳いで、水を飲みます。[泳ぐ→泳いで] 수영장에서 수영하고, 물을 마십니다.

5 「す」→「〜して」

「す」로 끝나는 동사의 て형은 ます형과 동일하게 어미를 い단음으로 바꾼 다음, 「て」를 붙이세요.

おす (누르다)	⇒	おして (누르고, 눌러(서))
はなす (이야기하다)	⇒	はなして (이야기하고, 이야기해(서))
おとす (떨어뜨리다)	⇒	おとして (떨어뜨리고, 떨어뜨려(서))

9を押して、次に3を押す。[押す→押して] 9를 누르고, 다음에 3을 누른다.

先生に話して、家へ帰る。[話す→話して] 선생님께 이야기하고 집에 돌아간다.

カメラを落としてこわした。[落とす→落として] 카메라를 떨어뜨려서 고장냈다.

 표로 정리하는 て형

1그룹 동사의 て형 일람표

	사전형	て형	연결 표현
기본형	会う (만나다) 立つ (서다) とる (잡다)	〜って	会って (만나고, 만나(서)) 立って (서고, 서(서)) とって (잡고, 잡아(서))
	死ぬ (죽다) 飲む (마시다) 呼ぶ (부르다)	〜んで	死んで (죽고, 죽어(서)) 飲んで (마시고, 마셔(서)) 呼んで (부르고, 불러(서))
	書く (쓰다)	〜いて	書いて (쓰고, 써(서))
	泳ぐ (수영하다)	〜いで	泳いで (수영하고, 수영해(서))
	出す (내다)	〜して	出して (내고, 내(서))
예외 1그룹 동사	行く (가다)	〜って	行って (가고, 가(서))

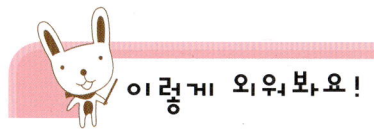

그럼, 다음의 동요 '클레멘타인' 노래에 맞춰 앞에서 나온 일본어의 1그룹 동사의 て형을 외워 봅시다.

て형 암기송

클레멘타인
Oh My Darling Clementine

うつるって ぬむぶんで くいて ー ぐいで
넓고넓은 바닷가에 오막살이 집한채

うつるって ぬむぶんで くいて ー ぐいで
고기잡는 아버지와 철모르는 딸있네

うつるって ぬむぶんで くいて ー ぐいで
내사랑아 내사랑아 나의사랑 클레멘타인

うつるって ぬむぶんで くいて ー ぐいで
늙은아비 혼자두고 영영어딜 갔느냐

❷ 2그룹 동사의 て형

어미 「る」를 떼고, 그대로 「て」를 붙이세요.

みる
↓
鏡(かがみ)をみて
거울을 보고

[見る]　映画(えいが)を見(み)て、家(うち)へ帰(かえ)ります。[見る→見て] 영화를 보고, 집에 돌아갑니다.

[食べる]　ごはんを食(た)べて、薬(くすり)を飲(の)む。[食べる→食べて] 밥을 먹고, 약을 먹는다.

❸ 3그룹 동사의 て형

「くる」와 「する」 달랑 두 개밖에 없으니까, 무조건 외우세요.

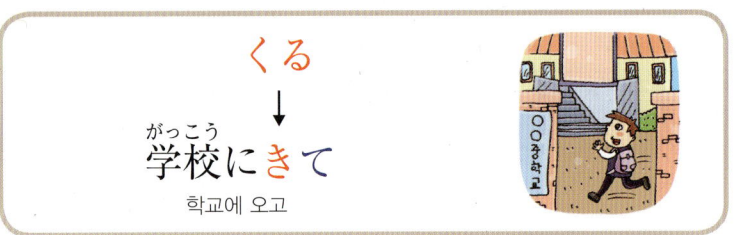

くる
↓
学校(がっこう)にきて
학교에 오고

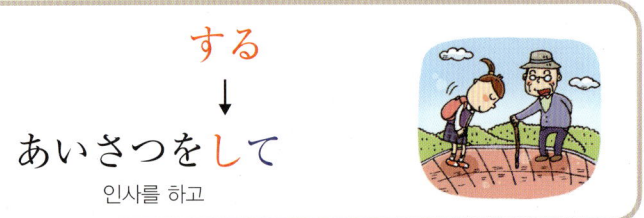

する
↓
あいさつをして
인사를 하고

[来(く)る]　日本(にほん)に来(き)て、日本語(にほんご)を習(なら)います。[来る→来て]
일본에 와서, 일본어를 배웁니다.

[掃除(そうじ)する]　部屋(へや)を掃除(そうじ)して、お風呂(ふろ)に入(はい)ります。[掃除する→掃除して]
방을 청소하고, 목욕합니다.

질문 있어요!

2그룹 동사와 3그룹 동사의 て형 만들기는 결국 동사를 ます형으로 고친 다음 「て」를 붙이면 되는 거네요?

네, 맞아요. 하지만 2그룹 동사와 3그룹 동사뿐만 아니라, 1그룹 동사 중 「す」로 끝나는 동사도 동사의 어미를 ます형으로 고친 다음 「て」를 붙이면 て형이 만들어집니다.

예) 起きる 일어나다 → 起きて 일어나고, 일어나(서)
                   ます형

   する 하다 → して 하고, 해(서)
              ます형

   話す 이야기하다 → 話して 이야기하고, 이야기해(서)
                   ます형

확·인·문·제

다음과 같이 아래의 표를 완성하세요.

동사 그룹	기본형(사전형)	ます형(정중 표현)	て형(연결/음편형)
1그룹	きく 듣다	ききます	きいて
	① およぐ 수영하다		
	② いく 가다		
	③ いう 말하다		
	④ たつ 서다		
	⑤ きる 자르다		
	⑥ よむ 읽다		
	⑦ とぶ 날다		
	⑧ しぬ 죽다		
2그룹	⑨ きる 입다		
	⑩ ねる 자다		
3그룹	⑪ くる 오다		
	⑫ する 하다		

4. 동사의 ない형 : 부정형

동사의 ない형이란, 부정을 나타내는 「ない」에 접속될 때 동사의 어미가 변한 형태를 가리키며, 뜻은 '~(하)지 않다'가 됩니다. 이는 다른 말로 '부정형'이라고 말하기도 합니다. 그럼, 1·2·3그룹 각각의 동사는 ない형으로 바뀔 때 어미가 어떻게 변하는지 함께 살펴 봅시다.

① 1그룹 동사의 ない형

> 어미 う단을 あ단으로 바꾼 다음, 「ない」를 붙이세요.

いく
↓
学校にいかない。
학교에 가지 않는다.

[読む] 本を読まない。 책을 읽지 않는다.
[買う] 服を買わない。 옷을 사지 않는다.
[乗る] 電車に乗らない。 전철을 타지 않는다.

Point 콕 선생님의 비밀 과외!

1. 「う」로 끝나는 동사의 ない형은 어미가 「あ」가 아닌 「わ」로 바뀐다는 것, 꼭 기억해 두세요!

   예) かう(사다) → かわない(사지 않다)
   　　いう(말하다) → いわない(말하지 않다)

2. 식물이나 사물 등의 무생물이 있음을 나타내는 「ある(있다)」의 ない형은 「あらない」가 아닌 「ない(없다)」가 됩니다.

   예) この辺には木がないです。 이 주변에는 나무가 없습니다.

2 2그룹 동사의 ない형

어미 「る」를 떼고, 그대로 「ない」를 붙이세요.

みる
↓
鏡をみない。
거울을 보지 않는다.

[見る]　映画を見ない。　영화를 보지 않는다.

[食べる]　たまごを食べない。　계란을 먹지 않는다.

3 3그룹 동사의 ない형

「くる」와 「する」 달랑 두 개밖에 없으니까, 무조건 외우세요.

くる
↓
学校にこない。
학교에 오지 않는다.

정말 피곤한 「くる」. 흑흑! 「ます」하고 「て」하고 놀 때는 무서워서 「き」더니, 「ない」하고 놀 때는 우스운지 그냥 「こ」하네. 역시 골칫덩어리야!

する
↓
あいさつをしない。
인사를 하지 않는다

「する」는 그래도 아직까지는 변심하지 않고 착하네. 헤헤! 「ます」하고 「て」하고 놀 때도, 「ない」랑 놀 때도 모두 「し」. 하지만 언제까지 변치 않을런지…….

[来る]　友達が来ない。　친구가 오지 않는다.

[運動する]　公園で運動しない。　공원에서 운동하지 않는다.

[勉強する]　日本語を勉強しない。　일본어를 공부하지 않는다.

5. 동사의 의지형

동사에 「う(1그룹 동사의 경우)」 또는 「よう(2, 3그룹 동사의 경우)」를 붙이면 우리말로 '~해야지'라는 의지의 뜻 외에도 '~하자'라는 권유의 뜻을 나타내기도 합니다. 그럼, 1·2·3그룹 각각의 동사가 의지형으로 바뀔 때 어미의 생김새는 어떻게 변하는지 함께 살펴 볼까요?

① 1그룹 동사의 의지형

어미 う단을 お단으로 바꾼 다음, 「う」를 붙이세요.

いく
↓
学校にいこう。
학교에 가야지/가자.

[読む]　本を読もう。 책을 읽어야지/읽자.
[買う]　服を買おう。 옷을 사야지/사자.
[乗る]　電車に乗ろう。 전철을 타야지/타자.

② 2그룹 동사의 의지형

어미 「る」를 떼고, 그대로 「よう」를 붙이세요.

みる
↓
鏡をみよう。
거울을 봐야지/보자.

[見る]　映画を見よう。 영화를 봐야지/보자.
[食べる]　たまごを食べよう。 계란을 먹어야지/먹자.

3 3그룹 동사의 의지형

「くる」와「する」달랑 두 개밖에 없으니까, 무조건 외우세요.

くる
↓
学校にこよう。
학교에 와야지/오자.

する
↓
あいさつをしよう。
인사를 해야지/하자.

[来る]　　いっしょに来よう。 함께 와야지/오자.
[運動する]　公園で運動しよう。 공원에서 운동해야지/운동하자.
[勉強する]　日本語の勉強をしよう。 일본어 공부를 해야지/하자.

확·인·문·제

다음과 같이 아래의 표를 완성하세요.

동사 그룹	기본형(사전형)	ない형(부정형)	의지형
1그룹	いう 말하다	いわない	いおう
	① やすむ 쉬다		
	② あそぶ 놀다		
2그룹	③ おりる 내리다		
	④ でる 나가(오)다		
3그룹	⑤ くる 오다		
	⑥ する 하다		

6. 동사의 가정형 : ば형

동사에「ば」를 붙이면 '~(하)면'이라는 뜻의 가정 표현이 됩니다. 또한, 동사에「ば」를 붙이기 때문에 ば형이라고도 합니다. 그럼, 1·2·3그룹 각각의 동사에「ば」를 붙이면 어미가 어떻게 변하는지 함께 살펴 봅시다.

① 1그룹 동사의 가정형

어미 う단을 え단으로 바꾼 다음,「ば」를 붙이세요.

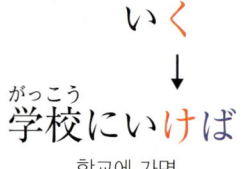
いく
↓
学校にいけば
학교에 가면

[読む]　本を読めば、分かります。 책을 읽으면, 압니다.
[買う]　どんな服を買えば、いいですか。 어떤 옷을 사면 좋겠습니까?
[乗る]　7時の電車に乗れば、間に合う。 7시 전철을 타면, 시간에 맞게 갈 수 있다.

② 2그룹 동사의 가정형

어미「る」를「れ」로 바꾼 다음,「ば」를 붙이세요.

みる
↓
鏡をみれば
거울을 보면

[見る]　　映画を見れば、すべて分かります。 영화를 보면, 모두 알 수 있습니다.
[食べる]　ご飯を食べれば、元気が出ます。 밥을 먹으면, 힘이 납니다.

③ 3그룹 동사의 가정형

「くる」와 「する」 달랑 두 개밖에 없으니까, 무조건 외우세요.

くる
↓
学校にくれば
학교에 오면

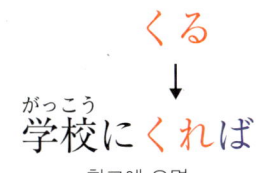

「くる」는 정말 심하네! 완전 변덕쟁이야.「ます」랑「て」하고 놀 때는「き」더니,「ない」랑「よう」하고 놀 때는「こ」로 변하고,「ば」하고 놀 때는「くれ」역시 대단해.「くる」의 변화의 끝은 어디일까?

する
↓
あいさつをすれば
인사를 하면

「する」도 결국에는 변심했다. 흑흑!「ます」랑「て」랑「よう」하고 놀 때만 해도「し」였는데,「ば」랑 놀 때는 변심해서「すれ」가 되잖아. 이럴수가!

[来る]　　春が来れば、花が咲く。 봄이 오면, 꽃이 핀다.

[運動する]　運動すれば、やせます。 운동하면, 살이 빠집니다.

[勉強する]　勉強すれば、誰でも受かる。 공부하면, 누구든지 합격한다.

7. 동사의 명령형

명령형이란, 상대방에게 동작이나 행위를 시키는 표현을 말합니다. 동사의 명령형은 동사의 종류에 따라 활용 형태가 달라지며, 그 뜻은 '~해(라)'가 됩니다. 그럼, 1·2·3 그룹 각각의 동사는 어미가 어떻게 변하여 명령형이 되는지 함께 살펴 볼까요?

① 1그룹 동사의 명령형

어미 う단을 え단으로 바꾸면 됩니다.

[買う]　服を買え。 옷을 사(라).
[読む]　本を読め。 책을 읽어(라).
[乗る]　電車に乗れ。 전철을 타(라).

② 2그룹 동사의 명령형

어미 「る」를 떼고, 「ろ(회화체)」나 「よ(문장체)」를 붙이세요.

[居る]　ここに居ろ／よ。 여기에 있어(라).
[食べる]　たまごを食べろ／よ。 계란을 먹어(라).

3 3그룹 동사의 명령형

「くる」와 「する」 달랑 두 개밖에 없으니까, 무조건 외우세요.

くる
↓
学校にこい。
학교에 와(라).

する
↓
あいさつをしろ。
인사를 해(라).

[来る]　明日来い。 내일 와(라).
[する]　日本語の勉強をしろ。 일본어 공부를 해(라).
[運動する]　公園で運動しろ。 공원에서 운동해(라).

확·인·문·제

다음과 같이 아래의 표를 완성하세요.

동사 그룹	기본형(사전형)	가정형(~ば)	명령형
1그룹	のむ 마시다	のめば	のめ
	① うたう 노래하다		
	② きく 듣다, 묻다		
2그룹	③ きる 입다		
	④ おしえる 가르치다		
3그룹	⑤ くる 오다		
	⑥ する 하다		

8. 동사의 た형 : 과거형

동사에「た」를 접속시킬 때의 어미 변화를 た형 또는 과거형이라고 하는데, た형은 앞서 배운 て형과 어미 변화가 똑같습니다. 물론 て형은 문장과 문장의 연결(~(하)고, ~(해)서)을, た형은 '~했다'라는 과거를 나타내어 서로 다른 기능을 갖고 있습니다. 그럼 て형의 복습을 겸해, 1·2·3그룹 각각의 동사는 た형으로 바뀔 때 어미가 어떻게 변하는지 함께 살펴 볼까요?

> 결국 동사의 어미 형태는 た형과 て형이 같은 거군요.

① 1그룹 동사의 た형

1「う・つ・る」→「~った」

동사의 어미「う」「つ」「る」를 떼고,「った」를 붙이세요.

ひろう (줍다)	⇒	ひろった (주웠다)
うつ (치다)	⇒	うった (쳤다)
にぎる (잡다)	⇒	にぎった (잡았다)

友達に会って、服を買った。 [買う→買った] 친구를 만나서, 옷을 샀다.
仕事が終わって、家へ帰った。 [帰る→帰った] 일이 끝나서, 집으로 돌아갔다.
デパートの前で、友達を待った。 [待つ→待った] 백화점 앞에서 친구를 기다렸다.

2「ぬ・む・ぶ」→「~んだ」

동사의 어미「ぬ」「む」「ぶ」를 떼고,「んだ」를 붙이세요.

しぬ (죽다)	⇒	しんだ (죽었다)
よむ (읽다)	⇒	よんだ (읽었다)
むすぶ (묶다)	⇒	むすんだ (묶었다)

猫が死んで、犬も死んだ。[死ぬ→死んだ] 고양이가 죽고, 개도 죽었다.
電車に乗って、本を読んだ。[読む→読んだ] 전철을 타고, 책을 읽었다.
家に帰って、子供と遊んだ。[遊ぶ→遊んだ] 집에 돌아와서, 아이와 놀았다.

3 「く」→「〜いた」

동사의 어미 「く」를 떼고, 「いた」를 붙이세요.

かく (쓰다) ⇒ かいた (썼다)
あるく (걷다) ⇒ あるいた (걸었다)

名前を書いて、住所を書いた。[書く→書いた] 이름을 쓰고, 주소를 썼다.
子供は走って、私は歩いた。[歩く→歩いた] 아이는 뛰고, 나는 걸었다.

Point 콕 선생의 비밀 과외!

예외로 활용되는 た형 : 行く (가다)

行く(가다) ⇒ 行った(갔다) [(×) 行いた]
今日は早く会社に行った。[行く→行った] 오늘은 일찍 회사에 갔다.

4 「ぐ」→「〜いだ」

동사의 어미 「ぐ」를 떼고, 「いだ」를 붙이세요.

およぐ (수영하다) ⇒ およいだ (수영했다)
ぬぐ (벗다) ⇒ ぬいだ (벗었다)

まず運動をして、泳いだ。[泳ぐ→泳いだ] 먼저 운동을 하고, 수영했다.
部屋に入って、服を脱いだ。[脱ぐ→脱いだ] 방에 들어가서, 옷을 벗었다.

5 「す」→「〜した」

「す」로 끝나는 동사의 た형은 ます형과 동일하게 어미를 い단음으로 바꾼 다음, 「た」를 붙이세요.

おとす (떨어뜨리다) ⇒ おとした (떨어뜨렸다)
はなす (이야기하다) ⇒ はなした (이야기했다)

バスの中で財布を落した。[落す→落した] 버스 안에서 지갑을 떨어뜨렸다(잃어버렸다).
私は友達に悩みを話した。[話す→話した] 나는 친구에게 고민을 이야기했다.

② 2그룹 동사의 た형

어미 「る」를 떼고, 그대로 「た」를 붙이세요.

みる (보다) ⇒ みた (보았다)
たべる (먹다) ⇒ たべた (먹었다)

今朝は7時に起きた。[起きる→起きた] 오늘 아침에는 7시에 일어났다.
今日は友達と昼ご飯を食べた。[食べる→食べた] 오늘은 친구와 점심을 먹었다.

3 3그룹 동사의 た형

「くる」와 「する」 달랑 두 개밖에 없으니까, 무조건 외우세요.

くる (오다) ⇒ きた (왔다)
する (하다) ⇒ した (했다)

私は去年日本に来た。 [来る→来た] 나는 작년에 일본에 왔다.
朝起きて、掃除をした。 [する→した] 아침에 일어나서 청소를 했다.

た형뿐만 아니라, 열거를 나타내는 「たり(~(하)기도 하고)」도 て형과 똑같은 어미 변화를 합니다. 확인문제에서는 「たり」의 활용형까지 함께 풀어봅시다.

확·인·문·제

다음과 같이 아래의 표를 완성하세요.

동사 그룹	기본형(사전형)	과거형(〜た)	열거 표현(〜たり)
1그룹	なく 울다	ないた	ないたり
	① ぬぐ 벗다		
	② つかう 사용하다		
	③ まつ 기다리다		
	④ きる 자르다		
	⑤ たのむ 부탁하다		
	⑥ あそぶ 놀다		
	⑦ しぬ 죽다		
	⑧ いく 가다		
2그룹	⑨ きる 입다		
	⑩ でる 나가(오)다		
3그룹	⑪ くる 오다		
	⑫ する 하다		

Point  콕 선생의 비밀 과외!

た형과 ます형의 형태가 동일한 동사로는 2그룹 동사와 3그룹 동사, 그리고 「す」로 끝나는 1그룹 동사가 있습니다.

예) 食べます(먹습니다) → 食べた(먹었다) : 2그룹
　　└─ ます형 ─┘

します(합니다) → した(했다) : 3그룹
└─ ます형 ─┘

話します(이야기합니다) → 話した(이야기했다) : 1그룹
　　└─ ます형 ─┘

 표로 정리하는 た/たり형

て형과 동일한 어미 변화를 보이는 것으로는 た형뿐만 아니라, 열거를 나타내는 「~たり」, 가정·조건을 나타내는 「~たら」가 있습니다. 아래의 표에서 た형의 종합정리를 하며 「~たり」에 대해서도 함께 살펴보기로 합시다. (※「~たり」는 조사 p.198, 「~たら」는 가정 표현 p.331를 참조하세요.)

동사의 た형/たり형 일람표

	사전형	た형/たり형	た(과거)표현	たり(열거)표현
1그룹 동사	会う(만나다) 立つ(서다) とる(잡다)	~った/たり	会った(만났다) 立った(섰다) とった(잡았다)	会ったり(만나기도 하고) 立ったり(서기도 하고) とったり(잡기도 하고)
	死ぬ(죽다) 飲む(마시다) 呼ぶ(부르다)	~んだ/だり	死んだ(죽었다) 飲んだ(마셨다) 呼んだ(불렀다)	死んだり(죽기도 하고) 飲んだり(마시기도 하고) 呼んだり(부르기도 하고)
	書く(쓰다)	~いた/たり	書いた(썼다)	書いたり(쓰기도 하고)
	泳ぐ(수영하다)	~いだ/だり	泳いだ(수영했다)	泳いだり(수영하기도 하고)
	出す(내다)	~した/たり	出した(냈다)	出したり(내기도 하고)
예외 1그룹 동사	行く(가다)	~った/たり	行った(갔다)	行ったり(가기도 하고)
2그룹 동사	見る(보다) 寝る(자다)	~る+た/たり	見た(봤다) 寝た(잤다)	見たり(보기도 하고) 寝たり(자기도 하고)
3그룹 동사	来る(오다) する(하다)	きた/たり した/たり	来た(왔다) した(했다)	来たり(오기도 하고) したり(하기도 하고)

 그림으로 익히는

기본동사 73

1 1그룹 동사

1 「う」・「つ」・「る」로 끝나는 동사

言う
(말하다)

買う
(사다)

会う
(만나다)

習う
(배우다)

思う
(생각하다)

歌う
(노래하다)

持つ
(들다, 가지다)

待つ
(기다리다)

打つ
(치다, 때리다)

ある
(있다)

乗る
(타다)

終わる
(끝나다)

売る
(팔다)

作る
(만들다)

座る
(앉다)

分る
(알다)

帰る
(돌아가(오)다)

切る
(끊다, 자르다)

走る
(달리다)

知る
(알다)

入る
(들어가다)

2 「ぬ」・「む」・「ぶ」로 끝나는 동사

死ぬ
(죽다)

読む
(읽다)

飲む
(마시다)

休む
(쉬다)

頼む
(부탁하다)

噛む
(씹다)

遊ぶ
(놀다)

飛ぶ
(날다)

喜ぶ
(기뻐하다)

選ぶ
(고르다)

並ぶ
(줄을 서다)

結ぶ
(묶다, 매다)

3 「く」・「ぐ」로 끝나는 동사

書く
(쓰다)

歩く
(걷다)

聞く
(듣다)

開く
(열리다)

働く
(일하다)

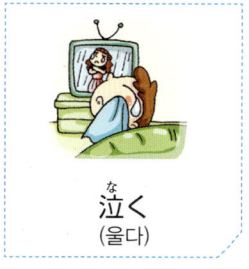
泣く
(울다)

脱ぐ
(벗다)

泳ぐ
(수영하다)

4 「す」로 끝나는 동사

話す
(이야기하다)

貸す
(빌리다)

消す
(끄다)

暮らす
(살다)

探す
(찾다)

出す
(내다)

2 2그룹 동사

1 [i]る 동사

見る
(보다)

居る
(있다)

起きる
(일어나다)

落ちる
(떨어지다)

借りる
(빌리다)

着る
(입다)

降りる
((탈 것 등에서) 내리다)

2 [e]る 동사

食べる
(먹다)

寝る
(자다, 눕다)

出る
(나가(오)다)

教える
(가르치다)

見える
(보이다)

見せる
(보게 하다)

上げる
(올리다)

忘れる
(잊다)

開ける
(열다)

答える
(대답하다)

入れる
(넣다)

かける
(걸다)

数える
(세다)

決める
(결정하다)

壊れる
(부서지다, 고장나다)

閉める
(닫다)

③ 3그룹 동사

くる
(오다)

する
(하다)

勉強する
(공부하다)

Exercise

1. 다음 그림을 보고 알맞은 동사와 그 동사가 속하는 그룹을 쓰세요.

   [보기] 동사 : うたう / 1그룹

   ❶ 동사 :   /

   ❷ 동사 :   /

   ❸ 동사 :   /

   ❹ 동사 :   /

   ❺ 동사 :   /

   ❻ 동사 :   /

2. 다음의 동사 활용표를 완성하세요.

	사전형	ます형 (정중)	ない형 (부정)	て형 (연결·음편)	ば형 (가정)	명령형	의지형 (~う/よう)
1그룹 동사	いう 말하다						
	のる 타다						
	かえる 돌아가(오)다						
	あそぶ 놀다						
	はなす 이야기하다						
2그룹 동사	ねる 자다						
	かえる 바꾸다						
3그룹 동사	くる 오다						
	する 하다						

3. 다음 보기와 같이 그림의 내용과 일치하도록 빈칸에 알맞은 표현을 써 넣으세요.

[보기]　6時に <u>起きます</u>。 6시에 일어납니다.

❶ 朝ごはんを＿＿＿＿＿、学校へ＿＿＿＿＿。 아침밥을 먹고 학교에 갑니다.

❷ 昨日は、タクシーに＿＿＿＿＿ました。 어제는 택시를 탔습니다.

❸ 日曜日は家で本を＿＿＿＿＿、テレビを＿＿＿＿＿たりします。
일요일은 집에서 책을 읽기도 하고, 텔레비전을 보기도 합니다.

❹ はやく、＿＿＿＿＿。 빨리 운반해(옮겨).

Exercise

4. 다음 문장을 보기와 같이 바꾸세요.

> [보기] 週末は友達に会う。映画を見る。 주말에는 친구를 만난다. 영화를 본다.
> → 週末は友達に会って、映画を見た。
> 　　주말에는 친구와 만나서 영화를 봤다.
> → 週末は友達に会ったり、映画を見たりしました。
> 　　주말에는 친구를 만나기도 하고, 영화를 보기도 했습니다.

❶ 夜はお酒を飲む。すしを食べる。 밤에는 술을 마신다. 초밥을 먹다.
→ _____
→ _____

❷ 午後は手紙を書く。プールで泳ぐ。 오후에는 편지를 쓴다. 수영장에서 수영한다.
→ _____
→ _____

❸ 吉田さんは魚屋で魚を買う。花屋で花を買う。
요시다 씨는 생선가게에서 생선을 산다. 꽃가게에서 꽃을 산다.
→ _____
→ _____

❹ 日曜日は友達と公園で遊ぶ。家で休む。
일요일에는 친구와 공원에서 논다. 집에서 쉰다.
→ _____
→ _____

5. 다음 문장을 보기와 같이 바꾸세요.

> [보기] お金がある。アメリカへ行く。 돈이 있다. 미국에 간다.
> → お金があれば、アメリカへ行きます。
> 돈이 있으면 미국에 가겠습니다.

❶ 一生懸命勉強する。試験に受かる。 열심히 공부한다. 시험에 붙는다.

→ _____

❷ 春が来る。さくらが咲く。 봄이 온다. 벚꽃이 핀다.

→ _____

❸ タクシーに乗る。10時の授業に間に合う。
택시를 탄다. 10시 수업에 늦지 않다.

→ _____

❹ まっすぐ行く。右側にスーパーがある。
곧장 간다. 오른쪽에 슈퍼마켓이 있다.

→ _____

Exercise

6. 다음 우리말을 일본어로 바르게 옮기세요.

❶ 매일 뉴스를 봅니다.
→ _____

❷ 버스를 타면 30분 걸립니다.
→ _____

❸ 그는 술을 마시거나 노래를 부르거나 합니다.
→ _____

❹ 어제는 수영장에서 수영을 했다.
→ _____

❺ 일본어로 이야기하자.
→ _____

❻ 나는 친구를 만나서 영화를 봤다.
→ _____

❼ 그는 일본어를 배우지 않습니다.
→ _____

❽ 빨리 밥을 먹어(라).
→ _____

6 자동사, 타동사

열린 문은 닫고, 닫힌 창문은 열어 주세요!

자동사는 스스로의 동작을 나타내며, 타동사는 다른 대상물을 움직이게 함을 나타내는 동사입니다. 일본어 동사의 경우는 일반적으로 목적어 「を」를 취하지 않는 자동사와 목적어 「を」를 취하는 타동사로 구분됩니다.

01 자동사와 타동사를 구별해서 써야 하는 이유

 Q 자동사와 타동사는 왜 구별해서 써야 하나요?

앞의 만화에서 나온 대화 중 색깔을 넣은 부분이 바로 자동사·타동사입니다. 만일 '꽃병을 떨어지다', '에어컨이 켜다', '창문이 열다'처럼 자동사와 타동사를 바꾸어 쓰면 말이 안 되겠죠? 이것은 일본어의 경우도 마찬가지랍니다.

02 자동사와 타동사의 구분 방법

Q 그럼, 일본어의 자동사와 타동사는 어떻게 구별해야 하나요?

일본어의 경우, 목적격 조사 「を(~을/를)」를 갖는 목적어가 필요한 동사는 타동사라고 생각하면 됩니다. 예를 들어 「子供がミルクを飲む。(아이가 우유를 마신다.)」에서처럼 목적어 「ミルクを」를 필요로 하면 타동사가 되는 거죠. 이 문장에서 「ミルクを」라는 목적어가 없으면, 완성된 문장이라는 생각이 안 들겠죠?

 Q 우리말의 경우와 같네요. 그럼, 「子供が泣く(아이가 운다)」에서처럼 「を」가 필요 없는 동사는 자동사겠네요?

「泣く」와 같은 동사는 목적어가 필요 없고 주어만 필요한 동사인데, 그런 종류의 동사가 바로 자동사랍니다.
그럼, 이번 시간에는 일본어의 자동사·타동사의 특징과 그 종류에 대해 자세히 살펴 봅시다.

자동사·타동사의 의미와 구문

1. 의미

스스로의 동작을 나타내는지(자동사), 다른 대상물을 움직이게 하는지(타동사)에 따라 자동사와 타동사로 구분됩니다.

자동사	스스로(自)의 동작(動) 또는 자연(自)의 움직임(動)을 나타내는 동사 예) 子供が歩く。아이가 걷는다.　ドアが開く。문이 열리다.　雨が降る。비가 오다.
타동사	다른(他) 대상물을 움직이게 함(動)을 나타내는 동사 예) 子供がいすを移す。아이가 의자를 옮기다.　彼がドアを開ける。그 사람이 문을 열다.

2. 구문

참고로, 여기서 말하는 구문적 특징이 타동사 구문의 절대적인 기준은 아니니까, 주의하세요.

자동사	목적어(대상) 「を」를 취하지 않는 동사 예) 牛が死ぬ。소가 죽다.　糸が切れる。실이 끊어지다.　風が吹く。바람이 불다.
타동사	목적어(대상) 「を」를 취할 수 있는 동사 예) 牛を殺す。소를 죽이다.　糸を切る。실을 끊다.　ご飯を食べる。밥을 먹다.

129

3. 자동사·타동사 구문의 종류 및 특징

1 자동사

자동사의 구문은 기본적으로 목적격 조사 「を」를 취하지 않지만, 예외적으로 「を」를 취하는 자동사도 있습니다.

01 「~が」+동사

가장 일반적인 자동사 구문으로, 이러한 종류의 동사는 앞에 조사 「が」만을 필요로 합니다.

雨が降る。 비가 오다.
子供が泣く。 아이가 울다.

02 「~が ~に」+동사

「~が ~に(~이/가 ~에(에게))」를 취하는 동사는 조사 「を」를 취할 수 없어서 자동사로 분류되지만, 자동사라고 해도 타동사와 거의 동일한 역할을 합니다.

犬が人に噛みつく。 개가 사람을 물고 늘어지다.

いたずらっ子が絵に触る。 장난꾸러기 아이가 그림을 만진다.

Tip 조사 「に」를 취하는 자동사
会う(만나다), 乗る(타다), 賛成する(찬성하다), 噛みつく(물고 늘어지다), 触る(만지다), 似る(닮다) 등

03 「~が ~を」+이동동사

「~が ~を(~이/가 ~을/를)」를 취하는 동사는 일반적으로 타동사로 분류되지만, 이때 이동동사 구문에 쓰이는 「を」가 목적어가 아닌, '출발점'이나 '통과점'이라고 하는 장소를 나타내는 용법으로 쓰일 때는 「を」를 취한다고 하더라도 자동사로 취급됩니다.

子供が家を出る。 아이가 집을 나오다.
飛行機が空を飛ぶ。 비행기가 하늘을 날다.

> **Tip**
>
> ### 조사「を」를 취하는 자동사(이동 동사)
>
> (1) 출발점을 필요로 하는 동사
> 　　出る(나오다), 離れる(떠나다), 卒業する(졸업하다)
>
> (2) 통과점(범위)을 필요로 하는 동사
> 　　歩く(걷다), 走る(달리다), 飛ぶ(날다), 登る(오르다), 渡る(건너다), 通る(통과하다), 越える(넘다)

2 타동사

타동사 구문은 일반적으로 목적격 조사「を」를 취하는 특징이 있습니다.

01 「~が ~を」+ 동사

「~が ~を(~이/가 ~을/를)」의 조사를 취하는 동사가 가장 대표적인 타동사 구문입니다. 이때 조사「を」는 동작의 대상을 나타냅니다.

兄が弟を殴る。 형이 동생을 때리다.
子供が本を読む。 아이가 책을 읽는다.

02 「~が ~に ~を」+ 동사

「~が ~に ~を(~이/가 ~에(에게) ~을/를)」의 3개의 조사를 취하는 타동사로, 대상(~を)이 상대방에게 이동됨을 나타냅니다.

兄が弟に本をあげる。 형이 동생에게 책을 준다.
田中先生が学生に数学を教える。 다나카 선생님이 학생에게 수학을 가르친다.

03 「~が ~から ~を」+ 동사

「~が ~から ~を(~이/가 ~(으)로부터 ~을/를)」의 3개의 조사를 취하는 타동사로, 이때의「から」는 대상(~を)의 이동 출발점을 나타냅니다.

兄が弟からおもちゃを奪う。 형이 동생한테서 장난감을 빼앗다.
妹が母からお小遣いをもらう。 여동생이 엄마한테 용돈을 받다.

양용 동사

하나의 동사가 자동사·타동사 양쪽으로 모두 쓰이는 동사를 양용 동사라고 합니다. 하지만 사용상에 약간의 제약이 있어 모든 경우에 자동사·타동사 양쪽으로 쓰이는 것은 아니므로, 주의해서 사용해야 합니다.

예) 終わる(끝나다), 変わる(변하다), 開く(열리다), 開店する(개점하다), 開始する(개시하다), 発展する(발전하다) 등

- (자) 駅の近くにスーパーが開店した。 역 근처에 슈퍼마켓이 개점됐다.
- (타) A社が駅の近くにスーパーを開店した。 A사가 역 근처에 슈퍼마켓을 개점했다.

- (자) あと一週間で、授業が終わります。 앞으로 일주일 후면 수업이 끝납니다.
- (타) これで授業を終わります。 이것으로 수업을 마치겠습니다.

어근의 생김새가 같은 자동사·타동사

일본어에는 어근(동사의 앞부분)의 생김새가 같은 자동사와 타동사가 대응을 이루는 동사가 많습니다. 기본적으로 가장 많이 쓰이는 동사의 대응을 몇 개의 유형으로 나누어 살펴 보겠습니다. 잘 기억해 두세요!

	자동사 [~iru]	타동사 [~osu]
01	起(お)きる(일어나다)	起(お)こす(깨우다)
	落(お)ちる(떨어지다)	落(お)とす(떨어뜨리다)
	降(お)りる(내리다)	降(お)ろす(내려놓다)

	자동사 [~iru]	타동사 [~asu]
02	生(い)きる(살다)	生(い)かす(살리다)
	伸(の)びる(늘다)	伸(の)ばす(늘리다)

	자동사 [~eru]	타동사 [~u]
03	切(き)れる(끊어지다)	切(き)る(끊다)
	焼(や)ける(타다)	焼(や)く(태우다)
	割(わ)れる(깨지다)	割(わ)る(깨뜨리다)
	折(お)れる(꺾이다)	折(お)る(꺾다)
	生(う)まれる(태어나다)	生(う)む(낳다)

	자동사 [~eru]	타동사 [~asu]
04	出(で)る(나오다)	出(だ)す(내다)
	冷(ひ)える(식다)	冷(ひ)やす(식히다)
	揺(ゆ)れる(흔들리다)	揺(ゆ)らす(흔들다)
	慣(な)れる(익숙해지다)	慣(な)らす(익숙해지게 하다)
	燃(も)える(타다)	燃(も)やす(태우다)
	増(ふ)える(늘다)	増(ふ)やす(늘리다)
	濡(ぬ)れる(젖다)	濡(ぬ)らす(적시다)
	生(は)える(나다)	生(は)やす(기르다)
	寝(ね)る(자다)	寝(ね)かす(재우다)

	자동사 [~reru]	타동사 [~su]
05	流(なが)れる(흐르다)	流(なが)す(흘리다)
	汚(よご)れる(더러워지다)	汚(よご)す(더럽히다)
	壊(こわ)れる(부서지다)	壊(こわ)す(부수다)
	倒(たお)れる(쓰러지다)	倒(たお)す(쓰러뜨리다)
	隠(かく)れる(숨다)	隠(かく)す(숨기다)
	こぼれる(넘쳐흐르다)	こぼす(흘리다, 엎지르다)

	자동사 [~ru]	타동사 [~su]
06	通(とお)る(통하다)	通(とお)す(통하게 하다)
	起(お)こる(일어나다)	起(お)こす(일으키다)

	자동사 [~aru]	타동사 [~eru]
07	閉(し)まる(닫히다)	閉(し)める(닫다)
	上(あ)がる(오르다)	上(あ)げる(올리다)
	下(さ)がる(내려가다)	下(さ)げる(내리다)
	かかる(걸리다)	かける(걸다)
	始(はじ)まる(시작되다)	始(はじ)める(시작하다)
	当(あ)たる(맞다)	当(あ)てる(맞히다)

	見(み)つかる(발견되다)	見(み)つける(발견하다)
	止(と)まる(멈추다)	止(と)める(세우다)
	曲(ま)がる(구부러지다)	曲(ま)げる(구부리다)
07	伝(つた)わる(전해지다)	伝(つた)える(전하다)
	決(き)まる(정해지다)	決(き)める(정하다)
	重(かさ)なる(쌓이다)	重(かさ)ねる(겹치다)
	集(あつ)まる(모이다)	集(あつ)める(모으다)
	変(か)わる(변하다)	変(か)える(바꾸다)

	자동사 [~u]	타동사 [~eru]
	開(あ)く(열리다)	開(あ)ける(열다)
	立(た)つ(서다)	立(た)てる(세우다)
	育(そだ)つ(자라다)	育(そだ)てる(키우다)
	並(なら)ぶ(늘어서다)	並(なら)べる(늘어놓다)
08	つく(붙다)	つける(붙이다)
	続(つづ)く(계속되다)	続(つづ)ける(계속하다)
	届(とど)く(도착하다)	届(とど)ける(보내다)
	揃(そろ)う(갖추어지다)	揃(そろ)える(갖추다)
	痛(いた)む(아프다)	痛(いた)める(다치다, 상하다)
	止(や)む(그치다)	止(や)める(중지하다)

	자동사 [~u]	타동사 [~asu]
	動(うご)く(움직이다)	動(うご)かす(움직이게 하다)
	乾(かわ)く(마르다)	乾(かわ)かす(말리다)
09	減(へ)る(줄다)	減(へ)らす(줄이다)
	済(す)む(끝나다)	済(す)ます(끝내다)
	飛(と)ぶ(날다)	飛(と)ばす(날리다)
	沸(わ)く(끓다)	沸(わ)かす(끓이다)

	자동사	타동사
	어근을 공유하지 않는 자·타동사입니다.	
10	なる(되다)	する(하다)
	入(はい)る(들어가다)	入(い)れる(넣다)
	消(き)える(꺼지다)	消(け)す(끄다)
	死(し)ぬ(죽다)	殺(ころ)す(죽이다)

	사동사 또는 타동사	타동사 [~seru]
	자·타동사 대응이 불규칙합니다.	
11	見(み)る(보다)	見(み)せる(보이다)
	着(き)る(입다)	着(き)せる(입히다)
	乗(の)る(타다)	乗(の)せる(태우다)
	似(に)る(닮다)	似(に)せる(닮게 하다)

※ 여기서 [~iru]나 [~osu] 등은 동사의 뒷부분 발음을 나타낸 것입니다.

133

Exercise

1. 다음 그림의 내용에 알맞은 자동사·타동사를 ( ) 안에 써 넣으세요.

❶

A : 私は朝、6時に (　　　　)。
나는 아침 6시에 일어난다.

B : 母は毎朝、私を6時に (　　　　)。
엄마는 매일 아침 나를 6시에 깨운다.

❷

A : 明日、私は友達と映画を (　　　　)。
내일 나는 친구와 영화를 본다.

B : 私は友達に写真を (　　　　)。
나는 친구에게 사진을 보여준다.

❸

A : ドアが (　　　　)。
문이 열리다.

B : 私はドアを (　　　　)。
나는 문을 연다.

❹

A : 風で木が (　　　　)。
바람 때문에 나무가 쓰러진다.

B : おので木を (　　　　)。
도끼로 나무를 쓰러뜨린다.

❺

A : 食堂の前にお客さんが (　　　　)。
식당 앞에 손님이 줄을 서다.

B : 魚屋さんが魚を (　　　　)。
생선가게 주인이 생선을 줄을 맞추어 놓는다.

2. 다음 예문과 같이 자동사 문장은 타동사 문장으로, 타동사 문장은 자동사 문장으로 바꾸어 쓰세요.

[보기] 子供が育ちます。 아이가 자랍니다.
→ 子供を育てます。 아이를 키웁니다.

❶ 火が消えました。 불이 꺼졌습니다.
→ _____

❷ コーヒーカップを割る。 커피 컵을 깨다.
→ _____

❸ 料理が冷えます。 요리가 식습니다.
→ _____

❹ ごみを燃やす。 쓰레기를 태우다.
→ _____

❺ お金を残します。 돈을 남깁니다.
→ _____

❻ 赤ちゃんが生まれる。 아기가 태어나다.
→ _____

❼ 落し物を見つける。 분실물을 발견하다.
→ _____

❽ 車が止まる。 차가 멈춰서다.
→ _____

Exercise

3. 다음 우리말을 일본어로 바르게 옮기세요.

   ① 엄마가 여동생에게 옷을 입혔습니다.
      → _____

   ② 수업은 9시에 시작해서 6시에 끝납니다.
      → _____

   ③ 선생님은 매일 어려운(難^{むずか}しい) 문제를 냅니다.
      → _____

   ④ 남동생이 컴퓨터를 망가뜨렸습니다.
      → _____

   ⑤ 저는 체중(体重^{たいじゅう})을 줄였습니다.
      → _____

   ⑥ 아빠가 차에서 짐(荷物^{にもつ})을 내려 놓습니다.
      → _____

   ⑦ 형이 벽(壁^{かべ})에 시계를 겁니다.
      → _____

   ⑧ 도둑(どろぼう)이 가방에 돈을 넣습니다.
      → _____

7 조동사

동사야! 내가 도와 줄게.
하고 싶은 것은 다 해도 돼!

조동사란, 동사의 뒤에 와서 동사를 도와 주는 역할을 하기 때문에 助(도울 조)의 한자를 써서 조동사라고 합니다. 조동사는 주로 말하는 사람의 생각이나 의지, 추측 등의 주관적인 표현을 담당하게 됩니다.

조동사의 역할

Q 동사는 조동사의 도움 없이는 말하는 사람의 정확한 의사를 표현하기 힘들겠네요.

A 네, 맞아요. 조동사는 동사를 도와서 말하는 사람의 주관적인 표현을 자유롭게 해 주는 역할을 하지요.

Q 미니홈피에서 미니미를 예쁘게 만들기 위해 옷을 입히는 것처럼 동사의 기본형이 미니미라고 한다면, 여러 가지 옷을 입히는게 조동사라고 할 수 있겠네요.

A 그렇죠. 쉽게 얘기해서 영화나 드라마가 성공하려면, 주연배우는 물론 조연배우의 역할도 중요하다는 거죠. 그럼, 앞에 나온 만화의 내용 중 동사 '하다'라는 객관적인 표현을 주관적인 표현으로 만들어 보세요.

Q 음~, '해도 될까요?' '하면 안 돼' '했대요' '할지도 몰라' '해 줘요' 등등이 되겠죠?

A 이러한 말(조동사)들은 단순하게 행위만을 나타내는 동사 '하다'의 표현을 풍부하게 만들지요? '해도 될까요?'는 「허가·요구」, '하면 안 돼'는 「금지」, '해 줘요'는 「의뢰·부탁」이라고 하는 주관적인 의미를 나타냅니다. 이렇게 조동사란, 밋밋한 동사를 도와서 다양한 표현을 만들 수 있도록 하는 중요한 역할을 한답니다.

그럼, 이제 조동사에는 어떤 표현들이 있는지 구체적으로 살펴 보도록 할까요?

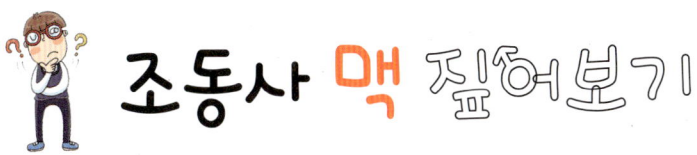

조동사 맥 짚어보기

1. 희망·의무 표현
   (1) ～たい・たがる : 희망·바람
   (2) ～なければならない : 의무, 강요

2. 허가·금지 표현
   (1) ～てもいい : 허가·허용
   (2) ～てはいけない : 금지

3. 의지·권유 표현
   (1) ～つもりだ : 의지, 결심
   (2) ～う(よう) : 의지, 권유
   (3) ～ことになる(する) : 결정, ～ようになる(する) : 변화, 경향

4. 의뢰·권유 표현
   (1) ～てください : 의뢰
   (2) ～てもらいたい・てほしい : 의뢰, 희망
   (3) ～ましょう・ましょうか・ませんか : 권유·제안

5. 추측·판단 표현
   (1) ～かもしれない : 추측·가능성
   (2) ～だろう・でしょう : 추측
   (3) ～はずだ : 강한 추측
   (4) ～と思(おも)う : 판단

6. 추측·전문 표현
   (1) ～ようだ・みたいだ : 추측
   (2) ～らしい : 추측, 전달
   (3) ～そうだ : 추측·예상
   (4) ～そうだ : 전달

7. 경험·충고 표현
   (1) ～(た)ことがある : 경험
   (2) ～たほうがいい : 충고

 희망·의무 표현

1. ~たい・たがる(희망·바람)
2. ~なければならない(의무, 강요)

1 ~たい・たがる(희망·바람)

~たい

- 의미 : ~(하)고 싶다 (1·2인칭의 희망이나 바람)
- 접속 : 「동사의 ます형 + たい」

★ 이때 조사는 일반적으로 「~が(~이/가)」가 오는 게 보통이지만, 경우에 따라서는 「~を(~을/를)」가 올 수도 있습니다.

今日は肉が食べたいです。 오늘은 고기를 먹고 싶습니다.

アフリカへ行って、動物の写真を撮りたい。 아프리카에 가서, 동물 사진을 찍고 싶다.

あなたは今度の日曜日に何をしたいんですか。
당신은 이번 일요일에 무엇을 하고 싶습니까?

～たがる

- 의미 : ～(하)고 싶어하다 (3인칭의 희망이나 바람)
- 접속 : 「동사의 ます형 + たがる(たがっている)」

★ 「～たがる」는 누구에게나 똑같은 일반적·보편적인 희망을 나타내는데 반해, 「～たがっている」는 개인적인 희망을 나타냅니다.

子供たちは甘いものを食べたがる。 아이들은 단것을 먹고 싶어한다.

彼はお茶を飲みたがっている。 그는 차를 마시고 싶어한다.

彼女は生け花を習いたがっている。 그녀는 꽃꽂이를 배우고 싶어한다.

「～たい」의 여러 가지 활용형

활용형	～たい (～(하)고 싶다)	～たくない (～(하)고 싶지 않다)	～たかった (～(하)고 싶었다)	～たくなかった (～(하)고 싶지 않았다)
	たべたい	たべたくない	たべたかった	たべたくなかった
	먹고 싶다	먹고 싶지 않다	먹고 싶었다	먹고 싶지 않았다

2 〜なければならない (의무, 강요)

> 의미 : 〜(하)지 않으면 안 된다, 〜(해)야 한다
> 접속 : 「명사 + で, 동사・い형용사・な형용사의 ない형 + なければならない」

図書館では静かにしなければならない。〈동사〉
도서관에서는 조용히 하지 않으면 안 된다.

運転中は、シートベルトをしなければなりません。〈동사〉
운전 중에는 안전벨트를 매야 합니다.

この人でなければならない。〈명사〉 이 사람이 아니면 안 된다.

料理はうまくなければならない。〈い형용사〉 요리는 맛있어야 한다.

図書館は静かでなければなりません。〈な형용사〉 도서관은 조용해야 합니다.

Tip「〜なければならない」와 비슷한 뜻의 여러 가지 표현

- 「〜なくてはならない」

  人は健康でなくてはならない。 사람은 건강해야 한다.

- 「〜なくてはいけない」

  楽しくなくてはいけません。 즐거워야 합니다.

- 「〜なくてはだめだ」

  今日でなくてはだめです。 오늘이 아니면 안 됩니다.

Point 콕 선생의 비밀 과외!

일반적으로 이렇게 구분됩니다!

- 「〜なければ(なくては)ならない」: 누구에게나 해당되는 일반적인 의무나 필요성

  学生は勉強しなければならない。 학생은 공부를 해야 한다.
  交通信号を守らなくてはならない。 교통신호를 지켜야 한다.

- 「〜なければ(なくては)いけない(だめだ)」: 개인적 또는 개별적인 일에 대한 의무나 필요성

  あなたは薬を飲まなければいけません。 당신은 약을 먹어야 합니다.
  僕は9時までには帰らなくてはだめです。 저는 9시까지는 집에 돌아가야 합니다.

확·인·문·제

1. 다음의 문장을 '희망'을 나타내는 「〜たい・たがる・たがっている」를 이용하여 고쳐 쓰세요.

   ① 私はコーヒーを飲む。 나는 커피를 마신다.
   → _____

   ② テヒは映画を見る。 태희는 영화를 본다.
   → _____

   ③ 子供たちはお菓子を食べる。 아이들은 과자를 먹는다.
   → _____

2. 다음의 문장을 '의무'를 나타내는 「〜なければならない」를 이용하여 고쳐 쓰세요.

   ① 朝、6時に起きる。 아침 6시에 일어난다.
   → _____

   ② 約束を守る。 약속을 지킨다.
   → _____

   ③ 毎日、運動をする。 매일 운동을 한다.
   → _____

02 허가·금지 표현

1. ~てもいい(허가·허용)
2. ~てはいけない(금지)

1 ~てもいい(허가·허용)

```
의미 : ~해도 좋다, ~해도 괜찮다
접속 : 「동사의 て형, い형용사의 연결형(~く) + てもいい」,
       「명사, な형용사의 연결형(~で) + でもいい」
```

明日（あした）は、一人（ひとり）で来（き）てもいいです。〈동사〉 내일은 혼자와도 괜찮습니다.

ここでたばこを吸（す）ってもいいですか。〈동사〉 여기서 담배를 피워도 될까요?

狭（せま）くてもいいから、自分（じぶん）のアパートがほしい。〈い형용사〉
좁아도 좋으니까, 내 아파트를 갖고 싶다.

電話（でんわ）でもいいから、結果（けっか）を知（し）らせてください。〈명사〉
전화로라도 좋으니까, 결과를 알려 주세요.

> 일상회화에서의 허가 표현은 「~てもいいです」보다는 공손한 표현인 「はい、どうぞ。」쪽을 더많이 쓴답니다.

> **Tip**
>
> 「～てもいい」의 부정 표현인 「～なくてもいい」의 두 가지 의미
>
> (1) 불필요 : ~하지 않아도 좋다
>
> この仕事は、今日やらなくてもいいです。 이 일은 오늘 하지 않아도 괜찮습니다.
>
> (2) 양보 : ~(이)지 않아도 좋다
>
> 子供にやるものだから、高くなくてもいい。 아이에게 줄 거니까, 비싸지 않아도 된다.

2 ～てはいけない(금지)

> 의미 : ~해서는 안 된다
> 접속 : 「동사의 て형, い형용사의 연결형(~く) + てはいけない」,
>   「명사・な형용사의 연결형(~で) + ではいけない」

危ないところで遊んではいけません。〈동사〉 위험한 곳에서 놀면 안 됩니다.

部屋は、暗くてはいけない。〈い형용사〉 방은 어두워서는 안 된다.

スピード写真ではいけませんか。〈명사〉 즉석사진으로는 안 됩니까?

今度の試験問題は、簡単ではいけない。〈な형용사〉 이번 시험문제는 간단해서는 안 된다.

확・인・문・제

다음의 문장을 '허가'를 나타내는 「～てもいい」와 금지를 나타내는 「～てはいけない」를 이용하여 고쳐 쓰세요.

① 事務所でたばこを吸う。 → _____
  사무실에서 담배를 피우다.

② 部屋は汚い。 → _____
  방은 지저분하다.

③ 日本語が下手だ。 → _____
  일본어를 잘 못한다.

④ 学校を休む。 → _____
  학교를 쉰다.

03 의지·권유 표현

1. ～つもりだ(의지, 결심)
2. ～う/よう(의지, 권유)
3. ～ことになる(する)(결정)・ようになる(する)(변화, 경향)

1 ～つもりだ(의지, 결심)

- 의미 : ～할 생각(작정)이다
- 접속 : 「동사의 사전형・た형 + つもりだ」

★ 그렇게 하려고 미리 생각(작정)하고 있음을 나타내는 표현입니다.

夏休みには、水泳を習うつもりです。 여름방학에는 수영을 배울 생각입니다.
来月には会社をやめるつもりです。 다음 달에는 회사를 그만둘 생각입니다.

이미 계획 등을 세워, 그 의지가 굳어 있을 때 사용하는 표현이랍니다.

★ 실제로는 그렇지 않지만, 그렇다고 생각함을 나타내는 표현입니다.

買ったつもりで、貯金した。 산 셈치고, 저금했다.

死んだつもりでやりました。 죽었다 생각하고(죽을 각오로) 했습니다.

맛짱 뜨기

CASE 01 「~つもりだ(~할 생각이다)」 vs 「~予定だ(~할 예정이다)」

- 「~つもりだ」: 말하는 사람의 개인적인 생각이나 예정
- 「~予定だ」: 다른 사람과 상의 후에 결정한 사실이나 공적인 결정 사항

僕は来年日本に留学する [(○) つもりだ/(○) 予定だ]。
나는 내년에 일본으로 유학갈 생각이다.

今度の日曜日に家族みんなで花見に行く [(×) つもりだ/(○) 予定だ]。
이번 주 일요일에 가족 모두가 꽃구경을 갈 예정이다.

CASE 02 「~つもりだ(~할 생각이다)」 vs 「~(よ)うと思う(~하려고 한다)」

- 「~つもりだ」: 구체적인 계획으로, 실현가능성이 높음
- 「~(よ)うと思う」: 「~つもりだ」보다 계획성이나 실현가능성이 낮음

僕は今度の夏休みに日本へ行くつもりだ。
나는 이번 여름방학에 일본에 갈 작정이다.
[일본에 가기 위해 비행기 티켓을 미리 예약해 놓는 등, 이미 구체적인 계획을 세워 놓음]

僕は今度の夏休みに日本へ行こうと思っている。
나는 이번 여름방학에 일본에 가려고 한다.
[단순히 피상적으로만 생각하고 있음]

2 ～う(よう)(의지, 권유)

> 의미 : ① ～해야지〈의지〉 ② ～하자〈권유〉
> 접속 : 「1그룹 동사의 의지형 + う」, 「2 · 3그룹 동사의 의지형 + よう」

★ 말하는 사람의 의지

私（わたし）は将来（しょうらい）、ピアニストになろう。 나는 장래에 피아니스트가 될 거야.

今晩（こんばん）は早（はや）く寝（ね）よう。 오늘 밤은 빨리 자야지.

明日（あした）は早起（はやお）きしよう。 내일은 빨리 일어나야지.

★ 타인에 대한 권유

さあ、行（い）こう。 자, 가자!

いっしょにご飯（はん）を食（た）べよう。 같이 밥을 먹자.

そろそろ出発（しゅっぱつ）しよう。 슬슬 출발하자.

3 ～ことになる/する(결정) · ようになる/する(변화, 경향)

> 접속 : 동사의 사전형, 동사의 ない형 + ことになる/する, ようになる/する

～ことになる : ～하게 되다〈결정됨, 규칙〉

① 본인의 의지와 관계없이 타인에 의해서 결정됨을 나타내는 표현입니다.

● うちの息子（むすこ）は泳（およ）げることになった。 우리 아들은 수영을 할 수 있게 되었다.

[결정 : 아들의 수영대회 출전이 결정됨]

② 어떠한 결정이 지속적인 규칙이 됨을 나타내는 표현입니다.

お金（かね）は食（た）べる前（まえ）に払（はら）うことになっている。 [규칙]

돈은 음식을 먹기 전에 지불하게 되어 있다.

～ことにする : ～하기로 하다〈결정함, 습관〉

① 어떠한 행동을 자신의 의지대로 결정했음을 나타내는 표현입니다.

旅行（りょこう）は一人（ひとり）で行（い）くことにした。 [결정]

여행은 혼자 가기로 했다.

- 私はお酒を飲まないことにしている。 나는 술을 마시지 않기로 했다.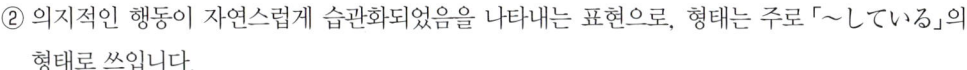

　　[결정 : 진단 결과 등으로 인해 술을 완전히 끊은 상태]

② 의지적인 행동이 자연스럽게 습관화되었음을 나타내는 표현으로, 형태는 주로「〜している」의 형태로 쓰입니다.

　外から帰ったら手を洗うことにしている。[습관]

　밖에서 돌아오면, (습관적으로) 손을 씻는다.

　家では仕事の話はしないことにしている。[습관]

　집에서는 일에 관한 이야기는 하지 않는다.

〜ようになる : 〜하게 되다 〈습관, 상황, 능력 등의 변화 과정〉

私は毎朝ジョギングをするようになった。[습관 변화]

나는 매일 아침 조깅을 하게 되었다.

最近は多くの女性が外で働くようになった。[상황 변화]

요즘은 많은 여성이 밖에서 일하게 되었다.

- うちの息子は泳げるようになった。 우리 아들은 수영을 할 수 있게 되었다.

　　[능력 변화 : 노력 등으로 수영능력을 갖추게 됨을 표현]

〜ようにする : 〜하기로(하도록) 하다 〈노력, 경향〉

- 私はお酒を飲まないようにしている。 나는 (될 수 있는 한) 술을 마시지 않기로 했다.

　　[노력 · 경향 : 건강 등의 이유로 되도록 술을 삼가고 있는 상태]

私は毎朝ジョギングをするようにした。[노력 · 경향]

나는 (가능한 한) 매일 아침 조깅을 하기로 했다.

日本語に慣れるために、なるべく日本語で話すようにしています。[노력 · 경향]

일본어에 익숙해지기 위해, 가능한 한 일본어로 이야기하려고 하고 있습니다.

확·인·문·제

1. 다음의 문장을 「～つもりだ」와 「～う(よう)」를 이용하여 고쳐 쓰세요.

    ① 冬休みには日本へ行く。 겨울방학에는 일본에 간다.
    → _____
    → _____

    ② 公園で運動する。 공원에서 운동한다.
    → _____
    → _____

    ③ 私は将来、先生になる。 나는 장래에 선생님이 된다.
    → _____
    → _____

    ④ これからはお水をたくさん飲む。 이제부터는 물을 많이 마신다.
    → _____
    → _____

2. 다음의 문장을 「～ことになる(する)」, 「～ようになる(する)」를 이용하여 〈 〉안의 상황에 맞도록 고쳐 쓰세요.

    ① 僕は友達と日本へ行く。 나는 친구와 일본에 간다. 〈자신의 의지로 결정〉
    → _____

    ② テヒはなるべく、日本語で話す。 태희는 가능한 한 일본어로 이야기한다. 〈노력〉
    → _____

    ③ うちの子供は本が読める。 우리 아이는 책을 읽을 수 있다. 〈능력 변화〉
    → _____

    ④ ここで検査を受ける。 여기서 검사를 받는다. 〈규칙〉
    → _____

04 의뢰・제안 표현

1. ～てください(의뢰)
2. ～てもらいたい・～てほしい(의뢰, 희망)
3. ～ましょう・ましょうか・ませんか(권유・제안)

1 ～てください(의뢰)

> 의미 : ～해 주세요, ～하세요
> 접속 : 「동사의 て형 + てください」

★ 의뢰(부탁) 및 권유를 나타냅니다.

すみませんが、ちょっと手伝ってください。 죄송합니다만, 좀 도와 주세요. [의뢰]

ゆっくりしていってください。 맘 편히 계세요. [권유]

★ 가벼운 명령이나 지시를 나타내며, 비슷한 표현으로는 「～なさい(～하세요)」가 있습니다.

そんなことはやめてください(≒やめなさい)。 그런 짓은 삼가해 주세요.

また明日来てください(≒来なさい)。 내일 또 오세요.

151

> **Tip** 「〜てください」의 부정 표현
>
> 「〜ないでください」: 〜하지 말아 주십시오, 〜하지 마세요
> この薬は飲まないでください。 이 약은 먹지 말아 주십시오.
> 廊下では走らないでください。 복도에서는 뛰지 마세요.

2 〜てもらいたい・てほしい (의뢰・희망)

> 의미 : 〜해 주기를 바란다, 〜해 주었으면 좋겠다
> 접속 : 「동사의 て형 + てもらいたい/てほしい」

★ 상대방에게 무언가를 의뢰하거나 부탁 또는 희망을 나타낼 때 사용하는 표현입니다. 「〜てもらいたい」와 「〜てほしい」를 직역하면 '〜해 받고 싶다'이지만, 우리말로는 어색한 표현이 되므로 의역을 하여 '〜해 주기를 바란다, 〜해 주었으면 좋겠다'라고 해석하는 것이 자연스럽습니다.

海に連れて行ってもらいたい(=てほしい)。 바다에 데리고 가 줬으면 한다.
今日は一緒にいてもらいたいです(=てほしいです)。 오늘은 같이 있어 줬으면 좋겠어요.

★ 「〜てもらいたい」로 나타내는 의뢰 표현은 상대방과의 친분관계 및 상하관계에 따라 여러 가지 형태로 사용될 수 있는데, 그 이유는 「もらう」의 겸양어인 「いただく」가 있기 때문입니다.

① 의뢰한 상대가 친한 사이거나, 손아랫사람인 경우

- 「〜てもらえる?(〜해 줄 수 있니?)」/「〜てもらえない?(〜해 줄 수 없겠니?)」
  明日のハイキングにデジカメ持って来てもらえる?
  내일 하이킹갈 때 디지털 카메라 가져올 수 있니?

  今、細かいお金がないんだけど、少しだけ貸してもらえない?
  지금 잔돈이 없는데, 조금만 빌려 줄 수 없겠니?

- 「〜てもらえますか(〜해 줄 수 있습니까?)」/「〜てもらえませんか(〜해 줄 수 없을까요?)」
  お金、貸してもらえますか。 돈 좀 빌려 줄 수 있습니까?
  お金、貸してもらえませんか。 돈 좀 빌려 줄 수 없을까요?

② 의뢰한 상대가 잘 모르는 사이거나, 손윗사람인 경우

- 「〜ていただけますか(〜해 주실 수 있겠습니까?)」/「〜ていただけませんか(〜해 주실 수 없겠습니까?)」
  使い方を教えていただけますか(=いただけませんか)。
  사용법을 가르쳐 주실 수 있겠습니까(없겠습니까)?

Tip

「〜てもらいたい」와「〜てほしい」의 부정 표현

- 「〜ないでもらいたい」/「〜ないでほしい」: 정중한 거절의 뜻을 나타냄
- 「〜てもらいたくない」/「〜てほしくない」: 불쾌감의 표시를 나타냄

中に入らないでもらいたい(=入らないでほしい)。 안에 안 들어왔으면 좋겠다.

君にまで、そんなことを言ってもらいたくないね(=言ってほしくないね)。
너에게마저, 그런 말 듣고 싶지 않아.

3 〜ましょう・ましょうか・ませんか(권유・제안)

의미 : 〜합시다・〜할까요?・〜하지 않겠습니까?
접속 : 「동사의 ます형 + ましょう・ましょうか・ませんか」

★ 「〜ましょう」는 적극적으로 권유할 때 사용하지만, 「〜ましょうか」와 「〜ませんか」는 상대방의 의향을 묻거나 제안할 때 사용하기 때문에 사용상의 용법에 있어 약간의 차이가 있습니다.

今晩、帰りに一杯飲みましょう。 오늘 밤, 돌아가는 길에 한 잔 마십시다.

私が手伝いましょうか。 제가 도와드릴까요?

今晩映画でも見に行きませんか。 오늘 밤 영화라도 보러 가지 않겠습니까?

맞짱 뜨기!!

CASE 01 「〜ましょう」vs「〜う(よう)」

- 「〜ましょう」: 손윗사람에게 권유할 때
- 「〜う(よう)」: 친한 사람이나 손아랫사람에게 권유할 때

もう12時ですね。そろそろ行きましょう。 벌써 12시네요. 슬슬 갑시다.

もう12時か、そろそろ行こう。 벌써 12시네. 슬슬 가자.

CASE 02 「〜ませんか」vs「〜ない?」

- 「〜ませんか」: 손윗사람에게 제안할 때
- 「〜ない?」: 친한 사람이나 손아랫사람에게 제안할 때

今晩一杯飲みに行きませんか。 오늘 밤 한잔하러 가지 않겠습니까?

今晩一杯飲みに行かない?(↗) 오늘 밤 한잔하러 가지 않을래?

Point 콕 선생님의 비밀 과외!

「~ませんか」와 「~ましょうか」는 상대방에게 권유나 제안을 나타내는 표현이므로 그에 대한 대답, 특히 권유나 제안을 거절할 때는 상대방의 기분이 상하지 않도록 주의해야 한답니다.

A: 帰りに、一杯飲み**ませんか**。 돌아가는 길에 한 잔 하지 않겠습니까?

帰りに、一杯飲み**ましょうか**。 돌아가는 길에 한 잔 할까요?

B: [동의] ええ、飲みましょう。 예. 마시죠.

ええ、いいですね。 예. 좋죠.

[거절] すみません。今日はちょっと…。 죄송합니다. 오늘은 좀…….

すみませんが、実は今晩用事があって…。
죄송합니다만, 실은 오늘 밤 일이 있어서…….

확·인·문·제

1. 다음 문장의 밑줄 친 부분을 제시된 표현을 이용하여 고쳐 쓰세요.

「~てください / ないでください」・「~てもらいたい / ないでもらいたい」・「~てほしい / ないでほしい」

① 写真を<u>とる</u>。 → _____ / _____
사진을 찍다.   _____ / _____
                          _____ / _____

② その手紙を<u>読む</u>。 → _____ / _____
그 편지를 읽다.   _____ / _____
                          _____ / _____

2. 다음 문장을 제시된 표현을 이용하여 고쳐 쓰세요.

「~ましょう」・「~ましょうか」・「~ませんか」

① 明日、コンサートへ行く。 → _____
내일 콘서트에 간다.   _____
                             _____

② 今晩先生に会う。 → _____
오늘 밤 선생님을 만난다. _____
                        _____

05 추측·판단 표현

1. ~かもしれない(추측·가능성)
2. ~だろう·~でしょう(추측)
3. ~はずだ(강한 추측)
4. ~と思う(판단)

1 ~かもしれない(추측·가능성)

의미 : ~일지도 모른다
접속 : 「명사·동사·い형용사의 사전형, な형용사의 어간 + かもしれない」

★ '그럴 가능성이 있지만, 100퍼센트 확실하지는 않다'라는 의미로, 「~だろう」보다는 실현 가능성이 조금 낮습니다. 따라서 가능과 불가능의 정도가 50대 50임을 나타냅니다. 주로 「ひょっとすると, もしかしたら(어쩌면)」 등의 부사와 호응하여 쓰입니다.

今スピーチしている人が社長かもしれない。〈명사〉
지금 연설하고 있는 사람이 사장일지도 모른다.

ひょっとすると、明日彼女が来るかもしれません。〈동사〉
어쩌면 내일 그녀가 올지도 모릅니다.

このままでは危ないかもしれません。〈い형용사〉
이대로는 위험할지도 모릅니다.

このレストランより、あのレストランのほうが静かかもしれない。〈な형용사〉
이 레스토랑보다 저 레스토랑이 조용할지도 모른다.

「〜かもしれない」 vs 「〜だろう・〜でしょう」

- 「〜かもしれない」: 직감에 의한 확실성 낮은 추측
  → 확실성이 높은 부사 「たぶん、おそらく(아마)」와는 같이 쓸 수 없음.

- 「〜だろう・〜でしょう」: 근거를 토대로 한 확실성 높은 추측
  → 「たぶん、おそらく(아마)」와 같이 쓰임.

(×) 明日はたぶん雨が降るかもしれません。

(○) 明日はたぶん雨が降るでしょう。 내일은 아마 비가 오겠지요.

2 ～だろう(추측)

> 의미 : ～일 거야, ～할 거야
> 접속 : 「명사, 동사·い형용사의 사전형, な형용사의 어간 + だろう」

～でしょう(추측)

> 의미 : ～이겠죠, ～하겠죠
> 접속 : 「명사, 동사·い형용사의 사전형, な형용사의 어간 + でしょう」

★ 말하는 사람이 어떠한 원인이나 이유로부터 결과를 예상할 수 있을 때 사용하는 표현으로, 이 용법으로 쓰일 때는 「～だろう」만을 사용할 수 있습니다.

明日もきっといい天気だろう。〈명사〉 내일도 분명히 날씨가 좋을 거야.

ラッシュアワーなので、電車がこむだろう。〈동사〉 러시아워라서 전철이 붐빌 거야.

済州道は今も暖かいだろう。〈い형용사〉 제주도는 지금도 따뜻하겠지.

この辺りはたぶん夜は静かだろう。〈な형용사〉 이 근처는 아마 밤에는 조용할 거야.

★ 상대방에게 의향을 묻거나 동의를 구할 때 사용하는데, 이때 억양은 끝을 올려서 말해야 합니다.

お前も見ただろう。(↗) 너도 봤지?

この箱、使えないでしょう。(↗) 이 상자 못 쓰겠죠?

昨日も言ったでしょう。(↗) 어제도 말했었죠?

★ 「～だろうと思う」는 '～일/할 거라고 생각하다, ～일/할 거야'라는 뜻으로, 이때는 「～と思う」를 뺀 「～だろう」의 의미로만 해석하면 됩니다.

済州道は今も暖かいだろうと思う。 제주도는 지금도 따뜻할 것이다.

彼は来ないだろうと思います。 그는 오지 않을 겁니다.

3 ～はずだ (강한 추측)

> 의미 : 틀림없이 ~일 거야, 거의 ~임에 틀림없다
> 접속 : 「명사 + の, 동사・い형용사의 사전형, な형용사의 명사 수식형(～な) + はずだ」

★ 객관적, 논리적으로 확실성이 높은 추측이나 판단을 나타냅니다.

今10時だから、彼は家を出たはずだ。 지금 10시니까, 틀림없이 그는 집을 나왔을 거야.

彼は20歳だから、大学生のはずだ。 그는 스무 살이니까, 틀림없이 대학생일 거야.

説明書によると、それでいいはずだ。 설명서에 의하면, 그렇게 하면 될 텐데.

★ '그러한 게 당연하다'라는 뜻으로, 말하는 사람의 확신을 나타낼 때 쓰입니다.

今日は日曜日だから、道がすいているはずです。
오늘은 일요일이니까, 길이 안 막힐 겁니다.

金さんは日本に7年も住んでいるので、日本語が上手なはずだ。
김 씨는 일본에 7년이나 살고 있으니까, 틀림없이 일본어를 잘할 거야.

彼は弁護士だから、法律に詳しいはずだ。 그는 변호사니까, 법률에 정통할 거야.

★ 말하는 사람의 후회나 실망, 미심쩍은 기분을 나타내기도 합니다.

おかしなことに閉めたはずの金庫の鍵が開いていた。
이상하게도 닫았다고 생각했던 금고가 열려 있었다.

ちゃんとかばんに入れたはずなのに、家に帰ってみると、財布がない。
분명히 가방에 넣었다고 생각했는데, 집에 와 보니 지갑이 없다.

理論上はうまくいくはずだったが、実際はそうではなかった。
이론상으로는 잘 될 거라고 생각했는데, 실제로는 그렇지 않았다.

 현실과 반대되는 말하는 사람의 생각을 나타낼 때는 「～はずだった」의 형태로도 쓰일 수 있답니다.

「～はずだ」의 부정 표현

- 「～はずがない」: ~일 리가 없다 (「～ないはずだ」에 비해 부정의 의미가 강합니다.)
- 「～ないはずだ」: ~(하)지 않을 것이다

彼は来るはずがない。 그는 올 리가 없다.

彼は来ないはずだ。 그는 오지 않을 것이다.

「～はずだ」vs「～と思う」

- 「～はずだ」: 근거를 바탕으로 한 객관적인 판단에 의한 추측
- 「～と思う」: 말하는 사람의 생각이 주가 된 주관적인 판단에 의한 추측

この計画は成功するはずだ。 (데이터에 의하면) 이 계획은 (틀림없이) 성공할 것이다.

この計画は成功すると思う。 (내 생각에는) 이 계획은 (아마도) 성공할 것 같다.

4 ～と思う(판단)

- 의미: ~라고 생각하다, ~것 같다
- 접속: 「명사 + だ, 동사・い형용사・な형용사의 사전형 + と思う」

★ 동사 원래의 뜻대로 '생각하다'의 의미로 쓰입니다.

君の言うことが正しいと思う。 자네의 말이 옳다고 생각하네.

神様はいると思いますか。 신은 있다고 생각합니까?

★ '예상하다(~것 같다)'의 의미로도 쓰입니다.

明日は雪が降ると思います。 내일은 눈이 내릴 것 같습니다.

今度の試合では韓国が勝つと思う。 이번 시합에서는 한국이 이길 것 같다.

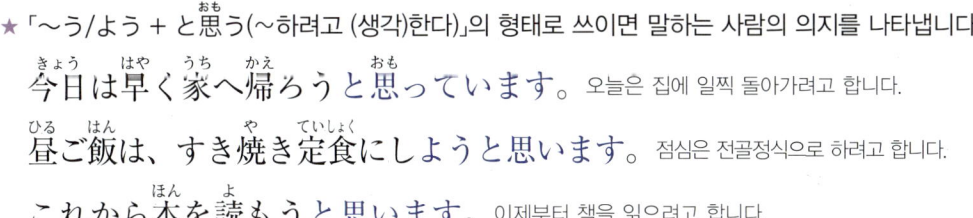

★ 「～う/よう + と思う(~하려고 (생각)한다)」의 형태로 쓰이면 말하는 사람의 의지를 나타냅니다.

今日は早く家へ帰ろうと思っています。 오늘은 집에 일찍 돌아가려고 합니다.

昼ご飯は、すき焼き定食にしようと思います。 점심은 전골정식으로 하려고 합니다.

これから本を読もうと思います。 이제부터 책을 읽으려고 합니다.

159

CASE 01 「〜と思う」vs「〜考える」

- 「〜と思う」: 주로 직감적인 판단이나 사고를 나타냅니다.
- 「〜と考える」: 논리적·분석적인 판단이나 사고를 나타내며, 문어체 표현입니다.

田中さんは病気だと思う。 다나카 씨는 아픈 것 같다.
日本語学科に入って、日本語をもっと深く勉強しようと考えている。
일본어학과에 들어가 일본어를 좀 더 깊이 공부하려고 생각하고 있다.

CASE 02 「〜と思う」vs「〜と思っている」

- 「〜と思う」: 그 자리에서 내린 판단일 경우가 많습니다.
- 「〜と思っている」: 이전부터 일정기간 동안 계속 생각하고 있음을 나타냅니다.

A : 今年日本へ行きますか。 올해 일본에 갑니까?
B : 行こうと思います。 가려고 합니다. [즉석에서 내린 판단]
　　行こうと思っています。 가려고 생각하고 있습니다. [이전부터의 생각]

 확·인·문·제

다음 문장을 제시된 표현을 이용하여 고쳐 쓰세요.

1. 「～かもしれない」·「～だろう」·「～でしょう」

① 明日は雪が降る。　→ _____
　내일은 눈이 온다.

② あのアパートはきれいだ。→ _____
　저 아파트는 깨끗하다.

③ この時計は高い。　→ _____
　이 시계는 비싸다.

2. 「～と思う」·「～はずだ」·「～はずがない」

① 彼は犯人だ。　→ _____
　그는 범인이다.

② 彼女は来る。　→ _____
　그녀는 온다.

③ あの部屋は静かだ。→ _____
　저 방은 조용하다.

06 추측·전달 표현

1. ～ようだ・みたいだ(추측)
2. ～らしい(추측)
3. ～そうだ(추측·예상)
4. ～そうだ(전달)

1 ～ようだ・みたいだ(추측)

> 의미 : ～인 것 같다, ～인 듯하다
> 접속 : 「명사＋の, 동사·い형용사의 사전형, な형용사의 명사 수식형(～な)＋ようだ/みたいだ」

★ 여러 가지 상황(말하는 사람의 감각, 체험, 내적 상황 등)을 토대로 하는 판단 또는 추측을 나타내거나, 확실한 단정을 피해 약간 조심스럽게 말할 때 주로 쓰입니다. 따라서 상대방의 기분을 배려하거나, 하기 힘든 말을 할 때 많이 사용됩니다. 이때 주로 동반되는 부사로는 「どうやら, どうも(아무래도)」 등이 있습니다.

あの鳥はどうやらすずめのようだ。〈명사〉 저 새는 아무래도 참새인 것 같다.

僕、ちょっと酒に酔ったようだ。〈동사〉 나 좀 술에 취한 것 같아.

私、どうも熱があるようです。〈동사〉 나 아무래도 열이 있는 것 같아요.

あなたはちょっと遅刻が多いようですね。〈い형용사〉 당신은 좀 지각이 많은 것 같군요.

彼女はりんごが好きなようです。〈な형용사〉 그녀는 사과를 좋아하는 듯해요.

★ 「〜みたいだ」は「〜ようだ」と同じ用法で使われますが、「〜みたいだ」はあまり格式を重んじない会話体で主に使用されます。

誰か玄関に来ているみたいだ。 누군가 현관에 와 있는 것 같다.

部屋の中には誰もいないみたいだ。ノックをしても返事がない。
방 안에는 아무도 없는 것 같다. 노크를 해도 전혀 반응이 없다.

「〜ようだ」vs「〜そうだ(추측)」

- 「〜ようだ」: 여러 가지 데이터나 상황 등으로부터 내린 판단에 의한 추측을 나타낼 때 사용합니다.
- 「〜そうだ」: 외관상으로만 내린 판단에 의한 추측을 나타낼 때 사용합니다.

この店のカレーはおいしいようだ。 이 가게의 카레는 맛있는 것 같다.

この店のカレーはおいしそうだ。 이 가게의 카레는 맛있어 보인다.

Point  콕 선생의 비밀 과외!

「~ようだ」의 여러 가지 다른 쓰임새

① 비유 : 「(まるで) ~(の)ようだ((마치) ~와/과 같다)」 / 「~(の)ように(~와/과 같이)」
　彼女はまるで人形のようだ。 그녀는 마치 인형 같다.
　僕の心は火のように熱い。 내 마음은 불처럼 뜨겁다.

② 예시 : 「~(の)ような(~와/과 같은)」 / 「~(の)ように(~처럼)」
　ソウルのような大都会には住みたくない。 서울 같은 대도시에서는 살고 싶지 않다.
　あなたのように意地悪い人は大きらいだ。 당신 같이 심술궂은 사람은 정말 싫다.

③ 의도·목적 : 「~ように(~하게, ~하도록)」
　待ち合わせの時間に遅れないように早めに家を出た。
　약속시간에 늦지 않도록 일찍 집을 나섰다.
　幼い子供が触らないようによく保管してください。
　어린 아이가 만지지 않도록 잘 보관해 주세요.

2 ~らしい(추측)

> 의미 : ~인 것 같다, ~인 듯하다, ~답다
> 접속 : 「명사, 동사·い형용사의 사전형, な형용사의 어간 + らしい」

★ 추측의 「~らしい」는 어떠한 사실이나 남에게 전해들은 말을 근거로, 확실히 그렇다고 말할 수 없지만 아마 그렇게 될 것이라고 추측할 때 쓰이는 표현입니다. 또한, 추측의 근거가 확실한 것에 대한 부드러운 단정을 나타낼 때도 쓰입니다. 일반적으로 추측의 「~ようだ」에 비해 확실성이 떨어질 때 많이 쓰입니다.

顔から見て、日本人らしい。〈명사〉 얼굴을 보아하니, 일본사람인 듯하다.
父はやっぱり、会社をやめるらしい。〈동사〉 아빠는 역시 회사를 그만둘 것 같다.
母は気分がいいらしい。〈い형용사〉 엄마는 기분이 좋아 보인다.
この携帯はとても便利らしい。〈な형용사〉 이 휴대전화는 매우 편리할 것 같다.

★ 전달의 「～らしい」는 전달이라고는 해도 정확한 정보에 의한 추측이 아니기 때문에, 대표적인 전달 표현인 「～そうだ」에 비해 확실성은 떨어집니다.

1. 「～らしい」와 「～そうだ」의 비교

昔、この辺りは畑だったらしい。 [정보의 출처가 확실치 않을 때(확실성 : 低)]
(어디서 듣긴 들었는데) 옛날에 이 부근은 밭이었던 것 같다.

昔、この辺りは畑だったそうだ。 [정보의 출처가 확실할 때(확실성 : 高)]
(아빠 말씀에 의하면) 옛날에 이 부근은 밭이었다고 한다.

2. 「～らしい」와 「～ようだ」의 비교

彼はどうやら明日来るらしいよ。
그는 아무래도 내일 올 것 같아. [다른 사람에게 들은 말을 근거로 하는 추측]

彼はどうやら明日来るようだよ。
그는 아무래도 내일 올 것 같아. [다른 사람에게 들은 말이 아닌 객관적인 근거를 토대로 하는 추측]

> Tip
> 접미사의 「～らしい」는 '～답다, ～다운'이라는 뜻으로도 쓰입니다.
> 君らしくないね。 자네답지 않군.
> 彼はほんとうに男らしい。 그는 정말 남자답다.

3 ～そうだ(추측·예상)

> 의미 : ～인 것 같다, ～인 듯하다, ～해 보인다
> 접속 : 「동사의 ます형, い형용사·な형용사의 어간 + そうだ」
> ※「ない」→「なさそうだ」「よい」→「よさそうだ」

★ 외관적인 모양이나 상황을 근거로 해서 추측할 때 사용하는 표현으로, 이때 주로 동반되는 부사로는 「今にも(금방이라도)」나 「もう少しで(이제 곧)」 등이 있습니다.

[잔뜩 찌푸린 하늘을 보며]
今にも雨が降りそうですね。〈동사〉 당장이라도 비가 내릴 것 같군요.

[밤에 많은 별이 뜬 하늘을 보며]
明日は天気がよさそうだ。〈い형용사〉 내일은 날씨가 좋을 것 같다.

この映画はおもしろそうだ。〈い형용사〉 이 영화는 재밌을 것 같다.

彼はまじめそうだ。〈な형용사〉 그 사람은 성실할 것 같다.

★ 말하는 사람의 판단, 예측, 예감 등을 나타낼 때도 사용됩니다.

お腹がすいて、死にそうだ。 배가 고파서 죽을 것 같다.

今日は暇そうだね。 오늘은 한가한 것 같군.

「〜そうだ」의 부정 표현

- 동사에 접속될 때 : 「〜そうもない」, 「〜そうにない」, 「〜そうにもない」

  10時までには仕事が終りそうもない(=そうにない, そうにもない)。
  10시까지는 일이 끝날 것 같지(도) 않다.

- 형용사에 접속될 때 : 「〜そうではない」, 「〜なさそうだ」

  彼はまじめそうではない(=まじめではなさそうだ)。
  그 사람은 그다지 성실하지 않을 것 같다.

  この映画はおもしろそうではない(=おもしろくなさそうだ)。
  이 영화는 별로 재밌을 것 같지 않다.

4 〜そうだ(전달)

> 의미 : (〜에 의하면) 〜(이)라고 한다, 〜(이)라더라, 〜(한)대요
> 접속 : 「명사 + だ, 동사・い형용사・な형용사의 사전형 + そうだ」

★ 말하는 사람이 듣거나 읽어서 알고 있는 정보를 다른 사람에게 전할 때 사용하는 표현으로, 주로 「〜によると(〜에 따르면)」, 「〜によれば(〜에 의하면)」 등의 표현과 함께 쓰이는 일이 많습니다.

今日の給食はパンだそうです。〈명사〉 오늘 급식은 빵이라고 합니다.

天気予報によると、明日は雪が降るそうだ。〈동사〉
일기예보에 의하면, 내일은 눈이 온대.

話によれば、この映画はおもしろいそうです。〈い형용사〉
이야기에 의하면, 이 영화는 재미있다고 합니다.

今週、彼はひまだそうだ。〈な형용사〉 이번 주에 그는 한가하대.

Point 콕 선생의 비밀 과외!

회화체에서 주로 사용되는 반말체의 전달 표현으로는 「～(な)んだって」가 있습니다. 아래의 예문을 통해서 잘 익혀 두세요!

あの店のケーキ、おいしいんだって(=おいしいそうだ)。 저 가게 케이크, 맛있대.

あの人、先生なんだって(=先生だそうだ)。 저 사람, 선생님이라던데.

Tip

전달의 「～そうだ」를 부정 또는 과거형으로 말할 때 「～そうだ」 자체를 부정형이나 과거형으로 바꾸면 틀린 표현이 되므로 주의하세요.

- 부정 표현
    - (○) 今週は暑くないそうだ。 이번 주는 덥지 않대.
    - (✕) 今週は暑いそうではない。

- 과거 표현
    - (○) 先週は暑かったそうだ。 저번주는 더웠었대.
    - (✕) 先週は暑いそうだった。

확·인·문·제

1. 아래의 표를 완성하세요.

	～ようだ	～らしい	～そうだ(전달)	～そうだ(추측)
① 先生 선생님				×
② 降る 내리다				
③ 高い 비싸다				
④ 静かだ 조용하다				

2. 다음의 추측을 나타내는 「～そうだ」 문장을 부정 표현으로 고쳐 쓰세요.

① 彼女は来そうだ。　　→ _____
   그녀는 올 것 같다.

② この本はおもしろそうだ。→ _____
   이 책은 재미있을 것 같다.

③ この問題は簡単そうだ。→ _____
   이 문제는 간단한 것 같다.

07 경험·충고 표현

1. ~(た)ことがある (경험)
2. ~たほうがいい (충고)

1 ~(た)ことがある (경험)

의미 : ~한 적이 있다, (간혹) ~하는 일이 있다
접속 : 「동사의 た형, 동사의 사전형 + ことがある」

01 동사의 た형 + ことがある : ~한 적이 있다

★ 과거의 경험을 나타냅니다.

ふじ山に登ったことがある。 후지산에 오른 적이 있다.

大統領に会ったことがあります。 대통령을 만난 적이 있습니다

僕はスキーをしたことがある。 나는 스키를 타 본 적이 있다.

★ 너무 당연한 일, 또는 현재 시점에서 가장 가까운 과거의 일에 대해서는 사용할 수 없습니다.

(○) 日本で納豆を食べたことがある。 일본에서 낫토를 먹어 본 적이 있다.

(×) 私はご飯を食べたことがある。 나는 밥을 먹어 본 적이 있다.

(×) 私は風邪をひいたことがある。 나는 감기에 걸린 적이 있다.

일반적인 상황에서 감기는 누구라도 한 번쯤은 걸릴 수 있는 당연한 일이기 때문에 어색한 표현이 되는 거랍니다.

> **Tip**
>
> 「～(た)ことがある」의 부정 표현
>
> 今までは夫婦げんかをしたことがありません。
> 지금까지는 부부싸움을 한 적이 없습니다.
>
> 私は風邪をひいたことがない。 나는 감기에 걸린 적이 없다.

02 동사의 사전형 + ことがある : (때때로, 간혹) ～하는 일이 있다

★ 「～ことがある」는 항상 그런 것은 아니지만 때때로 그렇게 한다, 또는 그렇게 된다라는 의미를 나타낼 때 쓰입니다. 따라서 빈도수가 높은 일에 대해서는 사용할 수 없답니다.

時々徹夜で勉強することがあります。 때때로 밤새워 공부할 때도 있습니다.

家から会社まで時々タクシーに乗ることがある。
집에서 회사까지 간혹 택시를 타는 일이 있다.

Point 콕 선생의 비밀 과외!

경험을 나타내는 「~(た)ことがある」와 비슷한 표현으로는 「~ている」도 있으니, 함께 기억해 두세요.

私は3年前に富士山に登っている(=登ったことがある)。
나는 3년 전에 후지산에 오른 적이 있다.

私は2年前にイギリスに行っている(=行ったことがある)。
나는 2년 전에 영국에 간 적이 있다.

2 ~たほうがいい (충고, 제안)

- 의미 : ~하는 편(쪽)이 좋다(낫다)
- 접속 : 「동사의 た형, (드물게는 동사의 사전형) + ほうがいい」

★ 상대방에게 충고를 하거나 제안할 때 쓰입니다.

熱があるから、解熱剤を飲んだほうがいいよ。
열이 있으니까, 해열제를 먹는 편이 좋겠다.

何でも正直に言ったほうがいい。 무엇이든 솔직하게 말하는 것이 좋다.

★ 말하는 사람 자신의 행위에 대한 선택이 누가 보아도 바람직한 일임을 표현할 때 쓰입니다.

明日は朝が早いから、早く寝たほうがいいな。
내일은 아침부터 바쁠 테니까, 빨리 자는 게 좋겠군.

食事をして、すぐ歯をみがいたほうがいい。
식사를 하고 나서 바로 이를 닦는 게 좋아.

★ 말하는 사람의 후회나 유감스러운 기분을 나타내기도 하는데, 이때는 「~ほうがよかった(~하는 편이 좋았다)」의 형태로 쓰입니다.

人に頼まないで、自分でやったほうがよかった。
다른 사람에게 부탁하지 않고, 직접 하는 편이 좋았을 텐데…….

あの人に言わないほうがよかったのに…。
그 사람한테 말하지 않는 편이 좋았을 텐데…….

「～たほうがいい」의 부정 표현

- 「～ないほうがいい」 : ～하지 않는 편(쪽)이 좋다(낫다)

  風邪をひいた時は、無理しないほうがいいですよ。
  감기에 걸렸을 때는 무리하지 않는 게 좋아요.

  寝る前には食べ物を食べないほうがいいです。
  잠자기 전에는 음식을 먹지 않는 게 좋습니다.

확·인·문·제

다음의 우리말을 일본어로 바르게 옮기세요.

① 일본에 간 적이 있다.
   → _____

② (때때로) 술을 마시는 일도 있습니다.
   → _____

③ 시간이 없으니까, 택시를 타는 편이 좋겠습니다.
   → _____

④ 담배를 피우지 않는 편이 좋습니다.
   → _____

Exercise

1. 다음 그림을 보고 보기와 같이 질문에 대한 올바른 답을 쓰세요.

[보기]
A : ここでたばこを吸ってもいいですか。
여기서 담배를 피워도 됩니까?
B : <u>いいえ、吸ってはいけません。</u>
아니요, 피우면 안 됩니다.

❶
A : 夜12時に、洗濯してもいいですか。
밤 12시에 세탁해도 됩니까?
B : _____
네, 세탁해도 됩니다.

❷
A : 図書館で携帯電話を使ってもいいですか。
도서관에서 휴대전화를 써도 됩니까?
B : _____
아니요, 사용해서는 안 됩니다.

❸
A : 部屋でパーティーをしてもいいですか。
방에서 파티를 해도 됩니까?
B : _____
네, 파티를 해도 됩니다.

❹
A : 美術館で写真をとってもいいですか。
미술관에서 사진을 찍어도 됩니까?
B : _____
아니요, 찍어서는 안 됩니다.

Exercise

2. 다음 그림을 보고 보기와 같이 올바른 문장을 만들어 쓰세요.

[보기]

セホは水泳(すいえい)を習(なら)いたがっている。
세호는 수영을 배우고 싶어한다.

❶
_____
나는 물을 마시고 싶다.

❷
_____
아이들은 과자를 먹고 싶어한다.

❸
_____
사람들은 부자가 되고 싶어한다.

❹
_____
미지는 일본에 가고 싶어한다.

3. 다음 그림을 보고 보기와 같이 올바른 문장을 만들어 쓰세요.

[보기] さらが落ちそうだ。
접시가 떨어질 것 같다.

❶
_____
단추가 떨어질 것 같다.

❷
_____
비가 올 것 같다.

❸
_____
그는 바쁜 것 같다.

❹
_____
그는 한가한 것 같다.

Exercise

4. ( ) 안에 주어진 단어와 문형을 사용하여, 다음 우리말을 일본어로 바르게 옮기세요.

❶ お酒は飲みますが、1日一本以上は 마시지 않는 것으로 하고 있습니다. (飲む / ことにする)
→ _____

❷ 明日はきっと 개이겠지. (晴れる / だろう)
→ _____

❸ 交通事故があったので、彼は 늦을지도 모릅니다. (遅れる / かもしれない)
→ _____

❹ 私、明日は会社へ 가지 않을 작정이다. (行く / つもりだ)
→ _____

❺ ここからは、걸어가지 않으면 안 됩니다. (歩いていく / なければならない)
→ _____

❻ 明日、東京へ一緒に 가 주었으면 좋겠다. (行く / てもらいたい)
→ _____

5. ( ) 안에 주어진 단어와 문형을 사용하여 빈칸에 들어갈 알맞은 말을 써 넣으세요.

❶ A：空がだんだん暗くなってきますね。하늘이 점점 어두워지네요.

   B：そうですね。どうやら雨が _____ ですね。(降る/そうだ)
   그렇네요. 아무래도 비가 내릴 것 같네요.

❷ この会社の社員はみんな、花見に _____ です。(行く/ようだ)
   이 회사의 사원은 모두 꽃구경하러 간 것 같습니다.

❸ 天気予報によると、明日は _____ です。(雪だ/そうだ)
   일기예보에 의하면, 내일은 눈이 내린다고 합니다.

❹ 学校の前のレストラン、料理がとても _____ よ。

   (おいしい/らしい) 학교 앞 레스토랑. 음식이 너무 맛있을 것 같다.

❺ A：ミジさん、顔色がわるいですね。미지 씨의 안색이 안 좋네요.

   B：お腹が _____ です。(痛い/みたいだ) 배가 아픈 것 같아요.

❻ セホさんの話によると、ミジさんのお父さんは韓国で _____ ですね。(有名だ/らしい)
   세호 씨의 이야기에 따르면, 미지 씨의 아버지는 한국에서 유명한 것 같아요.

Exercise

6. 다음 우리말을 일본어로 바르게 옮기세요.

❶ 나는 후지산에 올라가 본 적이 있다.
→ _____

❷ 건강에 좋지 않으니까, 담배는 피우지 않는 것이 좋다.
→ _____

❸ 다음 주부터 수영을 배우기로 했습니다.
→ _____

❹ 영화관에서 휴대전화를 사용해서는 안 된다.
→ _____

❺ 오늘은 일요일이니까, 회사에 틀림없이 아무도 없을 것이다.
→ _____

❻ 내일부터 교토에 가게 되었다.
→ _____

❼ 여기에 앉아도 됩니까?
→ _____

8 조사

> 조사야 네가 없으면, 명사가 무슨 역할을 해야 할지 모른단다. 도와 줘!

조사(助詞)란 명사·대명사 등의 뒤에 붙어 도움을 주는 것, 즉 명사·대명사 등이 문장에서 어떠한 역할을 하는지를 알려주는 기능을 하는 품사입니다.

조사의 정의

Q 조사라는 게 뭐예요?

조사(助詞)의 한자 뜻을 풀어 보면, 助(도울 조) 詞(말 사), 즉 다른 말을 도와주는 역할을 하는 말이랍니다. 여기서 다른 말이란 대개 명사나 대명사를 가리킵니다.

Q 그러니까 명사나 대명사를 도와주는 게 조사라는 얘기네요?

그렇죠. 조사란, 명사나 대명사 뒤에 와서 그들이 문장 안에서 어떠한 역할을 하는지를 알려주는 기능을 한답니다. 그래서 앞의 만화 중 '실은 정말 사랑했어'에서도 목적격 조사와 연결되는 목적어가 없으니까, 듣는 사람이 헷갈리는 거죠. 처음부터 '실은 정말 바늘을 사랑했어요'라고 했다면, 헷갈리지 않았겠죠?

Q 그렇네요. 그냥 얼핏 들었을 때는 '실은'이란 말은 부사라고 생각했는데, '명사 + 조사'네요.

그래요. 결국 이때의 '~은/는'은 문장의 주체(주어)를 뜻하는 역할을 하는 조사인 거죠. 이처럼 실질적인 의미를 갖는 명사나 대명사가 문장에서 어떠한 역할로 쓰이고 있는지를 알기 위해서는 조사의 쓰임이 중요해요.
그럼, 지금부터 조사에 대해 좀 더 자세히 살펴 볼까요?

조사 맥 짚어보기

1. **꼭 외워야 할 기본 조사**
   「が」「は」「の」「を」「と」「も」「に」「へ」「で」

2. **주로 함께 쓰이는 조사**
   「から/まで」「や/など」「より/ほう」

3. **정도 등을 나타내는 조사**
   「くらい(ぐらい)」「ほど」「ばかり」「だけ」「しか」「でも」

4. **문장과 문장을 잇는 조사**
   「から」「ので」「のに」「て(で)」「が」「けれども(けれど, けど)」「ながら」「ても」「たり」

5. **문장 끝에 오는 조사**
   「か」「ね」「よ」「よね」「わ」「な」

6. **조사에 다른 말이 붙는 복합 조사**
   「～について」「～に対(たい)して」「～にとって」「～によって」「～として」「～のために」

7. **한국인이 틀리기 쉬운 조사**
   「に vs で」「に vs へ」「ぐらい vs ほど vs ばかり」「ごろ vs ぐらい」
   「まで vs までに」「だけ vs しか」

 # 01 꼭 외워야 할 기본 조사

'기본 조사'란 일본어의 여러 조사 중에서 기초 학습 및 기초 회화의 시작부터 가장 많이 등장하는 조사로, 「が, は, の, を, と, も, に, へ, で」 등이 있습니다. 꼭 외워 두어야 할 조사니까, 잘 기억해 둡시다.

1. ～が : ～이/가 [주어]

1 상태나 동작의 주체를 나타냅니다.

教室の中に田中さんがいます。 교실 안에 다나카 씨가 있습니다. [상태]
明日は私が行きます。 내일은 제가 가겠습니다. [동작]

2 해당 상황의 대상을 나타냅니다. (※ 여기서의 「が」는 보통 우리말의 '～을/를'로 해석됩니다.)

僕は彼女が好きです。 나는 그녀를 좋아합니다.
彼は英語が上手です。 그 사람은 영어를 잘합니다.
この文の意味が分かりますか。 이 문장의 의미를 알겠습니까?

2. ～は : ～은/는 [주체] ※「は」가 조사로 쓰일 때는 [wa]로 발음됩니다.

1 문장에서의 주체를 나타냅니다.

あなたは何時に寝ますか。 당신은 몇 시에 잡니까?
田中さんは部屋にいます。 다나카 씨는 방에 있습니다.

2 앞뒤 내용의 대비를 나타낼 때 쓰입니다.

夏は暑いですが、冬は寒いです。 여름은 덥습니다만, 겨울은 춥습니다.
彼は走っていますが、彼女は歩いています。
그는 달리고 있지만, 그녀는 걷고 있습니다.

3. ～の : ～의, ～인, ～(의) 것 [소유·동격]

1 소유, 소속, 속성, 위치 관계(장소) 등을 나타낼 때 쓰입니다.

彼女は僕の恋人です。 그녀는 나의 애인입니다.

椅子の下には何もありません。 의자 밑에는 아무것도 없습니다.

2 동격 관계를 나타냅니다.

恋人のさおりはきれいです。 애인인 사오리는 예쁩니다.

弟の一郎は今アメリカにいます。 남동생인 이치로는 지금 미국에 있습니다.

3 앞에 나온 명사의 중복을 피해 「の」를 쓰는 것으로, 소유나 속성을 나타냅니다.

이때의 「の」는 「～のもの(～의 것)」나 「～もの(～것)」, 또는 '～에서 만든 것' 등을 의미합니다.

この本は私のです。 이 책은 나의 것입니다.

この車は韓国のです。 이 차는 한국에서 만든 것입니다.

私の傘はあの赤いのです。 내 우산은 저 빨간 것입니다.

4. ～を : ～을/를 [목적어]

1 목적어가 되는 대상을 나타냅니다.

朝はパンを食べます。 아침은 빵을 먹습니다.

毎朝テレビのニュースを見ます。 매일 아침 텔레비전 뉴스를 봅니다.

2 출발점을 나타낼 때 쓰입니다.

毎朝8時に家を出ます。 매일 아침 8시에 집을 나옵니다.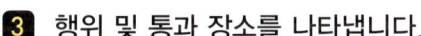

いつ大学を卒業しましたか。 언제 대학을 졸업했습니까?

3 행위 및 통과 장소를 나타냅니다.

私は毎朝公園を走ります。 나는 매일 아침 공원을 달립니다.

飛行機が空を飛ぶ。 비행기가 하늘을 날다.

5. ～と : ～와/과 [나열]

1 두 가지 이상을 나열할 때 쓰입니다.

まず名前と住所を書きます。 우선 이름과 주소를 씁니다.

アメリカ人と日本人が英語で話します。 미국인과 일본인이 영어로 이야기합니다.

2 동작의 상대를 나타내기도 합니다.

両親と話しました。 부모님과 이야기했습니다.

友達と一緒にご飯を食べる。 친구와 함께 밥을 먹는다.

6. ～も : ～도, ～(이)나 [추가]

1 앞에 나온 사항과 같은 종류의 내용이나 말을 추가할 때 쓰입니다.

教室に猫もいます。 교실에 고양이도 있습니다.

明日は私も先生に会いに行きます。 내일은 저도 선생님을 만나러 갑니다.

2 강조의 의미를 나타내기도 합니다.

昨日は3時間も歩きました。 어제는 3시간이나 걸었습니다.

一杯1,000円もするコーヒーを飲んだ。 한 잔에 천 엔이나 하는 커피를 마셨다.

7. ～に : ～에, ～에게, ～을/를, ～하러 [존재의 장소]

1 존재 및 목표 장소를 나타냅니다.

机の上に本があります。 책상 위에 책이 있습니다.

屋根の上に石を投げる。 지붕 위에 돌을 던진다.

2 이동의 도착 장소를 나타냅니다.

あそこに座ってください。저기에 앉아 주세요.

家へ帰る時は、いつも本屋に寄ります。집에 돌아올 때는 항상 서점에 들릅니다.

3 동작 및 작용의 상대 또는 대상을 가리킵니다.

弟は車に乗っている。남동생은 차를 타고 있다.

友達が私に本をくれました。친구가 나에게 책을 주었습니다.

昨日は公園で友達に会いました。어제는 공원에서 친구를 만났습니다.

4 행위나 이동의 목적을 나타내기도 합니다.

今会いに行きます。지금 만나러 갑니다.

薬を飲みに家に戻ります。약을 먹으러 집에 돌아갑니다.

5 시간을 나타내기도 합니다.

朝9時に家を出ます。아침 9시에 집을 나옵니다.

試合は10時に始まります。시합은 10시에 시작됩니다.

8. 〜へ : 〜에, 〜(으)로 [방향]

1 동작이 향하는 장소를 가리킵니다.

夏休みに国へ帰ります。여름방학에 고국으로 돌아갑니다.

田舎へ行く時は何に乗りますか。고향에 갈 때는 무엇을 탑니까?

2 동작의 방향을 가리킵니다.

彼は北へ向かって走った。그는 북쪽을 향해 달렸다.

3 동작의 상대를 가리키기도 합니다.

国の家族へ手紙を書いた。고국에 있는 가족에게 편지를 썼다.

9. ～で : ～에서, ～(으)로, ～때문에 [행위의 장소]

1 동작(행위)이 이루어지는 장소를 나타냅니다.

父は居間で新聞を読んでいる。 아빠는 거실에서 신문을 읽고 있다.

彼女はいつもデパートで服を買います。 그녀는 늘 백화점에서 옷을 삽니다.

2 수단·방법을 나타낼 때 쓰입니다.

車で会社へ行きます。 차로 회사에 갑니다.

大きな声で教科書を読みます。 큰 소리로 교과서를 읽습니다.

3 원인·이유를 나타내기도 합니다.

風で木が倒れる。 바람때문에 나무가 쓰러진다.

病気で会社を休みました。 아파서 회사를 쉬었습니다.

확·인·문·제

다음 ( ) 안에 들어갈 알맞은 조사를 보기에서 골라 써 넣으세요.

[보기] が は の を と も に へ で

① 彼女(   )日本語(   )上手です。 그녀는 일본어를 잘합니다.
② それ(   )私(   )かばんです。 그것은 저의 가방입니다.
③ セホはバス(   )乗って学校(   )行きます。 세호는 버스를 타고 학교에 갑니다.
④ 朝はパン(   )たまご(   )食べます。 아침은 빵과 계란을 먹습니다.
⑤ ミジは2月(   )大学(   )卒業しました。 미지는 2월에 대학을 졸업했습니다.
⑥ セホはりんご(   )好きです。ミジ(   )りんごが好きです。
　세호는 사과를 좋아합니다. 미지도 사과를 좋아합니다.
⑦ 彼女はスーパー(   )野菜(   )買います。 그녀는 슈퍼마켓에서 채소를 삽니다.

 02 주로 함께 쓰이는 조사

1. ~から / まで

1 ~から : ~부터, ~에게 [시작점]

01 시작점·출발점

韓国から来ました。 한국에서 왔습니다.

授業は何時からですか。 수업은 몇 시부터입니까?

02 수수동작의 상대

僕は彼女からチョコレートをもらいました。 나는 그녀에게 초콜릿을 받았습니다.

2 ~まで : ~까지 [도착점]

시간이나 장소 등의 도달점, 한계점, 종점을 나타냅니다.

彼は夜遅くまでお酒を飲みました。 그는 밤늦게까지 술을 마셨습니다.

家までは歩いて何分ぐらいかかりますか。 집까지는 걸어서 몇 분 정도 걸립니까?

> 「~から ~まで」는 범위나 시간, 장소 등을 한정하여 '~부터 ~까지'라는 뜻으로 함께 쓰이는 경우가 많습니다.
> 예) 毎日午後4時から7時まで勉強します。 매일 오후 4시부터 7시까지 공부합니다.

2. ~や / など

1 ~や : ~(이)랑, ~(이)나 [열기]

사물을 열거하거나, 두 가지 이상의 것이 같은 종류나 범주의 것임을 나타낼 때 쓰입니다.

テーブルの上には、本やノートなどがあります。
테이블 위에는 책이랑 노트 등이 있습니다.

アパートでは犬や猫を飼うことができません。
아파트에서는 개나 고양이를 키울 수 없습니다.

> 「~や」는 「~など」와 함께 쓰이는 경우가 많으나, 「~など」 없이 단독으로 쓰일 때도 있습니다.

2 ~など : ~등, ~따위, ~같은 [열거]

여러 가지로 예를 든 다음, 그와 같은 종류의 것들이 또 있음을 나타낼 때 사용합니다.

昼ごはんは、ハンバーガーやピザなどを食べました。
점심은 햄버거랑 피자 등을 먹었습니다.

駅の前には銀行や花屋や果物屋などがあります。
역 앞에는 은행이랑 꽃가게랑 과일가게 등이 있습니다.

 3. ~より : ~보다 [비교]   ※형식명사「~ほう(~쪽)」와 짝을 이루는 경우가 많습니다.

1 비교의 기준을 나타냅니다. (※비교의 대상이 되는「~ほうが(~쪽이)」와 함께 쓰이는 일이 많음)

彼は私より背が高いです。 그는 나보다 키가 큽니다.

大阪より東京のほうが人口が多い。 오사카보다 도쿄 쪽이 인구가 많다.

2 동작, 작용의 장소, 시간의 기점을 나타내기도 합니다. (※회화체에서는 주로「から」를 많이 씀)

私は京都支社より来ました。 저는 교토지사에서 왔습니다.

ただ今より入学式を始めます。 지금부터 입학식을 시작하겠습니다.

확·인·문·제

다음 ( ) 안에 들어갈 알맞은 조사를 보기에서 골라 써 넣으세요.

[보기] から　まで　や　など　より　ほう

① 机の上に本(　　)ノート(　　)があります。 책상 위에 책이나 노트 등이 있습니다.
② 会社で9時(　　)5時(　　)働きます。 회사에서 9시부터 5시까지 일합니다.
③ バス(　　)新幹線の(　　)が速いです。 버스보다 신칸센 쪽이 빠릅니다.
④ 大学の授業は9時(　　)始まります。 대학교 수업은 9시부터 시작됩니다.
⑤ セホはミジ(　　)本をもらいました。 세호는 미지에게 책을 받았습니다.

03 정도 등을 나타내는 조사

 1. ～くらい(ぐらい) : ～정도, ～쯤, ～가량, ～만큼

1 숫자 또는 「この, その, あの, どの」에 연결되어 대강의 수량이나 정도를 나타냅니다.

韓国の人口はどのぐらいですか。 한국의 인구는 얼마나 됩니까?

その集会には3,000人くらいの人が集まった。
그 집회에는 3,000명 정도의 사람이 모였다.

2 명사나 동사에 연결되어, 앞뒤의 내용이 거의 같은 정도이거나 상황임을 나타냅니다.

私の部屋はこの教室ぐらいの広さです。 내 방은 이 교실 정도의 넓이입니다.

今朝は池が凍るくらい寒かったです。 오늘 아침은 연못이 얼 정도로 추웠습니다.

> 예전에는 명사에는 「ぐらい」, 「この, その, あの, どの」에는 「くらい」, 동사나 조동사에는 「ぐらい」 또는 「くらい」를 구분하여 붙였으나, 지금은 「くらい」「ぐらい」 양쪽 모두 구별없이 쓰이고 있습니다.

 2. ～ほど : ～가량, ～정도, ～만큼, ～할수록

1 숫자에 붙어 대략적인 수량을 나타냅니다. [～정도]

대부분 「～くらい(～정도)」나 「～ばかり(～쯤)」로 바꾸어 쓸 수 있습니다.

5分ほど待ってください。 5분 정도 기다려 주십시오.

すみませんが、一万円ほど貸してください。 미안합니다만, 만 엔 정도 빌려 주십시오.

2 어떤 대상의 정도를 예로서 제시하는 것을 나타냅니다. [~만큼, ~정도로]

息子が就職したので、前ほどお金がかからない。
아들이 취직했기 때문에 이전만큼 돈이 들지 않는다.

言葉で言うことができないほど美しいです。
말로 표현할 수 없을 정도로 아름답습니다.

3 「~ば ~ほど」: ~(하)면 ~(할)수록

給料が高ければ高いほど責任も重くなる。 월급이 많으면 많을수록 책임도 무거워진다.

作文は書けば書くほど上手になります。 작문은 쓰면 쓸수록 능숙해집니다.

3. ~ばかり : ~만, ~정도, ~가량, ~한 지 얼마 되지 않았다 / 방금 ~했다

1 숫자에 연결되어 대강의 수량을 나타냅니다.

30分ばかり待ってください。 30분 정도 기다려 주십시오.

5人ばかりこちらの仕事を手伝ってください。 5명 정도 이쪽 일을 도와 주십시오.

> 「~ばかり」 대신 「~くらい(ぐらい)」 나 「~ほど」 로 바꾸어 쓸 수 있습니다.

2 명사나 동사의 て형에 접속하여 어떤 상황, 행위의 범위를 한정하는 의미를 나타냅니다.

今度の試験は、難しい問題ばかりでした。 이번 시험은 어려운 문제뿐이었습니다.

あの子は勉強をしないで、遊んでばかりいます。
저 아이는 공부를 하지 않고, 놀기만 하고 있습니다.

3 「동사의 た형 + ばかり」의 형태로, 어떤 동작이 시간적, 심리적으로 완료된 지 얼마 안 되었음을 나타냅니다.

試験が終わったばかりです。 시험이 바로 조금 전에 끝났습니다. [시간적]

まだ日本に来たばかりです。 아직 일본에 온 지 얼마 안 됐습니다. [심리적]

4. ～だけ : ～만, ～뿐, ～만큼, ～정도

1 어떤 사항에 대한 제한이나 범위를 한정하는 의미를 나타내며, 주로 긍정문이 옵니다.

切手は9枚だけです。 우표는 9장뿐입니다.

会社の休みは日曜日だけです。 회사의 쉬는 날은 일요일뿐입니다.

2 정도 또는 한도를 나타냅니다.

できるだけ、早く来てください。 가능한 한 빨리 와 주세요.

好きなだけ、持って行きなさい。 좋아하는 만큼 가져가렴.

5. ～しか : ～밖에

명사, 동사에 접속되어 범위나 정도를 한정하여 그것 이외에는 없다는 것을 강조할 때 사용하며, 「～しか」 뒤에는 항상 부정문이 옵니다.

試験の日まであと3日しかない。 시험 날까지 앞으로 3일밖에 없다.

もう、100円しか残っていません。 이제 백 엔밖에 남아 있지 않습니다.

6. ～でも : ～(이)라도, ～든지

1 극단적인 상황을 예로 들어 대부분 혹은 모든 경우도 그와 같다는 것을 나타냅니다.

新宿は夜でもにぎやかです。 신주쿠는 밤에도 번화합니다.

あのショールームは日曜日でも開いています。 저 전시장은 일요일에도 열려 있습니다.

2 의문사에 붙어서 사람, 장소, 물건, 시간의 제한 없이 '모두, 전부임'을 나타냅니다.

いつでもかまいません。 언제라도 상관없습니다.

そのことは誰でも知っています。 그것은 누구라도 알고 있습니다.

3 어떤 종류의 범위에서 대표적인 예를 하나 들어 '~(이)라도'라는 의미로 쓰입니다.

映画でも見に行きませんか。 영화라도 보러 가지 않겠습니까?

お茶でも飲みませんか。 차라도 마시지 않겠습니까?

확·인·문·제

다음 ( ) 안에 들어갈 알맞은 조사를 보기에서 골라 써 넣으세요.

[보기] くらい　ほど　ばかり　だけ　しか　でも

① 今日のコンサートには1,000人(　　　)の人が来ました。
오늘 콘서트에는 천 명 정도의 사람이 왔습니다.

② すみませんが、10分(　　　)待ってください。
죄송합니다만, 10분 정도 기다려 주세요.

③ 日本語は勉強すればする(　　　)難しくなります。
일본어는 공부하면 할수록 어려워집니다.

④ 音楽(　　　)いっしょに聞きませんか。 음악이라도 함께 듣지 않겠습니까?

⑤ 教室には学生が3人(　　　)いません。 교실에는 학생이 세 명밖에 없습니다.

⑥ 今、残っている料理はこれ(　　　)です。 지금 남아 있는 요리는 이것뿐입니다.

⑦ セホは勉強をしないで、ゲーム(　　　)しています。
세호는 공부를 하지 않고, 게임만 하고 있습니다.

04 문장과 문장을 잇는 조사

1. 〜から : 〜때문에, 〜(이)니까 [원인, 이유]

> 접속 : 「동사・い형용사・な형용사・조동사의 사전형 + から」/ 「명사 + だから」

1 「〜から」는 이유나 원인을 적극적이고도 주관적으로 나타낼 때 쓰입니다. 따라서 같은 원인・이유를 나타내는 「〜ので」보다 상대방에게 강한 인상을 줍니다. 또한 주관적 색채가 짙은 표현이므로, 말하는 사람이 명령・금지・권유의 뜻을 표현할 때 많이 쓰입니다.

暑いから、窓を開けてください。 더우니까 창문을 열어 주세요.

試験があるから、今晩は勉強します。 시험이 있기 때문에. 오늘 밤은 공부하겠습니다.

ここは危険だから、泳いではいけません。 여기는 위험하니까. 수영을 해서는 안 됩니다.

2 말하는 사람의 주관적인 발언의 근거나 이유를 말할 때 사용되므로, 「〜てください(〜해 주세요), 〜たい(〜하고 싶다), 〜ほしい(〜을/를 원하다), 〜でしょう(〜(이)겠죠), 〜と思う(〜라고 생각하다), 〜だろう(〜(이)겠지)」 등과 같은 표현이 뒤에 오는 경우가 많습니다.

日曜日だから、来ないと思う。 일요일이니까. 오지 않을 것 같다.

もう古いから、新しい自動車がほしい。 이제 낡아서. 새 자동차를 갖고(사고) 싶다.

2. 〜ので : 〜때문에, 〜(이)니까

> 접속 : 「동사・い형용사・な형용사・조동사의 명사 수식형 + ので」/ 「명사・대명사 + なので」

이유, 원인, 판단의 근거가 일반적이고 객관적인 경우에 주로 사용됩니다. 특히 거절하거나 변명할 때 많이 쓰이며, 여성의 경우에는 「〜から」보다 「〜ので」 쪽을 더 많이 사용합니다.

昨日は熱があったので、休みました。 어제는 열이 있어서 쉬었습니다.

今日は寒いので、みんなコートを着ています。 오늘은 추워서 모두 코트를 입고 있습니다.

193

田中さんは今日病気なので、会社を休んでいます。
다나카 씨는 오늘 아파서 회사를 쉽니다.

映画が好きなので、毎週、映画を見に行きます。
영화를 좋아하기 때문에 매주 영화를 보러 갑니다.

 「〜から」와 「〜ので」는 서로 바꾸어 사용해도 무방한 경우가 많답니다.

3. 〜のに : 〜(ㄴ)데도, 〜에도 불구하고

접속 : 「동사・い형용사・な형용사・조동사의 명사 수식형 + のに」 / 「명사・대명사 + なのに」

1 역접의 의미를 나타냅니다.

今日は雨が降っているのに、お客が多い。
오늘은 비가 내리고 있는데도 손님이 많다.

あのレストランは高いのに、いつも込んでいます。
저 레스토랑은 비싼데도, 항상 붐빕니다.

2 앞문장과 뒷문장의 대비를 나타냅니다.

昨日は寒かったのに、今日は夏のように暑い。 어제는 추웠는데, 오늘은 여름처럼 덥다.

話すのは上手なのに、漢字は全然書けない。 말하는 것은 잘하는데, 한자는 전혀 못 쓴다.

 **Point** 콕 선생님의 비밀 과외!

접속 조사 「〜のに」와 비슷한 것으로 「の + に」가 있는데, 이것은 조사 「の」와 「に」가 합쳐진 것입니다. 이 경우의 「〜のに」는 목적 등을 나타내며, 우리말로는 '〜하는 데에, 〜하기 위하여'로 해석됩니다.

その家を建てるのに、2年かかりました。 그 집을 짓는 데에, 2년 걸렸습니다.
このかばんは旅行するのに、必要なものです。 이 가방은 여행하는 데에 필요한 물건입니다.

4. ～て(で) : ～하고, ～해서

접속 : 「동사・い형용사・な형용사의 て형 + て(で)」

1 동작이나 행동을 시간의 순서에 따라 나타냅니다.

朝起き**て**、新聞を読ん**で**、顔を洗います。 아침에 일어나서 신문을 읽고, 세수를 합니다.

私は、今朝8時ごろ家を出**て**、バスに乗っ**て**、学校へ来ました。
나는 오늘 아침 8시경에 집을 나와서 버스를 타고 학교에 왔습니다.

2 여러 가지 동작이나 상태를 나열합니다.

兄はギターをひい**て**、弟はピアノをひきます。 형은 기타를 치고, 동생은 피아노를 칩니다.

彼の時計は丸く**て**大きいです。 그 사람의 시계는 둥글고 큽니다.

田中さんの家は新しく**て**、きれい**で**、大きいです。
다나카 씨의 집은 새롭고, 깨끗하고 큽니다.

3 원인을 나타냅니다.

仕事が多く**て**、毎日忙しいです。 [多いので]
일이 많아서 매일 바쁩니다.

私は昨日風邪をひい**て**、学校を休みました。 [ひいたので]
나는 어제 감기에 걸려서 학교를 쉬었습니다.

📢 이 경우의 「～て」는 「～から」나 「～ので」로 바꾸어 쓸 수 있습니다.

4 수단, 방법을 나타냅니다.

日本人は箸を使っ**て**、ご飯を食べます。 [箸で]
일본인은 젓가락을 사용해서(젓가락으로) 밥을 먹습니다.

お風呂に水を入れ**て**、ぬるくします。 욕소에 찬물을 넣어서 미지근하게 합니다.

📢 이때는 수단, 방법의 조사 「～で」와 같은 의미를 나타낸답니다.

5. ～が : ～이지만, ～하지만 [역접]

접속 : 「동사・い형용사・な형용사의 사전형 + が」/「명사 + だが」/
「です・でした・ます・ました + が」

1 앞뒤 문장에는 서로 대립되는 내용이 옵니다.

父は先生ですが、母は先生ではありません。
아빠는 선생님입니다만, 엄마는 선생님이 아닙니다.

私は、妹はいますが、弟はいません。 나는 여동생은 있습니다만, 남동생은 없습니다.

あのレストランは高いですが、まずいです。 저 레스토랑은 비싸지만, 맛이 없습니다.

2 특별한 의미는 없지만, 두 개의 문장을 연결하는 역할을 합니다. 이때는 문장에서 서두 부분을 서술하여 뒷부분을 자연스럽게 연결시킵니다.

すみませんが、お水を一杯ください。 미안합니다만, 물을 한 잔 주십시오.

つまらないものですが、どうぞ召し上がってください。 변변치 않습니다만, 좀 드십시오.

6. ～けれども(けれど, けど) : ～이지만, ～하지만, ～인데 [역접]

접속 : 「동사・い형용사・な형용사의 사전형 + けれども」/「명사 + だけれども」/
「です・ます + けれども」

위에서 설명한 「～が」와 마찬가지로 앞뒤 문장에는 서로 대립되는 내용이 옵니다.

チューリップは色はきれいですけれども、においはほとんどありません。
튤립은 색은 아름답지만, 향기는 거의 없습니다.

私は、英語はできますけれども、日本語はあまりできません。
나는 영어는 할 줄 압니다만, 일본어는 별로 못합니다.

暗いけれど、電気をつける必要はない。 어둡긴 하지만, 불을 켤 필요는 없다.

暇があれば行くけど、暇がなければ行きません。
시간이 있으면 가겠습니다만, 시간이 없으면 가지 않겠습니다.

조사「～が」와 같은 의미이지만,「～けれども」는 「～が」보다 회화체적인 표현이며,「けれども」는 「けれど」 또는 「けど」로 줄여서 말하기도 합니다.

7. ～ながら : ① ～하면서 [동시 동작] ② ～(이)면서도, ～(이)지만 [역접]

접속 : 「동사의 ます형, い형용사의 사전형, な형용사의 어간, 명사 + ながら」

1 「A ながら B」의 형태로 두 개의 동작이나 행위가 동시에 이루어지는 것을 나타냅니다.

妹はいつもピアノをひき**ながら**歌を歌います。
여동생은 언제나 피아노를 치면서 노래를 부릅니다.

アルバムを見**ながら**学生時代のことを話しました。
앨범을 보면서 학창시절의 일을 이야기했습니다.

私は友達と話をし**ながら**昼ごはんを食べました。
나는 친구와 이야기하면서 점심을 먹었습니다.

寝**ながら**本を読まないで、座って読みなさい。
누워서 책 읽지 말고, 앉아서 읽으렴.

寝(ね)る 자다, 눕다

「寝ながら」에서의「ながら」는「～て(~해)서」와 동일한 역할을 한답니다.

2 역접으로 서로 반대되는 뜻을 나타내는데, 때에 따라서는「～ながらも」의 형태로 사용될 때도 있습니다.

狭い**ながら**楽しい我が家。 좁지만, 즐거운 우리 집.

知ってい**ながらも**知らないふりをする。 알고 있으면서도 모르는 척한다.

小学生**ながら**大学生の問題も分かる。 초등학생이지만, 대학생 문제도 안다.

下手**ながら**一生懸命にしています。 잘은 못하지만, 열심히 하고 있습니다.

Tip 「～ながら」를 동반한 관용적인 표현

残念ながら (유감스럽게도)   わずかながら (얼마 안 되지만)

いつもながら (항상, 변함없이)   昔ながら (옛날 그대로)

生まれながら (천성적으로)   涙ながらに (울면서)

8. 〜ても : 〜하더라도, 〜해도 [역접의 가정 조건]

> 접속 : 「동사・い형용사의 て형 + ても」

앞 문장의 조건에 반대되는 내용이 뒷 문장에 옵니다.

何回(なんかい)言ってもだめです。 몇 번 말해봤자 소용없습니다.

冬(ふゆ)は朝(あさ)5時頃(じごろ)になっても、夜(よ)が明(あ)けません。
겨울에는 아침 5시경이 되어도 밝아지지 않습니다.

私(わたし)は船(ふね)に乗(の)っても、気持(きも)ちが悪(わる)くなりません。
나는 배를 타도 속이 울렁거리지 않습니다.

いくら安(やす)くても買(か)いません。
아무리 싸더라도 사지 않겠습니다.

> **Tip**
> 앞에서 배운 조동사 문형 중 「〜てもいい(〜해도 좋다(괜찮다))」는 조사 「ても」 뒤에 「いい」가 접속된 표현으로, 허가・허용을 나타냅니다.
>
> ここでたばこを吸(す)ってもいいです。 여기서 담배를 피워도 괜찮습니다.
> 宿題(しゅくだい)は明日(あした)提出(ていしゅつ)してもいいです。 숙제는 내일 제출해도 좋습니다.

9. 〜たり : 〜하기도 하고 〜하기도 한다, 〜하거나 〜하거나 한다

> 접속 : 「동사・い형용사・な형용사의 た형 + たり(だり)」/「명사 + だったり」

1 여러 가지 동작을 나열할 때 쓰입니다.

学生(がくせい)は勉強(べんきょう)をしたり、本(ほん)を読(よ)んだり、運動(うんどう)をしたりします。
학생들은 공부를 하기도 하고, 책을 읽기도 하고, 운동을 하기도 합니다.

日曜日(にちようび)には、家(うち)でテレビを見(み)たりします。 일요일에는 집에서 텔레비전을 보거나 합니다.

2 서로 대립되는 두 가지의 동작이나 상태가 반복되는 것을 나타냅니다.

テレビをつけたり消(け)したりしている。 텔레비전을 껐다 켰다 하고 있다.

家の前を行ったり来たりしている。 집 앞을 왔다 갔다 하고 있다.

家を出たり入ったりする。 집을 들락날락거린다.

 이 경우 우리말로 해석할 때는 일본어 표현과 동사의 어순이 반대가 되는 경우가 많습니다.

Point 콕 선생의 비밀 과외!

최근 일본 젊은이들을 중심으로 열거의 의미가 없을 때에도 「〜たり」를 쓰는 경우가 있습니다. 이때의 「〜たり」는 단정적인 표현을 피해, 본인이 말하는 사실 외에도 다른 뭔가가 더 있는 것처럼 보이고 싶을 때 씁니다.

今晩の飲み会にはいけないよ。バイトがあったりして。
오늘 저녁 회식에는 못 가. 아르바이트가 있어서.

いやな人にさそわれると、うそを言って断ったり。
싫어하는 사람이 데이트 신청하면, 거짓말을 해서 거절하곤 하지.

확·인·문·제

다음 ( ) 안에 들어갈 알맞은 조사를 보기에서 골라 써 넣으세요.

[보기] から ので のに て が けれども ながら ても たり

① この部屋は広いです(　　　)、きたないです。 이 방은 넓지만, 지저분합니다.
② 雨が降っ(　　　)運動会は中止しません。 비가 내리더라도, 운동회는 중지되지 않습니다.
③ 父は新聞を読み(　　　)コーヒーを飲みます。 아빠는 신문을 읽으면서 커피를 마십니다.
④ 昨日は風邪をひいた(　　　)、学校を休みました。
　어제는 감기에 걸려서 학교를 쉬었습니다.
⑤ あとで食べる(　　　)そのパンは捨てないでください。
　나중에 먹을 거니까, 그 빵은 버리지 마세요.
⑥ 日曜日は彼に会って映画を見(　　　)食事をし(　　　)しました。
　일요일은 그와 만나서 영화를 보기도 하고 식사를 하기도 했습니다.
⑦ 私は午後5時に会社を出(　　　)、電車に乗っ(　　　)家へ帰ります。
　저는 오후 5시에 회사를 나와서 전철을 타고 집에 돌아갑니다.
⑧ 彼の家は学校から近い(　　　)いつも遅刻する。
　그의 집은 학교에서 가까운데도 늘 지각한다.

05 문장 끝에 오는 조사

1. ～か : ～까? [의문] / ～구나, ～냐? [감탄]

1 질문이나 의문을 나타냅니다.

あなたは誰ですか。 당신은 누구입니까?

あなたは何時に起きますか。 당신은 몇 시에 일어납니까?

食事の後で、コーヒーを飲みますか。 식사 후에 커피를 마시겠습니까?

2 감탄이나 놀람을 나타냅니다.

A : 今年も、もう12月か。 올해도 벌써 12월인가(이구나).

B : ああ、そうか。 아, 그런가(그렇구나).

2. ～ね : ～네(요), ～군(요) / ～(이)지(요)

1 감탄의 의미를 나타냅니다.

彼女はきれいですね。 그녀는 아름답군요.

A : 今日はいい天気だね。 오늘은 날씨가 좋군.

B : そうですね。 그렇네요.

2 상대방에게 동의를 구하거나 확인하는 경우에 쓰입니다.

あなたも知っていますね。 당신도 알고 있지요?

みんな分かったね。 모두 알았지?

それは面白いですね。 그것은 재미있네요.

3. ～よ : 자신의 주장을 나타냄

「～よ」가 나타내는 의미는 문맥에 따라 해석이 조금씩 달라지지만, 궁극적으로는 자신의 주장을 나타냅니다.

1 충고

水をたくさん飲んだほうがいいですよ。 물을 많이 마시는 편이 좋아요.

お酒は飲まないほうがいいですよ。 술은 마시지 않는 편이 좋습니다.

2 권유

早く行こうよ。 빨리 가자.

もう帰りましょうよ。 그만 돌아갑시다.

3 금지

もうやめなさいよ。 이제 그만두세요.

ここでたばこを吸ってはいけませんよ。 여기서 담배를 피워서는 안 됩니다.

4 통지·다짐

始めますよ。 시작하겠습니다.

出発しますよ。 출발하겠습니다.

5 명령

早くやってくださいよ。 빨리 해 주세요.

そこに座れよ。 거기에 앉아(라).

6 호소

寒いよ。 추워(요).

お腹がすいたよ。 배고파.

7 대답·대꾸

今(いま)行くよ。 지금 갈게.

大丈夫(だいじょうぶ)よ。 괜찮아.

わかったよ。 알았어.

우리말의 친근한 높임말인 '~요'라는 종조사가 있어서, 일본어의 종조사 「~よ」를 문장 끝에 자주 붙여 쓰는 경우를 볼 수 있습니다. 하지만, 일본어에서의 「~よ」는 말하는 사람의 주장이 너무 강하게 드러날 수 있는 표현이니까, 아무 때나 쉽게 쓰면 안 된답니다. 조심해야겠지요?

4. ~よね : ~(이)지, ~(이)지요

1 말하는 사람의 생각이나 의견이 상대방도 동의할 것으로 예측되는 경우, 상대방에게 동의를 구하는 표현으로 사용됩니다.

学生時代(がくせいじだい)は楽(たの)しかったよね。 학창시절은 즐거웠지?

A : あの作家(さっか)の作品(さくひん)、私(わたし)好(す)きなんですよ。 저 작가의 작품, 제가 좋아하거든요.

B : 私も好きです。いいですよね。 저도 좋아합니다. 좋지요?

2 상대방에게 확인을 구하는 경우에도 사용됩니다.

佐藤(さとう)さんは、確(たし)かに今年(ことし)、就職(しゅうしょく)したんだよね。 사토 씨는 분명히 올해 취직했지요?

中学校(ちゅうがっこう)のときの先生(せんせい)、覚(おぼ)えてるよね。 중학교 때 선생님, 기억하지?

この間(あいだ)、貸(か)したお金(かね)、返(かえ)してくれるよね。 지난번에 빌려준 돈 돌려줄 거지?

5. ~わ : ~해라, ~(이)예요, ~(하)겠어요

주로 여성들이 사용하는 종조사입니다.

1 감동, 놀라움을 나타냅니다.

まあ、すばらしいわ。この景色(けしき)。 어머, 멋있어라. 이 경치.

あら、雨(あめ)が降(ふ)っているわ。 어머, 비가 내리네.

2 가벼운 주장을 나타냅니다.

私はそのほうがいいと思うわ。 나는 그 편이 좋다고 생각해.

私は行かないわ。 나는 안 갈래.

6. ～な : ～하지 말아라 [금지의 명령] / ～구나 [감동]

1 강한 금지의 명령을 나타냅니다.

この機械は危ないから触るな。 이 기계는 위험하니까, 손대지 마(라).

ここにごみを捨てるな。 여기에 쓰레기를 버리지 마(라).

2 감동이나 원망 또는 자신의 의견을 주장할 때 사용합니다.

白頭山はほんとうに美しいな(あ)。 백두산은 정말로 아름답구나.

今度の冬休みには北海道へ行きたいな(あ)。 이번 겨울방학에는 홋카이도에 가고 싶구나.

 감동이나 원망을 나타낼 때는「な」를 길게 발음하여「なあ」라고 말하기도 합니다.

확·인·문·제

다음 ( ) 안에 들어갈 알맞은 조사를 보기에서 골라 써 넣으세요.

[보기] か   ね   よ   よね   わ   な

① 健康のためにたばこは吸わないほうがいいです(   )。
건강을 위해서 담배는 피우지 않는 편이 좋아요.

② セホさん、確かに会議は3時からです(   )。 세호 씨, 확실히 회의는 3시부터죠?

③ 今日はとても寒いです(   )。 오늘은 너무 춥네요.

④ あなたはいつ日本へ帰ります(   )。 당신은 언제 일본에 돌아갑니까?

⑤ まあ、このドレスすてきだ(   )。 어머, 이 드레스 멋지네.

⑥ 危ないから線路を歩く(   )。 위험하니까, 선로를 걷지 마(라).

⑦ ああ、もう卒業式(   )。 아~, 벌써 졸업식인가(이구나).

 06 조사에 다른 말이 붙는 복합 조사

 1. ～について : ～에 관하여, ～에 대해(서)

「～について」의 뒤에는 「考える(생각하다), 話す(이야기하다), 聞く(듣다・묻다), 書く(쓰다), 読む(읽다), 調べる(조사하다), 相談する(상의하다)」 등의 동사가 오는 경우가 많습니다.

あの人について変な話を聞いた。 그 사람에 대해 이상한 이야기를 들었다.

自分のこれからの人生について考えてみてください。
앞으로의 자신의 인생에 대해 생각해 보세요.

2. ～に対して : ～에 대하여, ～에 대해서

「Aに対してB」의 꼴로 A는 B의 동작, 감정, 태도의 상대 또는 대상을 나타내며, 보통 「に」로 바꾸어 말할 수도 있습니다.

母は妹に対して(＝に)とても優しい。 엄마는 여동생에게 무척 상냥하다.

木村先生は学生に対しては(＝には)厳しい。 기무라 선생님은 학생에 대해서는 엄격하다.

3. ～にとって : ～에(게) 있어서

それは私にとって初めての経験だった。 그것은 나에게 있어서 첫 경험이었다.

この事件は日本にとって重大な問題である。 이 사건은 일본에 있어서 중대한 문제이다.

 4. ～によって : ～에 의해, ～에 따라, ～(으)로

人によって考え方が違う。 사람에 따라 사고방식이 다르다.

このビルは、日本人によって建てられた。 이 빌딩은 일본인에 의해 지어졌다.

5. ～として : ～(으)로, ～(으)로서

「～として」는 동작이나 상태의 주체가 가지고 있는 자격, 입장을 나타냅니다.

ここは住宅地として最適です。 여기는 주택지로서 최적입니다.

趣味として生け花を習っています。 취미로 꽃꽂이를 배우고 있습니다.

6. ～のために : ～을/를 위해 [목적] / ～때문에 [원인·이유]

「～のために」는 목적 또는 원인·이유를 나타냅니다.

家族の幸せのために努力している。 가족의 행복을 위해서 노력하고 있다. [목적]

台風のために多くの被害が出た。 태풍 때문에 많은 피해가 생겼다. [원인·이유]

확·인·문·제

다음 ( ) 안에 들어갈 알맞은 조사를 보기에서 골라 써 넣으세요.

[보기] について に対して にとって によって として のために

① 刑事はその事件(　　　　)調べました。 형사는 그 사건에 대해서 조사했습니다.
② 人(　　　　)生き方が違います。 사람에 따라서 삶의 방식이 다릅니다.
③ 彼は成功(　　　　)一生懸命、努力している。
　 그는 성공을 위해 열심히 노력하고 있다.
④ 彼は妹(　　　　)とてもやさしい。 그는 여동생에 대해서 너무 상냥하다.
⑤ 私は留学生(　　　　)日本へ来ました。 저는 유학생으로서 일본에 왔습니다.
⑥ この事件は韓国(　　　　)重大な問題です。 이 사건은 한국에 있어서 중대한 문제입니다.

 한국인이 틀리기 쉬운 조사

 **1. 「~に」와 「~で」의 차이점**

「~に(~에)」: 사람·사물의 존재 장소나 행위의 목적 장소를 나타낼 때 쓰입니다.
「~で(~에서)」: 동작이 이루어지는 장소를 나타낼 때 쓰입니다.

ここに本があります。 여기에 책이 있습니다.

カラオケで歌を歌う。 가라오케에서 노래를 부른다.

屋根の上に石を投げる。 지붕 위에 돌을 던진다.
[屋根の上に: 「石」의 존재 장소, 「投げる」라는 행위의 목적 장소]

屋根の上で石を投げる。 지붕 위에서 돌을 던진다.
[屋根の上で: 「投げる」의 동작이 이루어지는 장소]

 **2. 「~に」와 「~へ」의 차이점**

기본적으로 「~に」는 행위의 목적을 나타내는 장소를, 「~へ」는 경로(방향)나 막연한 행선지를 나타낸다는 차이점이 있습니다. 하지만, 「~に」가 이동의 도달점이나 방향을 나타낼 때는 「~へ」로 바꾸어 쓸 수 있습니다. 따라서 「行く(가다), 来る(오다), 帰る(돌아가(오)다)」와 같이 장소의 이동을 나타내는 이동동사는 「~に」를 「~へ」로 바꾸어 써도 무방합니다.

祖父を迎えに空港〈に/へ〉行きます。 할아버지를 마중하러 공항에 갑니다.

久しぶりに、友達が学校〈に/へ〉来ました。 오랜만에 친구가 학교에 왔습니다.

그렇다고 해서, 「~に」와 「~へ」를 항상 바꾸어 쓸 수 있는 것은 아닙니다. 「~に」와 「~へ」의 차이는 이동 전체 즉, 시작점, 통과점, 도달점 중 어느 부분에 초점이 놓이는지에 따라 일반적으로 둘 중 어느 쪽을 써야 하는지가 결정됩니다.

「〜に(〜에)」: 도달점에서 보다 가까운 곳을 강조할 때 씁니다.

「〜へ(〜에, 〜으로)」: 「〜に」보다는 좀 더 넓게, 도달점까지의 경로(방향)를 강조할 때 씁니다.

따라서 경로보다는 도달점에 중점을 두게 되는 「住む(살다), 泊まる(머물다), 座る(앉다), 沈む(가라앉다), 乗る(타다), 入る(들어오다), 着く(도착하다)」 등과 같은 동사는 일반적으로 「〜に」를 쓰는 것이 바람직합니다.

子供が部屋に入る。 아이가 방에 들어간다.

彼女がいすに座る。 그녀가 의자에 앉는다.

彼はソウルに住んでいる。 그는 서울에 살고 있다.

田中さんが仁川国際空港に着く。 다나카 씨가 인천국제공항에 도착한다.

하지만, 물건과 물건이 밀접하게 붙어있는 경우나, 「お風呂に入る(목욕하다)」 등과 같이 관용적으로 쓰이는 표현인 경우에는 「〜に」를 「〜へ」로 바꾸어 쓸 수 없습니다.

壁にカレンダーをかける。 벽에 달력을 걸다.

お風呂に入る。 목욕하다.

이와는 반대로 「向かう(향하다)」 등과 같이 경로(방향)에 중점을 두는 동사나, 문장 안에서 이미 다른 의미로 쓰이고 있는 「〜に」가 존재할 경우에는 한 문장 안에 「〜に」가 두 번 중복되므로, 「〜に」보다는 「〜へ」를 쓰는 것이 좋습니다.

車は北へ向かった。 차는 북쪽을 향했다(향해 갔다).

彼は4月にアメリカへ行った。 그는 4월에 미국에 갔다.

私は妹に会っていっしょに家へ帰った。 나는 여동생을 만나서 함께 집에 돌아왔다.

3. 「〜に」의 유무에 따른 때를 나타내는 명사

★ 「〜に」가 필요한 〈때를 나타내는 명사〉

말하는 시점을 기준으로 삼지 않는 '절대적인 때'를 나타내는 말에는 「〜に」를 붙입니다.

2002年, 3月, 20日, 水曜日, 学生時代…… 2002년, 3월, 20일, 수요일, 학창시절……

娘は、2002年12月10日に生まれました。 딸은 2002년 12월 10일에 태어났습니다.

★ 「〜に」가 필요없는 〈때를 나타내는 명사〉

말하는 시점을 기준으로 하는 상대적인 때를 나타내는 말에는 일반적으로 「〜に」를 붙이지 않습니다.

明日, 来年, 今, 朝…… 내일. 내년. 지금. 아침……

来年、アメリカへ行きます。 내년에 미국에 갑니다.

 **4. 조사 「〜に」를 반드시 동반하는 동사**

〜に会う(〜을/를 만나다)	〜に乗る(〜을/를 타다)	〜に代わる(〜을/를 대신하다)
〜に触る(〜을/를 만지다)	〜に似る(〜을/를 닮다)	〜に従う(〜을/를 따르다)
〜に沿う(〜을/를 따르다)	〜に迷う(〜을/를 헤매다)	〜に気づく(〜을/를 깨닫다)
〜に噛みつく(〜을/를 물고 늘어지다)		

 이때의 조사 「〜に」는 우리말로는 '〜을/를'로 해석되는 것에 주의하세요.

 **5. 대상을 나타내는 「〜が」**

원래 동작의 대상(목적어)을 나타낼 때는 조사 「〜を」를 써야 하지만, 다음과 같은 경우에는 동작의 대상이라고 하더라도 「〜が」를 써야 합니다.

1 일부 형용사

01 ほしい(원하다)

私は自転車がほしい。 나는 자전거를 갖고 싶다.

02 好(す)きだ(좋아하다)・嫌(きら)いだ(싫어하다)

私は彼女が好きだ。 나는 그녀를 좋아한다.

208

私は野菜が嫌いだ。 나는 채소를 싫어한다.

03 上手(じょうず)だ(잘하다)・下手(へた)だ(서툴다)

彼女は歌が下手です。 그녀는 노래를 잘 못합니다.

彼女は料理が上手です。 그녀는 요리를 잘합니다.

② 「동사 + たい(하고 싶다)」

私は車が(を)買いたい。 나는 차를 사고 싶다.

私は水が(を)飲みたい。 나는 물을 마시고 싶다.

「〜たい」의 경우, 앞에 오는 대상은 일반적으로 조사 「が」, 「を」 양쪽 모두를 취할 수 있습니다.

③ 가능의 의미를 나타내는 동사 : 「できる, 書ける, 食べられる, わかる」 등

この文の意味が分かる。 이 문장의 의미를 안다.

彼はスキーができます。 그는 스키를 탈 줄 압니다.

この子は漢字が書けます。 이 아이는 한자를 쓸 수 있습니다.

6. 「〜ぐらい」 vs 「〜ほど」 vs 「〜ばかり」

昨日の講演には、だいたい70人 [ぐらい / ほど / ばかり] 集まりました。
어제 강연에는 대략 70명 정도 모였습니다.

「〜ぐらい・ほど・ばかり」는 대략적인 수치를 나타낼 때 사용하는 표현으로, 우리말로는 '〜정도'에 해당합니다. 유사점을 보이는 이들 세 가지 표현은 문체상 차이를 보여 일반적으로 회화체에서는 「〜ぐらい」가, 문장체에서는 「〜ほど」가 많이 쓰입니다. 또한, 「〜ばかり」는 좀 더 예의와 격식을 차려 말할 때 사용합니다. 그러나 '온도, 학년, 횟수, 서열' 등의 정도를 나타낼 때는 「〜ばかり」를 사용할 수 없으며, 「〜ほど」도 조금 어색합니다.

昨日は気温が39度 [(○) ぐらい / (△) ほど / (×) ばかり] まで上がった。
어제는 기온이 39도 정도까지 올랐다.

日本に行くのはこれで10回目 [(○) ぐらい / (△) ほど / (×) ばかり] になる。
일본에 가는 것은 이번까지 열 번째 정도가 된다.

7.「~ごろ」와「~ぐらい」의 차이점

「~ごろ(~쯤)」:「7時ごろ」는「6時58分, 59分, 7時, 7時1分, 2分」등을 나타내는데, 이처럼「~ごろ」는 좁은 범위내의 세세한(세부적인) 시각을 나타내는 경우가 많습니다.

「~ぐらい(~정도)」:「7時ぐらい」는「6時ぐらい, 7時ぐらい, 8時ぐらい」등으로 쓰이는데, 이와 같이「~ぐらい」는 한 시간 단위의 대체적인 시간을 나타내는 경우가 많습니다.

「~ぐらい」는 대체적인 시간의 길이를 나타내는 표현이므로, 이 경우에는「に」를 붙여「~ぐらいに」의 형태로 사용해야 합니다.

朝7時ごろ地震が起きた。 아침 7시경에 지진이 났다.

午後3時ぐらいに着きます。 오후 3시경에 도착합니다.

8.「まで」와「までに」의 차이점

「~まで(~까지)」: 계속적으로 행해지는 동작이나 작용의 범위를 나타냅니다. 따라서「~から」와 함께 사용할 수 있습니다.

「~までに(~까지(는))」: 순간적인 동작이나 작용이 행해지는 순간, 즉 최종적인 기한을 나타냅니다. 따라서 우리말로 번역할 때는 '늦어도'라는 말을 넣는 것이 자연스럽습니다.

午前10時から午後7時まで店を開けておきます。
오전 10시부터 오후 7시까지 가게를 열어 놓겠습니다.

午前7時までに店を開けておきます。 (늦어도) 오전 7시까지는 가게를 열어 놓겠습니다.

レポートは金曜日までに出してください。 리포트는 (늦어도) 금요일까지 제출해 주세요.

9. 한정을 나타내는 「〜だけ」와 「〜しか」

「〜だけ」는 긍정, 부정문에 모두 사용할 수 있지만, 「〜しか」는 부정문에만 접속됩니다. 「〜だけ」와 「〜しか」가 부정문에 사용될 경우, 「〜だけ」는 한정된 사물이나 상황이 실현되지 않을 경우에 사용하고, 「〜しか」는 한정된 사물이나 상황이 최소한으로 실현될 경우에 사용합니다.

(○) ノートだけ買った。 노트만 샀다.

(×) ノートしか買った。 노트밖에 샀다.

(○) ノートだけ買っていない。 노트만 안 샀다.

(○) ノートしか買っていない。 노트밖에 안 샀다.

즉, 「ノートだけ買っていない」는 「ノートだけ買わなかった」처럼 「〜だけ」로 한정하여 부정하였으므로 '노트를 사지 않은 상태'를 나타내고, 「〜しか」를 사용한 부정문은 다른 물건은 사지 않고 '노트만 산 것'을 의미하게 됩니다.

확·인·문·제

다음 ( ) 안에 들어갈 알맞은 조사를 골라 써 넣으세요.

① 「に」/「で」
- 妹は部屋(　)います。 여동생은 방에 있습니다.
- 昨日はデパート(　)かばんを買いました。 어제는 백화점에서 가방을 샀습니다.

② 「に」/「へ」
- 彼は京都(　)住んでいます。 그는 교토에 살고 있습니다.
- 彼は京都(　)向かった。 그는 교토로 갔다.

③ 「だけ」/「しか」
- 教室には5人(　)いません。 교실에는 5명밖에 없습니다.
- 部屋には彼、一人(　)います。 방에는 그 사람 혼자만 있습니다.

Exercise

1. 다음 그림을 보고 (　) 안에 들어갈 알맞은 조사를 보기에서 골라 써 넣으세요.

   [보기]　ほど　たり　より　ながら　で　に　と　へ　くらい　から　まで

   ❶  セホは私(　　)背が高いです。
   세호는 나보다 키가 큽니다.

   ❷  夏休み(　　)、新幹線(　　)京都(　　)行きました。
   여름방학에 신칸센으로 교토에 갔습니다.

   ❸  彼は毎朝、走り(　　)音楽を聞きます。
   그는 매일 아침 뛰면서 음악을 듣습니다.

   ❹  日曜日は家(　　)寝(　　)、テレビを見(　　)します。
   일요일은 집에서 자거나 텔레비전을 보거나 합니다.

   ❺  東京(　　)大阪(　　)新幹線で2時間(　　)かかります。
   도쿄에서 오사카까지 신칸센으로 2시간 정도 걸립니다.

2. 다음 ( ) 안에 들어갈 알맞은 조사를 보기에서 골라 써 넣으세요.

[보기] を　の　や　は　も　な　よ　だけ　が(けれども)
　　　　まで　までに　ので　のに　でも　に　で

❶ あの白い車は父（　　）です。 저 하얀 차는 아빠의 것입니다.

❷ セホ（　　）韓国人です。ミジ（　　）韓国人です。
세호는 한국 사람입니다. 미지도 한국 사람입니다.

❸ あのレストランの料理は高い（　　）、まずいです。
저 레스토랑의 음식은 비싸지만, 맛이 없습니다.

❹ 危ないから、ここに車を止める（　　）。 위험하니까, 여기에 차를 세우지 마(라).

❺ 暑いからジュース（　　）飲みませんか。 더우니까, 주스라도 마시지 않겠습니까?

❻ たばこは吸わない方がいいです（　　）。 담배는 피우지 않는 편이 좋아요.

❼ 彼は毎日、工場（　　）10時間働きます。 그는 매일 공장에서 10시간 일합니다.

❽ ミジさんはどこ（　　）住んでいますか。 미지 씨는 어디에 살고 있습니까?

❾ 昨日、セホはデパート（　　）友達（　　）会いました。
어제 세호는 백화점에서 친구를 만났습니다.

❿ レポートは明日（　　）出してください。 리포트는 내일까지 제출해 주세요.

213

Exercise

3. 다음 문장에서 틀린 부분을 찾아 바르게 고쳐 쓰세요.

① セホは歌を上手ですが、ミジは歌を下手です。
세호는 노래를 잘 부르지만, 미지는 노래를 못합니다.
→ _____

② 私は今、1,000円だけありません。 저는 지금 천 엔밖에 없습니다.
→ _____

③ 私は毎日、バスを乗って会社まで行きます。 저는 매일 버스를 타고 회사까지 갑니다.
→ _____

④ このりんごはあとで食べるので、捨てないでください。
이 사과는 나중에 먹을 테니까, 버리지 마세요.
→ _____

⑤ 彼女はソウルで住んでいます。 그녀는 서울에 살고 있습니다.
→ _____

4. 다음 우리말을 일본어로 바르게 옮기세요.

① 도쿄보다 교토 쪽이 덥습니다.
→ _____

② 같이 커피라도 마시지 않겠습니까?
→ _____

③ 저 아이는 텔레비전만 보고 있습니다.
→ _____

④ 시험까지 앞으로 하루밖에 없습니다.
→ _____

9 부사와 접속사

꾸며주는 코디 부사와 이어주는 커플 매니저 접속사

부사는 동사나 형용사 등의 품사를 수식하여 동작, 상태, 모양, 정도, 말하는 사람의 기분 등을 좀 더 확실하게 나타내주는 역할을 합니다. 그리고 접속사는 단어와 단어, 문장과 문장을 이어주는 역할을 합니다.

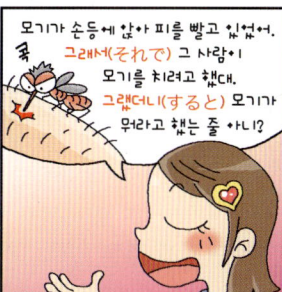

01 부사의 정의

 Q 부사라는 게 뭐죠?

A 동사나 형용사를 수식해 동사가 나타내려는 의미를 강조하거나 정확하고 풍성하게 해 주는 역할을 하는 말을 부사라고 합니다. 한마디로 말하면 코디네이터라고 할 수도 있겠네요. 코디가 없다고 해서 영화가 만들어지지 않는 것은 아니지만, 옆에서 배우를 극 중의 역할에 맞게 꾸며 주고 분장을 해 주면 더 좋은 영화가 만들어지겠죠.

 Q 제 여자친구가 생얼일 때도 예쁘긴 하지만, 화장을 하면 훨씬 더 예쁜 것과 마찬가지겠네요?

A 네, 바로 그거예요. '매우(とても)'와 같이 뒤에 오는 형용사나 동사를 꾸며, 그 표현을 더욱 강조하고 정확하게 표현해 주는 말이 바로 부사예요.

02 접속사의 정의

 Q 그럼, 접속사란 뭐죠?

A 말 그대로, 말과 말 또는 문장과 문장을 접속시키는 연결고리와 같은 존재랍니다. 사람으로 비유하자면, 사람과 사람을 연결해 주는 커플 매니저 같은 존재를 말하는 거예요. 말과 말을 잇는 접속사에는 예를 들어 '동물 및 식물' '우체국 혹은 은행'에서의 '및(および)', '혹은(あるいは)'과 같은 것들이 있고요.

 Q 그렇다면, '그러면(では)', '그래서(それで)'와 같은 말들이 문장과 문장을 잇는 접속사이겠네요?

A 네, 맞아요. 그럼, 이제부터 자주 쓰이는 부사와 접속사에는 어떠한 것들이 있는지 자세히 살펴 볼까요?

 # 부사・접속사 맥 짚어보기

- **부사** : 동사나 형용사를 꾸며주는 말

1. 시간 및 빈도를 나타내는 부사
   また, いつも, よく 등

2. 정도 및 수량을 나타내는 부사
   とても, ちょっと, すこし 등

3. 상태의 완료(미완료)를 나타내는 부사
   まだ, もう, すでに 등

4. 비교를 나타내는 부사
   一番(いちばん), もっと, ずっと 등

5. 판단, 추측을 나타내는 부사
   たぶん, きっと, かならず 등

- **접속사** : 문장과 문장, 단어와 단어를 이어주는 말

1. 첨가・보충 접속사
   それから, そして, それに 등

2. 선택 접속사
   または, あるいは, それとも 등

3. 화제 전환 접속사
   (それ)では, ところで, ところが 등

4. 순접의 접속사
   だから, それで, すると 등

5. 역접의 접속사
   しかし, けれども(けれど, けど), でも 등

01 부사

부사란, 동사나 형용사를 꾸며주어 이들 품사의 행위나 상태의 명확성을 뚜렷하게 하는 역할을 해 주는 말입니다.

1 시간 및 빈도를 나타내는 부사

❖ **また** : 또
  また会いましょう。 또 만나요.
  ソウルは今日も**また**雪が降りました。 서울은 오늘도 또 눈이 내렸습니다.

❖ **いつも** : 항상, 늘, 언제나
  この国は1年中**いつも**暑いです。 이 나라는 1년 내내 항상 덥습니다.
  彼女は**いつも**笑顔を見せます。 그녀는 항상 웃는 얼굴을 보여 줍니다.

❖ **よく** : 자주, 흔히
  これは**よく**ある質問です。 이것은 자주 있는 질문입니다.
  カラオケで**よく**朝まで歌ったりします。 노래방에서 아침까지 자주 노래를 부르곤 합니다.

❖ **ゆっくり** : 천천히, 느긋하게
  ゆっくりはっきり発音してください。 천천히 정확하게 발음해 주세요.
  ゆっくり自分のペースで進んで行きたい。 천천히 마이페이스로 진행해 나가고 싶다.

❖ **すぐ** : 곧, 바로
  食べて**すぐ**寝ると牛になる。 먹고 바로 누우면(자면) 소가 된다.
  私は決めたことは**すぐ**実行に移します。 나는 결정한 것은 바로 실행에 옮깁니다.

❖ **ずっと** : 쭉, 계속(해서)
  朝から**ずっと**勉強している。 아침부터 계속 공부하고 있다.
  あの子はさっきから**ずっと**泣いている。 저 아이는 아까부터 계속 울고 있다.

❖ **しばらく** : 잠시, 얼마동안, 한동안

待合室でしばらくお待ちください。 대합실에서 잠시 기다려 주세요.

父が出かけてしばらくして電話がかかってきた。
아빠가 외출하고 나서, 얼마 있다가 전화가 걸려 왔다.

❖ **ときどき** : 가끔, 때때로

曇りときどき雨。 흐리고 가끔 비.

ときどき国から電話がかかってきます。 때때로 고국에서 전화가 걸려옵니다.

❖ **たまに** : 가끔

毎日忙しいですが、たまに山登りをします。 매일 바쁘지만, 가끔 등산을 합니다.

たまに公園を散歩するのも悪くない。 가끔 공원을 산책하는 것도 나쁘지 않다.

❖ **さっそく** : 곧, 즉시, 당장

では、さっそくやってみます。 그럼. 당장 해 보겠습니다.

話題のやせる薬をさっそく試してみた。 화제의 살 빼는 약을 즉시 시험해 보았다.

2 정도 및 수량을 나타내는 부사

❖ **とても** : 대단히, 매우, 무척

この問題はとてもやさしい。 이 문제는 무척 쉽다.

彼女はとてもやさしい。 그녀는 매우 상냥하다.

❖ **ちょっと** : 잠깐, 잠시, 조금, 좀

ちょっと待ってください。 잠시 기다려 주세요.

ちょっと教えてください。 좀 가르쳐 주세요.

❖ **すこし** : 조금, 약간

もうすこし早く歩きましょう。 조금 더 빨리 걸읍시다.

彼はすこし遅くなるかも知れません。 그는 조금 늦을지도 모릅니다.

❖ **よく** : 잘

よく噛んで食べてください。 잘 씹어 드세요.

うちの子はよく食べて、よく寝ます。 우리 아이는 잘 먹고, 잘 잡니다.

❖ **あまり(にも)** : 너무, 매우, 지나치게

日本の物価はあまりにも高い。 일본의 물가는 너무 비싸다.

あまり静かすぎて、怖くなりました。 너무 지나치게 조용해서, 무서워졌습니다.

❖ **ほとんど** : 거의

今日は風がほとんどない。 오늘은 바람이 거의 없다.

この料理には砂糖をほとんど使いません。 이 요리에는 설탕을 거의 쓰지 않습니다.

❖ **たくさん** : 많이

家にはお金がたくさんあります。 집에는 돈이 많이 있습니다.

私には友達がたくさんいます。 나에게는 친구가 많이 있습니다.

❖ **ぜんぶ** : 전부, 모두, 모조리

パンはぜんぶ僕が食べました。 빵은 전부 내가 먹었습니다.

彼の話はぜんぶうそです。 그의 이야기는 전부 거짓말입니다.

❖ **約** : 약, 대략

約20人くらい集まりました。 약 20명 정도 모였습니다.

1か月の生活費は約60,000円です。 한 달 생활비는 약 6만 엔입니다.

❖ **ほんとうに** : 정말로

あの夜はほんとうに幸せだった。 그날 밤은 정말로 행복했었다.

この店の料理はほんとうにおいしいです。 이 식당의 요리는 정말로 맛있습니다.

❖ **たいへん** : 대단히, 매우, 몹시

昨日はたいへん寒かったです。 어제는 몹시 추웠습니다.

日本語はたいへん難しい。 일본어는 대단히 어렵다.

❖ **かなり** : 상당히, 제법, 꽤

量もかなり多いです。 양도 꽤 많습니다.

家から駅まではかなり遠い。 집에서 역까지는 상당히 멀다.

❖ **なかなか** : 꽤, 상당히, 제법

彼はなかなかいい男だ。 그는 제법 좋은 남자다.

歌がなかなか上手ですね。 노래를 상당히 잘하시네요.

❖ **たいてい** : 거의, 대개, 대부분

私はたいてい8時ごろ起きます。 저는 대개 8시경에 일어납니다.

たいていの人はその歌手を知っている。 대부분의 사람들은 그 가수를 알고 있다.

❖ **だいたい** : 대체적으로, 대충, 대개

レポートはだいたい終わりました。 리포트는 대충 끝났습니다.

桜は東京ではだいたい4月はじめごろに咲く。
벚꽃은 도쿄에서는 대개 4월 초순경에 핀다.

❖ **すべて** : 모두, 전부, 남김없이

ここにある新聞はすべて捨ててください。 여기에 있는 신문은 모두 버려 주세요.

私の両親がすべて払いました。 저희 부모님이 전부 지불했습니다.

3 상태의 완료(미완료)를 나타내는 부사

❖ **まだ** : 아직

恋はまだ始まっていない。 사랑은 아직 시작되지 않았다.

赤ちゃんはまだ寝ています。 아기는 아직 자고 있습니다.

❖ **もう** : 더, 벌써, 이미

彼はもう来ています。 그는 벌써 와 있습니다.

もう一度話してください。 한 번 더 말씀해 주세요.

❖ **やっと** : 겨우, 가까스로, 간신히

やっとテストが終わった。 겨우 시험이 끝났다.

やっと答えが分かりました。 간신히 답을 알았습니다.

❖ **すでに** : 이미, 벌써

すでに授業が始まりました。 이미 수업이 시작되었습니다.

それはすでに終わった話なんです。 그것은 이미 끝난 이야기입니다.

❖ **まもなく** : 머지않아, 이제 곧, 이윽고

まもなく電車が入ります。 이제 곧 전철이 들어옵니다.

この内容はまもなく削除されます。 이 내용은 머지않아 삭제됩니다.

❖ **いよいよ** : 드디어, 마침내

いよいよ、私も父になります。 드디어 저도 아빠가 됩니다.

いよいよマイケル・ジャクソンが韓国に来ます。 드디어 마이클 잭슨이 한국에 옵니다.

4 비교를 나타내는 부사

❖ **一番** : 가장, 제일

ここは世界で一番楽しい学校です。 여기는 세상에서 가장 즐거운 학교입니다.

あなたにとって一番大切なものは何ですか。 당신에게 있어 가장 소중한 것은 무엇입니까?

❖ **もっと** : 더, 좀 더, 한층

お米をもっと食べよう。 쌀을 좀 더 먹자.

ワインについてもっと知りたい。 와인에 대해 좀 더 알고 싶다.

❖ **ずっと** : 훨씬, 아주

家賃が一年前よりずっと高くなった。 집세가 1년 전 보다 훨씬 비싸졌다.

隣のコンピューターの方がずっと速いです。 옆에 있는 컴퓨터가 훨씬 빠릅니다.

❖ **さらに** : 더욱, 게다가

風はさっきよりさらに強くなった。 바람은 아까보다 더욱 강해졌다.

これからもさらに努力してほしい。 앞으로도 더욱 노력해 주었으면 한다.

❖ **もっとも** : 가장, 제일

新宿は東京でもっともにぎやかな所です。 신주쿠는 도쿄에서 가장 번화한 곳입니다.

この3人のうち、もっとも気に入っている人は誰ですか。
이들 3명 중에서 제일 마음에 드는 사람은 누구입니까?

5 판단, 추측을 나타내는 부사

❖ **たぶん** : 아마, 대개

たぶん明日は帰っているでしょう。 아마 내일은 돌아와 있겠죠.

今6時だから、子供はたぶんアニメを見ているでしょう。
지금 6시니까, 아이는 아마 만화영화를 보고 있을 거예요.

❖ **きっと** : 꼭, 반드시, 틀림없이

お金は明日までにはきっと返します。 돈은 내일까지는 꼭 돌려드리겠습니다.

明日になると、きっと大丈夫ですよ。 내일이 되면 틀림없이 괜찮을 거예요.

きっと、ずっと、もっとあなたと一緒にいたいです。
꼭, 계속 좀 더 당신과 함께 있고 싶어요.

❖ **かならず** : 꼭, 반드시, 틀림없이

約束はかならず守ります。 약속은 반드시 지키겠습니다.

明日もかならず日がのぼる。 내일도 반드시 해가 뜬다.

질문 있어요!

「きっと」와 「かならず」는 뜻이 똑같네요. 쓰임새가 다른 건가요?

「きっと」는 주관적이며, 화자의 강한 의지를 나타낼 때 쓰입니다. 반면, 「かならず」는 「きっと」와 같은 의미로도 쓰이지만, 객관적인 사항이나 자연현상 등에도 쓰인답니다.

- **わざわざ** : 일부러, 애써, 고의로

  わざわざ来てくれて、ありがとう。 일부러 와 줘서 고마워.

  わざわざ会いに行ったのに、彼女に会えずに帰ってきた。
  애써 만나러 갔는데, 그녀를 보지 못하고 돌아왔다.

- **どうも** : 아무래도, 어쩐지

  どうも彼のことが気になりますね。 어쩐지 그의 일이 신경 쓰이네요.

  どうもおかしいところがあるので、もっと調べてください。
  아무래도 이상한 점이 있으니까, 좀 더 알아봐 주세요.

- **ぜったい(に)** : 절대로, 무슨 일이 있어도

  僕はぜったいに君を守る。 나는 무슨 일이 있어도 너를 지킨다.

  夏休みまでにぜったいやせてみせます。 여름방학까지 무슨 일이 있어도 살을 빼 보이겠습니다.

- **まさか** : 설마

  まさか彼が犯人ではないでしょう。 설마 그가 범인은 아니겠죠.

  まさか本当にするとは思いませんでした。 설마 정말로 할 거라고는 생각 못했습니다.

- **たしか(に)** : 분명(히), 틀림없이

  彼女はたしかに来ると言いました。 그녀는 분명히 온다고 했습니다.

  あれはたしか去年3月のことでした。 그것은 분명 작년 3월에 있었던 일입니다.

- **せっかく** : 모처럼, 애써

  せっかくの機会だから、ぜひ行きます。 모처럼의 기회니까, 꼭 가겠습니다.

  せっかく就職できたけど、もうやめたい。 애써 취직했는데, 벌써 그만두고 싶다.

6 「こ・そ・あ・ど」를 사용하는 정도 부사와 의문 부사

- **こんなに・そんなに・あんなに** : 이렇게・그렇게・저렇게

  こんなにいいものもらっていいですか。 이렇게 좋은 물건 받아도 됩니까?

  そんなにやりたいんですか。 그렇게 하고 싶습니까?

- **こう・そう・ああ・どう** : 이렇게・그렇게・저렇게・어떻게

    ああ言えばこう言う。 저렇게 말하면, 이렇게 말한다. (이리저리 변명만 한다.)

    どうすればいいですか。 어떻게 하면 좋겠습니까?

- **どのくらい(どのぐらい)** : 어느 정도

    どのくらいのレベルになったら、このクラスに入れますか。
    어느 정도 수준이 되면 이 반에 들어올 수 있습니까?

    どのぐらいの長さまでカットしたら、よいのでしょうか。
    어느 정도 길이까지 자르면 될까요?

- **なぜ** : 왜, 어째서

    地震はなぜ起きるのでしょうか。 지진은 왜 일어나는 걸까요?

    あなたはなぜ学校に来ないんですか。 당신은 왜 학교에 오지 않는 겁니까?

- **どうして** : 어떻게 해서, 왜, 어째서

    どうして彼女は僕を避けるんだろう。 그녀는 어째서 나를 피하는 걸까?

    これをどうして手に入れたんですか。 이걸 어떻게 해서 손에 넣으셨나요?

7 의성어(소리 흉내)・의태어(모습 흉내)

- **わんわん** : 멍멍

    犬がわんわん。 개가 멍멍.

- **にゃーお** : 야옹

    猫がにゃーお。 고양이가 야옹.

- **ざあざあ** : (비가) 좍좍

    雨がざあざあと降る。 비가 좍좍 온다.

- **ぽたぽた** : (물, 땀 눈물이) 똑똑

    涙がぽたぽたと落ちる。 눈물이 똑똑 떨어진다.

❖ **どきどき** : (가슴이) 두근두근
胸がどきどきする。 가슴이 두근거린다.

❖ **ぴかぴか** : (구두 따위가) 반짝반짝
くつをぴかぴかにみがく。 구두를 반짝반짝하게 닦다.

❖ **ぶらぶら** : 빈둥빈둥
家でぶらぶらしている。 집에서 빈둥빈둥하고 있다.

❖ **ぐっすり(と)** : 푹
朝までぐっすりと寝ました。 아침까지 푹 잤습니다.

❖ **ぺらぺら** : 술술, 유창하게
彼は英語がぺらぺらです。 그 사람은 영어를 유창하게 잘합니다.

❖ **ころころ** : 데굴데굴
ボールがころころと転がる。 공이 데굴데굴 구르다.

❖ **うとうと** : 꾸벅꾸벅 졸다
いすに座って、うとうとしている。 의자에 앉아 꾸벅꾸벅 졸고 있다.

❖ **わくわく** : 두근두근, 가슴 설레며
わくわくしながら彼を待つ。 가슴을 설레어하며 그를 기다린다.

❖ **ぶるぶる** : (추위 등으로) 덜덜, (무서움 등으로) 벌벌
寒くてぶるぶるふるえる。 추워서 덜덜 떨다.
怖くてぶるぶるふるえる。 무서워서 벌벌 떨다.

❖ **でこぼこ** : 울퉁불퉁
道がでこぼこで危険です。 길이 울퉁불퉁해서 위험합니다.

8 그 밖의 부사

❖ **どうぞ** : 정중하게 부탁하거나 어떠한 것을 권할 때, 또는 허락할 때 쓰이며, 해석은 그때그때 다릅니다.

　はい、どうぞ。 예, 그렇게 하세요.

　どうぞよろしくお願いします。 아무쪼록 잘 부탁합니다.

　どうぞ、お召し上がりください。 자아, 어서 드세요.

질문 있어요!

「はい、どうぞ。」는 실제 회화에서 상대방의 요구를 허가할 때 많이 쓰인다면서요?

맞아요. 예를 들면, 상대방이 「食べてもいいですか。(먹어도 되겠습니까?)」라고 물었을 때, 실제 회화에서는 「はい、食べてもいいです。(네, 드셔도 됩니다.)」라고 하기보다는 간단하면서도 공손한 「はい、どうぞ。」쪽을 더 많이 쓴답니다.

❖ **ちょうど** : 마침, 딱, 정각

　今ちょうど12時です。 지금 정각 12시입니다.

　これは値段もサイズもちょうどいい。 이것은 가격도 사이즈도 딱 좋다.

❖ **もし(も)** : 만약, 만일

　もし戦争が起こったら、国のために戦いますか。
　만약 전쟁이 일어난다면, 국가를 위해 싸우겠습니까?

　もしも世界が同じ時刻だったら、どうなるでしょうか。
　만일 전 세계가 같은 시각이라면, 어떻게 될까요?

❖ **あっさり** : 깨끗이, 산뜻하게, 담백하게

　彼女はあっさりした性格です。 그녀는 담백한 성격입니다.

　彼女は彼をあっさりと諦めた。 그녀는 그를 깨끗이 포기했다.

❖ お互いに : 서로

お互いに助け合いましょう。 서로 도웁시다.

お互いにこれからもがんばりましょう。 앞으로도 서로 분발합시다.

「동사의 ます형+合う (서로 ~하다)」라는 복합동사와 함께 쓰이는 경우가 많답니다.

❖ ぜひ : 꼭, 반드시

ぜひご覧ください。 꼭 보세요.

ぜひ遊びに来てください。 꼭 놀러와 주세요.

의뢰, 희망, 부탁의 경우에 쓰인답니다.

❖ まるで : 마치

彼女はまるで人形のようです。 그녀는 마치 인형 같습니다.

まるで夢を見ているようです。 마치 꿈을 꾸고 있는 것 같습니다.

「まるで ~のようだ (마치 ~(인) 것 같다)」의 형태로 많이 쓰입니다.

❖ いっしょに : 함께, 같이

先生といっしょに食事をしたことがない。 선생님과 함께 식사를 한 적이 없다.

今晩のパーティーにはいっしょに行きましょう。 오늘 밤 파티에는 같이 갑시다.

9 부정 표현을 동반하는 부사

❖ あまり : 그다지, 별로

この和菓子は、あまり甘くない。 이 일본 과자는 그다지 달지 않다.

泳ぎはあまり得意ではありません。 수영은 그다지 잘하지 못합니다.

❖ なかなか : 좀처럼, 여간해서, 도저히

彼とはなかなかうまくいかないんだ。 그와는 좀처럼 잘 되어가지 않아.

こんなものはなかなか見つかりませんね。 이런 물건은 좀처럼 찾기 힘들죠.

❖ 全然 : 전혀, 조금도

彼の言うことは全然分かりません。 그의 말은 전혀 모르겠습니다.

その映画は、全然おもしろくありません。 그 영화는 전혀 재미없습니다.

❖ **まったく** : 전혀, 조금도

お金はまったくありません。 돈은 전혀 없습니다.

この地図はまったく役に立たない。 이 지도는 전혀 도움이 안 된다.

❖ **べつに** : 별로, 특별히

この問題はべつに難しくない。 이 문제는 별로 어렵지 않다.

この本はべつに読まなくてもいいです。 이 책은 특별히 읽지 않아도 됩니다.

「べつに」는 일본 가수 沢尻エリカ가 자주 사용하면서 우리나라에서도 유명해진 부사랍니다.

❖ **必ずしも** : 반드시

必ずしも合格するとは言えない。 반드시 합격할 거라고는 말할 수 없다.

必ずしも皆に効果があるわけではない。

반드시 모두에게 효과가 있는 것은 아니다.

「かならず」와 다른 점은 뒤에 항상 부정 표현이 온다는 것입니다.

❖ **とても** : 도저히, 아무리 해도

こんな成績ではとても大学に入れない。

이 성적으로는 도저히 대학에 들어갈 수 없다.

この話は、母にはとても言えません。

이 이야기는 도저히 엄마한테는 말하지 못합니다.

02 접속사

접속사란 문장과 문장, 또는 단어와 단어를 이어줄 때 사용되는 말입니다.

1 첨가 · 보충

❖ **それから** : 그리고 나서, 그 다음에

ご飯を食べます。それから歯をみがきます。 밥을 먹습니다. 그리고 나서 이를 닦습니다.

私たちは映画を見た。それから食事に行った。
우리들은 영화를 봤다. 그리고 나서 식사를 하러 갔다.

❖ **そして** : 그리고

花を買った。そしてお母さんにあげた。 꽃을 샀다. 그리고 어머니께 드렸다.

スーパーに行きました。そしてお米を買いました。
슈퍼마켓에 갔습니다. 그리고 쌀을 샀습니다.

❖ **それに** : 더욱이, 게다가

彼はハンサムだ。それに親切だ。 그는 잘생겼다. 게다가 친절하다.

日本の夏は暑いです。それに湿度も高いです。
일본의 여름은 덥습니다. 게다가 습도도 높습니다.

2 선택

❖ **または** : 또는, 혹은

電話またはメールで知らせます。 전화 또는 문자로 알려드리겠습니다.

黒または青のボールペンで書いてください。 검정 또는 파란 볼펜으로 써 주세요.

❖ **あるいは** : 또는, 혹은, 아니면

これは水、あるいは牛乳で作ります。 이것은 물 또는 우유로 만듭니다.

質問には「イエス」あるいは「ノー」で答えなさい。
질문에는 '예' 아니면 '아니요'로 대답하세요.

❖ **それとも** : 그렇지 않으면, 아니면

あなたは男ですか。それとも女ですか。 당신은 남자입니까? 아니면 여자입니까?

バスで行きますか。それとも歩いて行きますか。 버스로 갑니까? 아니면 걸어서 갑니까?

3 화제 전환

❖ **(それ)では** : 그럼, 그러면

では、またあした。 그럼, 또 내일 봅시다.

それでは、始めましょう。 그럼, 시작합시다.

❖ **ところで** : 그런데

ところで、今日は何日ですか。 그런데, 오늘은 며칠입니까?

ところで、もうドラマ始まったの? 그런데, 벌써 드라마 시작했어?

❖ **ところが** : 그런데, 그러나

日本との試合を楽しみにしていた。ところが雨で中止になった。
일본과의 시합을 기대하고 있었다. 그러나 비 때문에 중지(취소)되었다.

デパートへ行った。ところが、定休日で閉っていた。
백화점에 갔다. 그런데 정기휴일이라 닫혀 있었다.

4 순접(원인, 이유, 조건)

❖ **だから** : 그러므로, 그러니까, 그래서

彼女はいつもうそをつく。だから回りに人がいない。
그녀는 언제나 거짓말을 한다. 그래서 주위에 사람들이 없다.

事件は全部終わりました。だから心配要りません。
사건은 모두 끝났습니다. 그러니까 걱정할 필요 없습니다.

❖ **それで** : 그래서

お金がない。それでお米が買えない。 돈이 없다. 그래서 쌀을 못 산다.

雨が降っている。それで出かけないことにした。
비가 오고 있다. 그래서 나가지 않기로 했다.

❖ **すると** : 그러자

新幹線の窓から外を見た。**すると**ふじ山が見えた。
신칸센에서 창밖을 보았다. 그러자, 후지산이 보였다.

何度も繰り返して練習した。**すると**いつの間にかできるようになった。
몇 번이나 반복해서 연습했다. 그러자 어느샌가 할 수 있게 되었다.

5 역접

❖ **しかし** : 그러나, 하지만

一生懸命勉強した。**しかし**成績はよくなかった。
열심히 공부했다. 그러나 성적은 좋지 않았다.

彼と友達になりたいです。**しかし**まだ名前も知りません。
그와 친구가 되고 싶습니다. 하지만 아직 이름도 모릅니다.

❖ **けれども(けれど, けど)** : 그러나, 그렇지만, 하지만

早く食べたい。**けれども**みんなが来るのを待たなければならない。
빨리 먹고 싶다. 그렇지만 모두가 오는 것을 기다려야 한다.

勉強はあまりしなかった。**けれども**成績はよかった。
공부는 그다지 하지 않았다. 하지만 성적은 좋았다.

❖ **でも** : 그러나, 그렇지만, 하지만

日本語は難しい。**でも**おもしろい。 일본어는 어렵다. 하지만 재미있다.

東京の生活は大変です。**でも**アルバイトの口は多いです。
도쿄 생활은 힘듭니다. 하지만 아르바이트 자리는 많습니다.

❖ **だが** : 그러나, 그렇지만

彼女を30分も待ちました。**だが**、彼女は来ませんでした。
여자친구를 30분이나 기다렸습니다. 그렇지만 그녀는 오지 않았습니다.

彼は一生懸命練習した。**だが**、オーディションに落ちた。
그는 열심히 연습했다. 그러나 오디션에 떨어졌다.

6 설명 및 보충설명

❖ **たとえば** : 예를 들면, 예를 들어, 예컨대

京都には古いお寺が多い。**たとえば**、金閣寺、竜安寺、清水寺など。

교토에는 오래된 절이 많다. 예를 들면 금각사, 용안사, 청수사 등.

私はクラシック音楽が好きだ。**たとえば**、バッハやモーツァルトなど。

나는 클래식 음악을 좋아한다. 예를 들어 바하나 모차르트 등.

❖ **つまり** : 요컨대, 즉, 다시 말하면

つまり、あなたは何が言いたいんですか。

요컨대, 당신은 무슨 말을 하고 싶은 겁니까?

彼は私の兄の息子です。**つまり**甥です。

그는 내 형의 아들입니다. 다시 말하자면 조카입니다.

❖ **なぜなら** : 왜냐하면

びっくりしました。**なぜなら**私の悪口が黒板に書いてあったからです。

깜짝 놀랐습니다. 왜냐하면, 내 욕이 칠판에 써 있었기 때문입니다.

試合に負けたのも当たり前のことです。**なぜなら**、全然練習をしなかったからです。

시합에 진 것도 당연한 일입니다. 왜냐하면, 전혀 연습을 안 했기 때문입니다.

Point 콕 선생님! 비밀 과외!

상대방의 말에 맞장구칠 때 쓰이는 말말말! 6대 원칙!

① 동의

- **そうそう** : 그래 그래, 맞아 맞아
  A まだ何もやってないのに、時間が速くすぎてしまうよね。
  아직 아무것도 안 했는데, 시간이 빨리 지나가네.
  B そうそう、あっという間に感じるんだ。 맞아 맞아. 눈 깜짝할 사이처럼 느껴져.

- **その通り** : 딱 맞는 말
  A 人間にとって一番大事なのは健康だと思います。 사람에게 있어서 가장 중요한 것은 건강인 것 같아요.
  B その通りです。딱 맞는 말이에요.

- **そうね** : 맞아, 그건 그래
  A 夜景、本当にきれいだよね。 야경. 정말로 예쁘지?
  B そうね、こんなにきれいなのは初めて見た。 맞아. 이렇게 예쁜 야경은 처음 봤어.

- **なるほど** : 과연, 그렇구나
  A 彼は最近宝くじに当たったみたいよ。 그 사람은 최근 복권에 당첨된 것 같더라.
  B なるほど、だから羽振りがいいんだ。 그렇구나. 그래서 우쭐해있군.

- **さすが** : 역시, 과연
  A 李先生が大学に大金を寄附するそうです。 이 선생님이 대학에 많은 돈을 기부한대요.
  B へえー、さすがですね。 오~! 역시 다르군요.

② 동정

- **ひどいね** : 너무하네, 너무 심하네
  A こんなにいろいろしたのにバイト代も出ないのよ。
  이렇게 힘들게 이것저것 했는데도, 아르바이트비가 안 나와.
  B ひどいね。 너무 심하네!

- **お気の毒に** : 불쌍하게도, 저런! 안됐네
  A 田中さんの家、どろぼうが入ったそうよ。 다나카 씨 집에 도둑이 들었대.
  B お気の毒に。 저런! 안됐네.

- **残念ですね** : 유감스럽네요, 참 안됐군요
  A けがで試合に出られなくなったんです。 다쳐서 시합에 못 나가게 됐어요.
  B それは残念ですね。また次がありますよ。 그것참 안됐네요. 또 다른 기회가 있을 거예요.

③ 놀람

- **すごいね** : 대단하네, 굉장하네
  A 彼女の写真が雑誌に載ったよ。 여자친구 사진이 잡지에 실렸어.
  B それはすごいね。 그것 참 대단하네.

- **まさか** : 설마
  - A 彼がスパイだったそうよ。 그가 스파이였대.
  - B まさか！ そんなはずないよ。 설마! 그럴 리가 없어.
- **びっくりしました** : 깜짝 놀랐습니다
  - A ワッ！ 앗! (뒤에서 깜짝 놀라게 함)
  - B びっくりしました。ほんとうに。 놀랬잖아요. 진짜로.
- **そんな～** : 그건 말도 안 돼, 너무해
  - A あなたとはもう別れるわ。 너랑은 이제 헤어질래.
  - B そ、そ、そ、そ、そんな～。それはひどいよ。
    그, 그, 그, 그, 그건 말도 안 돼! 너무하잖아.

④ 전개

- **それで？** : 그래서?
  - A 彼女が泣いたそうよ。 그녀가 울었대.
  - B それで？ 結局、彼女はどうなったの？ 그래서? 결국 그녀는 어떻게 됐는데?
- **それから？** : 그리고?
  - それから？ 早くつづきを教えてよ。 그리고? 빨리 그 다음 이야기 가르쳐 줘.

⑤ 의문

- **なぜ？** : 왜?
  - A あのことは言わない方がよかったよ。 그 이야기는 안 하는 게 좋았는데.
  - B なぜ？ 本当のことじゃない。 왜? 사실이잖아.
- **ということは** : 그 말인즉슨, 그렇다면
  - A 明日、開校記念日だよ。 내일, 개교기념일이야.
  - B ということは、学校が休み？ 嬉しいな。 그 말은, 학교가 쉰다는 말? 너무 좋다.
- **そうかしら？** : 그럴까? (여자 말투)
  - A 僕は、彼がうそをついていると思うよ。 나는 그 사람이 거짓말을 하고 있다고 생각해.
  - B そうかしら？ 私はそう思わないわ。 그럴까? 난 그렇게 생각 안 해.

⑥ 전환 · 환기

- **そういえば** : 그러고 보니
  - A あの時も私が約束をすっぽかしてしまったね。 그때도 내가 약속을 안 지켰었지?
  - B そういえば、そうだったね。 그러고 보니 그랬었구나.
- **ところで** : 그런데
  - ところで、田中さん、夏休みはどこかへ行きますか。
    그런데 다나카 씨, 여름방학에는 어딘가에 갑니까?

알아두면 대화에 유용한 일본어의 감동사 표현

▶**감동사** : 감동을 나타내거나 상대방을 부를 때 또는 부름에 응답할 때 쓰이는 말입니다.

- **はい** : 예(Yes)
- **いいえ** : 아니요(No) (※짧게 발음해서 「いえ」라고 할 때도 있음)
- **ええ** : 네 (※「はい」보다는 낮춤말이고, 「うん」보다는 정중한 말씨)
- **うん** : 응 (※「はい」의 낮춤말)

  はい、分かりました。예. 알겠습니다.
  ええ、分かりました。네. 알겠어요.
  うん、分かった。응. 알았어.

- **ねえ** : 저기 있잖아
  친한 사이에서 서로 부르거나 동의를 구할 때 쓰이며, 정중하게 말할 때는 「もしもし(여기요, 저기요, 있잖아요)」를 씁니다.

  ねえ、こっち向いて。얘. 여기 봐.
  もしもし、ハンカチ落としましたよ。저기요. 손수건 떨어뜨렸어요.

- **ちょっと** : 잠깐만요, 저기요
  사람을 불러 세우거나, 자기 쪽으로 주의를 끌고 싶을 때 사용합니다.

  ちょっと、待って。잠깐만요. 기다려 봐요.
  ちょっと、あなた。저기요. 당신.

- **おっと** : 아이고
  뭔가에 놀라거나 공포감을 느꼈을 때 혼잣말로 무심결에 나오는 말입니다.

  おっと、危なかった。아이고. 큰일 날 뻔했네.

- **おっとっと** : 어어!
  물건이 떨어지거나 넘어질 것 같은 상황이나, 갑자기 실수를 저지를 것 같은 상황에서 무심결에 나오는 말입니다.

  おっとっと、倒れそう。어어! 쓰러질 것 같아.

- **よいしょ** : 영차!
  무거운 물건을 들어 올리거나 끌어낼 때, 또는 어떠한 동작을 시작할 때 내는 소리로, 움직임에 탄력을 줄 때 쓰는 말입니다.

  「よいしょ、よいしょ」とひもを引っ張ると、何かが出てきた。
  '영차. 영차' 하고 끈을 잡아당기자. 뭔가가 나왔다.

Exercise

1. 다음 ( ) 안에 들어갈 알맞은 부사를 보기에서 골라, 문장을 완성하세요.

> [보기] まだ　とても　たくさん　あまり　ちょうど
> ずっと　たぶん　もう　せっかく　わざわざ　やっと

❶ 一週間かかって、(　　　　)レポートが終りました。
일주일 걸려서, 겨우 리포트를 끝냈습니다.

❷ 今年の冬は、(　　　　)寒くないです。
올 겨울은 그다지 춥지 않습니다.

❸ (　　　　)作ったのだから、(　　　　)食べてください。
모처럼 만들었으니까, 많이 드세요.

❹ お腹がいっぱいで、(　　　　)食べられません。
배가 불러서 더는 못 먹겠습니다.

❺ (　　　　)いい時に、帰ってきた。
마침 딱 좋을 때 돌아왔다.

❻ 電話で済むのに、(　　　　)家まで来てくれた。
전화로 해도 되는데, 일부러 집까지 와 주었다.

❼ (　　　　)明日は、晴れるでしょう。
아마 내일은 맑겠지요.

Exercise

2. 다음은 한 방송국 PD가 건강을 주제로 샐러리맨인 세호 씨와 인터뷰한 내용입니다.
세호 씨의 이야기 중 우리말 부분을 아래의 보기를 참고로 해서 일본어로 바르게 옮기세요.

[보기]　全然　たくさん　いちばん　あまり　ほとんど　まだ
　　　　忙しい　好きだ　帰りが遅い　寝られない　健康　大切だ

→ _____

→ _____

→ _____

 →

 →

 →

Exercise

3. 다음 그림을 보고, 아래의 보기에서 적절한 접속사를 골라 문장을 완성하세요.

> [보기] ところが　それから　すると　なぜなら　それに　または

❶ デパートへ行きます。 백화점에 갑니다.
　レストランで食事をします。 레스토랑에서 식사를 합니다.
　→ _____

❷ うめが咲いている。 매화가 피어 있다.
　さくらも咲き始めた。 벚꽃도 피기 시작했다.
　→ _____

❸ 明日は雨。 내일은 비.
　明日は雪が降るでしょう。 내일은 눈이 내리겠죠.
　→ _____

❹ 舞台に上がった。 무대에 올라갔다.
みんなが拍手を送ってくれた。 모두가 박수를 보내주었다.
→ _____

❺ 練習を休みました。 연습을 쉬었습니다.
風邪をひいたからです。 감기에 걸렸기 때문입니다.
→ _____

Exercise

4. 다음 보기에서 적절한 말을 골라 우리말을 일본어로 바르게 옮기세요.

> [보기] ぜひ　とても　ぴかぴかに　ちょっと　すでに　いちばん
> かならず　寝る　お菓子　おいしい　甘い　遊びに来る
> みがく　ふじ山　高い

❶ 자기 전에 반드시 일기를 씁니다.
→ _____

❷ 이 과자는 대단히 맛있습니다.
→ _____

❸ 내년에도 꼭 놀러와 주세요.
→ _____

❹ 후지산은 일본에서 가장 높은 산입니다.
→ _____

❺ 이 커피는 좀 답니다.
→ _____

❻ 매일 아침 구두를 반짝반짝하게 닦습니다.
→ _____

II. 표현편

10. 시간 표현	247
11. 수수 표현	269
12. 수동 표현	287
13. 가능 표현	299
14. 사역 표현	309
15. 가정·조건 표현	323
16. 경어 표현	339

표현 편에서는 주어진 상황에 따라 말하는 사람이 자신의 의도를 나타낼 때 쓰이는 표현을 다루게 됩니다. 표현 편에서 공부하게 되는 표현 테마는 말하는 내용이 미래나 현재의 일인지 아니면 과거의 일인지, 또는 시작 단계의 일인지 전개나 종료 단계에 있는지를 나타내는 '시간 표현', 물건이나 이익이 되는 행위의 주고받음을 나타내는 '수수 표현', 행위를 받거나 당하는 사람을 주어로 해서 행위를 나타내는 '수동 표현', 어떠한 행위 등이 가능한지 불가능한지를 나타내는 '가능 표현', 어떠한 행위를 상대방에게 시키거나 허용함을 나타내는 '사역 표현', 어떠한 행위에 주어지는 조건이나 가정할 때 쓰이는 '가정·조건 표현', 상대방의 행위를 높여 표현하거나 말하는 사람의 행위를 낮추어 표현함을 나타내는 '경어 표현'을 공부하게 됩니다. 일본어를 자유자재로 말하고 싶다면 표현 편을 열심히 공부해 보세요.

그럼, 일본어로의 자유로운 표현을 꿈꾸며 표현 편 문법 여행을 떠나 볼까요?

사랑의 시제는 과거형은 추억, 현재형은 기쁨, 미래형은 이별이다!

10 시간 표현

시간 표현에는 과거·현재·미래와 같이 단순히 시간의 흐름을 나타내는 시제 표현과, 동작이나 상태의 시작, 진행, 결과 등을 나타내는 과정 및 상태 표현 등이 있습니다.

01 시간 표현의 종류 I

Q 일본어의 시간 표현에는 어떤 것이 있나요?

A 우선 과거와 비과거(현재, 미래)같이 단순히 시간의 흐름을 나타내는 시제 표현이 있습니다.

Q 왜 현재와 미래를 묶어서 비과거라고 하나요?

A 일본어 동사에는 「食べる(먹다), 歩く(걷다)」와 같이 동작을 나타내는 동사 이외에 「ある(있다)」와 같이 상태를 나타내는 동사도 있잖아요. 그런데, 「ある」와 같은 상태 동사는 기본형이 '현재'를 나타내지만, 「食べる」와 같은 동작 동사는 기본형이 일반적으로 '미래'를 나타냅니다.

Q 그러니까 동사에 따라서 기본형이 현재를 나타내기도 하고, 미래를 나타내기도 하기 때문인가요?

A 맞아요. 동사의 기본형의 시제가 불규칙해서, 과거를 제외한 모든 동사의 기본형을 하나로 묶어 편의상 비과거라고 하는 거예요.

02 시간 표현의 종류 II

Q 그럼, 또 다른 시간 표현에는 어떤 것이 있나요?

A 우리말의 '~(하)고 있다', '~(되)어 있다'와 같이 동작의 진행 중 상태나, 결과 후 상태를 나타내는 「~ている」, 「~てある」 등이 있습니다.

Q 동작의 진행상태를 나타내는 표현이 있으면, 동작의 시작과 끝을 나타내는 표현도 있겠네요?

A 그렇죠. 동작의 시작을 나타내는 '~하기 시작하다'는 「~はじめる」로 표현하고요. 동작의 끝을 나타내는 '다 ~하다'는 「~おわる」로 표현하지요. 그럼, 이제부터 시간 표현에 대해서 좀 더 자세히 살펴 보도록 합시다.

01 시제를 나타내는 표현

1. た형의 접속(동사, い·な형용사 + 「た」)

앞서 공부한 내용이지만, 다시 한 번 '동사, 형용사'와 「た」의 만남을 종합적으로 정리해 봅시다.

1 동사

동사를 て형으로 바꾼 다음, 「た」를 붙입니다.

う, つ, る	→	った	買う(사다) → 買った(샀다)　打つ(치다) → 打った(쳤다) 送る(보내다) → 送った(보냈다)
ぬ, む, ぶ	→	んだ	死ぬ(죽다) → 死んだ(죽었다)　読む(읽다) → 読んだ(읽었다) 飛ぶ(날다) → 飛んだ(날았다)
く	→	いた	書く(쓰다) → 書いた(썼다)　置く(두다) → 置いた(두었다) 예외 行く(가다) → 行った(갔다)
ぐ	→	いだ	泳ぐ(헤엄치다) → 泳いだ(헤엄쳤다)　脱ぐ(벗다) → 脱いだ(벗었다)

2 い형용사

い형용사의 어미 「い」를 떼고, 「かった」를 붙입니다.

い	→	かった	高い(비싸다, 높다) → 高かった(비쌌다, 높았다) 少ない(적다) → 少なかった(적었다) おいしい(맛있다) → おいしかった(맛있었다)

3 な형용사

な형용사의 어미 「だ」를 떼고, 「だった」를 붙입니다.

だ	→	だった	すてきだ(멋지다) → すてきだった(멋졌다) きれいだ(깨끗하다) → きれいだった(깨끗했다) すなおだ(순진하다) → すなおだった(순진했다)

2. 과거의 た형

과거의 た형이란 흔히 우리가 알고 있는 우리말의 '있었다', '먹었다'에서의 '~었다'에 해당하는 말로, 현재 이전에 일어났던 과거의 일을 표현하는 말입니다.

❖ 일본어의 시제

비과거 (과거가 아닌 경우)	미래 : 상태 동사의 기본형, い형용사 · な형용사의 기본형
	현재 : 동작 동사의 기본형
과거	모든 동사, い형용사 · な형용사의 た형

시제	비과거		과거
술어	미래	현재	과거
い형용사	×	「多い(많다)」	「多かった(많았다)」
な형용사	×	「きれいだ(예쁘다)」	「きれいだった(예뻤다)」
상태 동사	×	「ある(있다)」	「あった(있었다)」
동작 동사	「食べる(먹다)」	×	「食べた(먹었다)」

い형용사와 な형용사는 상태 동사와 동일한 시제관계를 나타낸답니다.

ここに本がある。 여기에 책이 있다.
　　　　상태 동사

→ 지금 여기에 책이 있다는 현재의 일을 나타냄

これからパンを食べる。 이제부터 빵을 먹겠다.
　　　　　　　동작 동사

→ 현재 먹고 있는 것이 아닌, 이제 곧 빵을 먹겠다는 미래의 일을 나타냄

本があった。 책이 있었다.

パンを食べた。 빵을 먹었다.

→ 상태 동사든 동작 동사든 「た」를 붙이면 과거의 일을 나타냄

3. 완료의 た형

완료의 た형은 과거의 た형과는 달리, 동작이 이미 실현되어 완료되었음을 나타냅니다.

(아직 점심을 먹을 시간이 남은 상태)

昼ごはん食べた？

점심 밥 먹었어?

[완료의 た]　うん、食べた。 응, 먹었어.

[미완료]　いいえ、まだ食べていない。 아니, 아직 안 먹었어.

(이미 점심 먹을 시간이 지난 상태)

昼ごはん食べた？

점심 밥 먹었어?

[과거의 た]　うん、食べた。 응, 먹었어.

[과거 부정]　いいえ、食べなかった。 아니, 안 먹었어.

우리말의 경우는 과거든 완료든 YES와 NO의 대답이 동일하여 구별이 잘 되지 않지만, 일본어에서 NO인 경우에는 과거와 완료의 차이가 뚜렷하게 구별됩니다.

	우리말	일본어
미완료	안 먹었다	食べていない
과거 부정	안 먹었다	食べなかった

「まだ(아직)」가 앞에 오면, 뒤에는 대부분 「～ていない(ていません)」의 표현이 옵니다.

❖ 미완료의 예

その映画はまだ見ていない。 그 영화는 아직 못 봤다.

風邪はまだ治っていません。 감기는 아직 낫지 않았습니다.

兄はまだ結婚していません。 형(오빠)은 아직 결혼하지 않았습니다.

❖ 과거 부정의 예

昨日、田中は学校に来なかった。 어제 다나카는 학교에 오지 않았다.

昨日は彼女に電話しませんでした。 어제는 그녀에게 전화하지 않았습니다.

先週は部屋の掃除をしませんでした。 지난주에는 방 청소를 하지 않았습니다.

질문 있어요!

선생님이 수업을 시작하면서 출석을 부를 때, 친구 예슬이가 아직 오지 않았다면 「来ませんでした」와 「来ていません」중 어느 쪽을 써야 하나요?

친구가 수업 중에만 온다면, 출석이 성립되겠죠? 단지 출석을 부를 당시에는 친구의 「来る(오다)」라는 동작이 아직 완료되지 않았을 뿐이므로, 미완료 표현인 「来ていません」을 써야겠죠.

그러면 어제 친구 예슬이가 학교에 왔었는지를 선생님이 물어보시면 어떤 걸 써야 하는거예요?

그거야 당연히 어제라고 하는 이미 지나간 과거에 대한 일이니까, 과거 부정 표현인 「来ませんでした」를 써야죠.

그 외의 た형

1. 종속절의 た형(상대 시제)

日本に行った時、田中さんに連絡します。 일본에 갔을 때, 다나카 씨에게 연락하겠습니다.

「日本に行った」라는 종속절만 보면 과거 표현인데, 주절(「田中さんに連絡します」)을 포함한 전체 문장을 보면, 아직 일본에 가지 않은 거니까 과거 표현이 아닌 것을 알 수 있습니다. 이와 같이 종속절에서의 た형은 단순히 과거를 나타내는 것이 아닌, 주절과의 전후관계를 나타내게 됩니다. 이처럼 주절의 시제에 따라 종속절의 시제가 상대적으로 결정되기 때문에 종속절의 시제를 '상대 시제'라고 합니다. 이때 주절의 시제는 '기본형은 비과거', 'た형은 과거'라고 하는 시간상의 흐름이 절대적으로 지켜지기 때문에 '절대 시제'라고 합니다. 예를 들어 '한국에서 하와이로'라고 하는 전제에서 다음과 같은 말을 한다면, 이들은 시제와 관련하여 어떻게 해석되는지 잘 살펴 보세요.

a. ハワイに行く時、ビキニを買う。 한국에서 비키니를 사서, 하와이에 간다. (買う → 行く)

b. ハワイに行った時、ビキニを買う。 하와이에 가서, 하와이에서 비키니를 산다. (行く → 買う)

c. ハワイに行く時、ビキニを買った。 한국에서 비키니를 사서, 하와이에 간다. (買う → 行く)

d. ハワイに行った時、ビキニを買った。 하와이에 가서, 비키니를 샀다. (行く → 買う)

2. 현재의 상황을 나타내는 た형

말하는 사람의 현재 상황, 특히 신체적으로 어떠한 상태에 도달했음을 나타낼 때는 た형이라고 하더라도 과거를 나타내는 표현이 아니므로, '~었다'로 해석해서는 안 됩니다.

お腹がすいた。 배가 고프다.　　喉がかわいた。 목이 마르다.

だいぶ疲れた。 매우 피곤하다.

3. 주관적인 표현으로 쓰이는 た형

때로는 た형이 시간 표현으로 쓰이지 않고, 말하는 사람의 주관적인 표현으로 쓰이는 경우가 있습니다. 이 때의 た형은 우리말의 경우에도 '~었다'로 해석됩니다.

a. 깜빡했던 일에 대한 상기
あっ！明日試験だった。 아참! 내일이 시험이었지!
→ 시험이 내일이라는 것을 깜박했다가, 뭔가를 계기로 다시 떠올렸을 때

b. 기대, 예상했던 일의 실현
来た、来た。 왔다, 왔다!
→ 아직 온 것은 아니지만, 기다리던 버스가 오고 있는 것을 발견했을 때

c. 의지 결정
よし、これは僕が買った。 좋아, 이건 내가 샀다.
→ 보고 있던 물건을 살까 말까 망설이다가 사기로 결정했을 때

 상태를 나타내는 표현

상태를 나타내는 표현은 크게 첫째, 동작이나 행위가 현재 진행되고 있음을 나타내는 '진행 중 상태' 표현과 둘째, 동작이나 행위가 끝난 결과 이후의 상태를 나타내는 '결과 후 상태' 표현으로 크게 나눌 수 있습니다. 일본어의 대표적인 진행 중 상태 표현으로는 「〜ている(〜(하)고 있다)」가 있으며, 결과 후 상태 표현으로는 「〜ている(〜(되)어 있다)」와 「〜てある(〜(되)어 있다)」가 있습니다.

 **1. 상태를 중심으로 본 「〜ている」와 「〜てある」**

1 진행 중 상태를 나타내는 「〜ている」: 〜(하)고 있다

01 자동사 + ている

犬が走っている。 개가 달리고 있다.

02 타동사 + ている

ドアを開けている。 문을 열고 있다

2 결과 후 상태의 「〜ている」/「〜てある」: 〜(되)어 있다

01 자동사 + ている

ドアが開いている。 문이 열려 있다.

02 타동사 + てある

ドアが開けてある。 문이 열려 있다.

질문 있어요!

 「자동사 + ている」는 '진행 중 상태'와 '결과 후 상태' 양쪽 모두를 나타낼 수 있네요. 그럼 이 두 표현을 어떻게 구별하죠?

 '자동사'는 일반적으로 어느 정도 실행과정을 거쳐야 동작이 성립하는 '계속 동사'와 실행과정이 거의 없이 순간적으로 동작이 성립하는 '순간 동사'가 있습니다. 따라서, 「계속 동사 + ている」는 진행 중 상태를 나타내고, 이에 반해 「순간 동사 + ている」는 결과 후 상태를 나타냅니다. 아참! '타동사'는 '계속 동사'인 경우가 많습니다. 그래서 대부분의 「타동사 + ている」가 '진행 중 상태'를 나타내게 되는 것입니다.

계속 동사 : 실행과정을 필요로 하는 동사 *(ing동사구나.)*

- 자동사 : 走る(달리다), 歩く(걷다), 遊ぶ(놀다), 泣く(울다), (雨が)降る((비가) 오다) 등
- 타동사 : 読む(읽다), 食べる(먹다), 書く(쓰다), 開ける(열다), 見る(보다), 買う(사다), 待つ(기다리다), 歌う(노래하다), 教える(가르치다) 등

순간 동사 : 순간적으로 동작이 성립하는 동사 *(순간적으로 터지는 flash동사네.)*

死ぬ(죽다), 開く(열리다), 座る(앉다), 乗る(타다), 落ちる(떨어지다),
出る(나가다), 入る(들어가다), 着く(도착하다), 起きる(일어나다), 寝る(자다),
行く(가다), 来る(오다), 帰る(돌아가(오)다) 등

 '계속 동사'와 '순간 동사'에 「〜ている」를 붙이면 해석이 달라지나요?

 네, 당연하지요!

- 「계속 동사 + ている」는 진행 중 상태를 나타냅니다.

    犬が走っている。 개가 달리고 있다.

- 「순간 동사 + ている」는 결과 후 상태를 나타냅니다.

    犬が死んでいる。 개가 죽어 있다.

2. 자동사·타동사를 중심으로 본「〜ている」와「〜てある」

1「を」…… 타동사(계속 동사) + **ている** : 〜(하)고 있다

ドアを開けている。
문을 열고 있다.

日記を読んでいる。 일기를 읽고 있다.

手紙を書いている。 편지를 쓰고 있다.

りんごを食べている。 사과를 먹고 있다.

2「が」…… 자동사 + **ている** : 〜(하)고 있다, 〜(되)어 있다

> **01** 계속 동사 + **ている** : 〜(하)고 있다

犬が走っている。
개가 달리고 있다.

子供が遊んでいる。 아이가 놀고 있다.

彼女が泣いている。 그녀가 울고 있다.

雨が降っている。 비가 내리고 있다.

> 회화체에서는「〜ている」를「〜てる」로 줄여서 말하기도 합니다.
> 예) 食べている → 食べてる (먹고 있다)
> 　　泣いている → 泣いてる (울고 있다)

02 순간 동사 + ている : ~(되)어 있다

ドアが開いている。

문이 열려 있다.

子供が座っている。 아이들이 앉아 있다.

お金が落ちている。 돈이 떨어져 있다.

学校に行っている。 학교에 가 있다.

3 「が」 …… 타동사 + てある : ~(되)어 있다

다른 사람이 변화시켜 나타난 결과 후의 상태(결과 후 상태)를 가리킵니다.

ドアが開けてある。

문이 열려 있다.

ノートに名前が書いてある。 노트에 이름이 쓰여 있다.

かべに絵がかけてある。 벽에 그림이 걸려 있다.

電気がつけてある。 불이 켜져 있다.

「~てある」앞에는 타동사가 오지만, 앞에 오는 조사는 「~が」를 쓴다는 점에 주의하세요.

1. 틀리기 쉬운 「～ている」 표현

兄は学校に行っている。 형은 학교에 가 있다.

여기서 「行く」는 자칫 잘못 생각하면 「歩く(걷다), 走る(달리다)」와 같이 계속 동사라고 생각할 수 있으나, 실은 학교 정문에 도착하는 순간 「行く」라는 동작이 성립되는 '순간 동사'입니다. 따라서, 「行く＋ている＝行っている」는 일반적으로 '가고 있다'가 아닌 '가 있다'로 해석됩니다. 이와 비슷한 동사로는 「来る(오다), 帰る(돌아가(오)다)」가 있으며, 이들 또한 「～ている」를 붙이면 기본적으로 '와 있다(来ている)', '돌아가(와) 있다(帰っている)'로 해석되니까, 기억하세요.

2. 결과 후 상태를 나타내는 「타동사 + ている (～고 있다)」 표현

우리말로도 '타동사 + ～고 있다'가 항상 진행 중 상태만을 나타내는 것은 아닙니다. 예를 들면, '입을 벌리고 있다', '손을 들고 있다'와 같은 신체 행위와 관련된 동사나 '선글라스를 쓰고 있다', '물건을 들고 있다'와 같은 부착 동사는 '～고 있다'라는 결과 후 상태를 나타냅니다. 이러한 현상은 일본어의 「타동사 + ている」의 경우도 마찬가지입니다.

彼は口を開けている。 그는 입을 벌리고 있다.

ヨングは手をあげている。 영구는 손을 들고 있다.

サンミンさんは、いつもサングラスをかけている。 상민 씨는 항상 선글라스를 쓰고 있다.

どろぼうがかばんを持っている。 도둑이 가방을 들고 있다.

「ドアが開いている」 vs 「ドアが開けてある」

A 開いている。 (문이) 열려 있다.

B 開けてある。 (환기 때문에 문이) 열려 있다.

A, B 모두 '문이 열려 있음'을 표현하고 있으나, A는 바람이 불어서 열려 있든 누군가가 열어 놓았든지 단순히 열려 있는 상태만을 말하고 있습니다. 이런 경우에는 「開いている(자동사 + ている)」를 씁니다. 이와 달리, B는 환기라고 하는 의도 또는 목적을 가진 인위적인 행동에 의해 열려 있음을 나타내므로, 이런 경우에는 「開けてある(타동사 + てある)」를 써야 합니다.

 **Point** 콕 선생의 비밀 과외!

일본어의 「〜ている」는 우리말로 진행 중 상태인 '〜고 있다'로만 해석하기 쉽습니다. 그러나 「〜ている」 앞에 어떠한 종류의 동사가 오는가에 따라서 결과 후 상태인 '〜어 있다'로 해석되는 경우도 있답니다.

CASE.1

ご飯を食べる　　　ご飯を食べている　　　ご飯を食べた

CASE.2

財布が落ちる　　　財布が落ちた　　　財布が落ちている

CASE.1의 경우, 타동사(계속 동사)인 「食べる」가 사용되었기 때문에 「〜ている」가 진행 중 상태를 나타내는 표현이 됩니다. 따라서 시간의 순서에 따라 세 가지 문장을 나열하면, 「ご飯を食べる(밥을 먹는다)」 → 「ご飯を食べている(밥을 먹고 있다)」 → 「ご飯を食べた(밥을 먹었다)」와 같은 순서가 됩니다. 이에 반해 CASE.2의 경우, 자동사 중에서도 순간 동사인 「落ちる」를 사용했기 때문에 「〜ている」가 결과 후 상태를 나타내는 표현이 됩니다. 따라서 시간의 순서에 따라 세 가지 문장을 나열하면, 「財布が落ちる(지갑이 떨어지다)」 → 「財布が落ちた(지갑이 떨어졌다)」 → 「財布が落ちている(지갑이 떨어져 있다)」와 같은 순서가 되어, 계속 동사가 쓰이는 CASE.1과의 경우와는 반대로 완료인 「〜た」 다음에 「〜ている」가 오게 된다는 점에 주의해야 합니다.

 03 동사의 ます형에 접속되는 표현

1 「동사의 ます형 + はじめる」: ~하기 시작하다

5歳の時、ピアノを習いはじめた。 5살 때, 피아노를 배우기 시작했다.

何かが動きはじめた。 무언가가 움직이기 시작했다.

きれいな花が咲きはじめた。 예쁜 꽃이 피기 시작했다.

> ☞ 유사 표현 : 「동사의 ます형 + だす」는 돌발적, 비의도적인 행위에 쓰입니다. 따라서 「急に (갑자기)」와 함께 쓰이는 일이 많습니다.
>
> 急に赤ちゃんが泣きだした。 갑자기 아기가 울기 시작했다.
>
> 急に雨が降りだした。 갑자기 비가 오기 시작했다.

2 「동사의 ます형 + つづける」: 계속 ~하다

彼は、一日中お酒を飲みつづけた。 그는 온종일 계속 술을 마셨다.

彼は1時間も歌いつづけている。 그는 1시간이나 계속해서 노래를 부르고 있다.

30分も走りつづけて、疲れた。 30분이나 계속 달려서 피곤하다.

> ☞ 동일 표현 : 계속을 나타내는 「~つづく」는 초급단계에서는 「降る((눈, 비 등이) 내리다)」나 「鳴る(천둥, 번개 등이) 치다)」정도에만 쓰인다고 생각하면 됩니다.
>
> 一日中雨が降りつづいた。 온종일 계속 비가 내렸다.
>
> 雷が鳴りつづく。 계속 천둥이 친다.

Point  콕 선생님의 비밀 과외!

'계속 ~하다'를 「継続 ~する」로 직역하면 NG! 「~しつづける」나 「ずっと ~ている」로 번역해야 OK입니다.

→ 아이가 아까부터 계속 울고 있다.

(○) 子供がさっきからずっと泣きつづけている。

(○) 子供がさっきからずっと泣いている。

(×) 子供がさっきから継続泣いている。

3 「동사의 ます형 + おわる」: 다 ~하다, 끝까지 ~하다

レポートを書きおわった。 리포트를 다 썼다.

みんな船に乗りおわった。 모두 배에 탔다.

その本はおもしろくて、もう読みおわりました。 그 책은 재미있어서 벌써 다 읽었습니다.

> ☞ 유사 표현: 「동사의 ます형 + やむ」, 「동사의 ます형 + きる」
>
> ① 「동사의 ます형 + やむ」: 무의식적이고 충동적인 행동이나, 자연현상에 많이 쓰입니다.
>
> 赤ちゃんが泣きやんだ。 아기가 울음을 그쳤다.
>
> 雨がやんだ。 비가 그쳤다.
>
> 「(×) 雨が降りやんだ」라고는 쓰지 않으니까 주의하세요.
>
> ② 「동사의 ます형 + きる」: '다 ~하다' '끝까지 ~하다'라는 뜻으로, 동작이나 사건이 완전히 완료됨을 나타냅니다. 그러나 사람의 감정이나 상태 동사 뒤에 올 때는 동사를 강조하는 역할을 합니다.
>
> おもちゃを売り切った。 장난감을 다 팔았다. [완료]
>
> 先生は彼を信じきっている。 선생님은 그를 철석같이 믿고 있다. [강조]
>
> 今日は疲れきった。 오늘은 너무 피곤하다. [강조]

04 て형에 접속되는 표현

て형에 접속되는 시간 표현에는 대표적으로 「～ている」와 「～てある」가 있지만, 이 외에도 다음과 같은 표현이 있습니다.

1 ～ておく : ～해 두다(해 놓다)

무언가를 하기 전에, 그것을 위해 준비해 두는 것을 나타냅니다.

僕は家内が来る前に、ご飯を作っておきます。 나는 아내가 오기 전에 밥을 해 놓습니다.

寝る前に、目覚まし時計をセットしておく。 자기 전에 알람시계를 맞추어 놓는다.

明日テストなので、勉強しておきました。 내일 시험이라서 공부해 두었습니다.

> 회화체에서는 「～ておく」를 「とく」로 줄여서 말하기도 합니다.
> [teoku → toku]
> 예 作っておく → 作っとく 만들어 놓다
> セットしておく → セットしとく 세트해 두다

2 ～てくる・ていく : ～해 오다・해 가다

두 표현 모두 점진적인 변화를 나타내기 때문에, 주로 「だんだん(점점), どんどん(점점)」과 같은 부사와 함께 쓰이는 경우가 많습니다.

01 「～てくる(～해 오다)」

ⓐ 점점 생기는 변화 → ～해 오다

だんだん眠くなってくる。 점점 졸려 온다.

だんだんお腹がすいてくる。 점점 배고파져 온다.

ⓑ 동작이나 상태의 시작 → ～하기 시작하다

雨が降ってきた。 비가 내리기 시작했다.

最近彼女が怖くなってきた。 요즈음 그녀가 무서워지기 시작했다.

02 점점 없어져 가는 변화 : 「～ていく(～해 가다)」

ろうそくがだんだん消えていく。 촛불이 점점 꺼져 간다.

科学がどんどん進歩していく。 과학이 점점 진보해 간다.

日が沈んでいく。 날이 저물어 간다.

> 「～てくる」「～ていく」는 때에 따라서는 각각 「くる」와 「いく」의 동작 그대로의 뜻으로 해석되는 경우도 있습니다.
> 예) 会社に子供を連れてくる。 회사에 아이를 데리고 온다.
> 駅まで歩いていく。 역까지 걸어간다.

3 ～てしまう : ～해 버리다, ～하고 말았다

기본적으로는 동작의 완료, 즉 '전부, 완전히 끝내다(완료)'라는 점을 심리적으로 강조하고 싶을 때 쓰이는 표현이지만, 그 외에도 다음과 같은 다양한 의미를 가지고 있습니다.

01 동작의 완료

本を最後まで読んでしまった。 책을 끝까지 읽어 버렸다.

彼はいつもビールを一気に飲んでしまう。 그는 항상 맥주를 단숨에 마셔 버린다.

02 무의식적인 행위

眠たくて、あくびをしてしまった。 졸려서 하품을 하고 말았다.

お腹がすいて、つい父より先に食べてしまった。
배가 고파서, 그만 아빠보다 먼저 먹고 말았다.

03 말하는 사람의 유감스러운 감정

財布をなくしてしまった。 지갑을 잃어 버리고 말았다.

今日もまた、お酒を飲んでしまった。 오늘도 또 술을 마시고 말았다.

> 회화체에서는 「～てしまう」를 「～ちゃう」나 「～じゃう」로 줄여서 말하기도 합니다.
> 예) 食べてしまう → 食べちゃう 먹어 버리다
> 飲んでしまう → 飲んじゃう 마셔 버리다

4 〜ているところだ : 한참 〜하고 있는 중이다

동작이나 변화가 가장 절정에 이르렀음을 나타낼 때 사용하는 표현입니다.

今ご飯を食べているところだ。 지금 한참 밥을 먹고 있는 중이다.

夫は今お風呂に入っているところです。 남편은 지금 한참 목욕하고 있는 중입니다.

질문 있어요!

순간 동사인 「行く(가다)」, 「来る(오다)」, 「帰る(돌아가(오)다)」 등에 「〜ている」를 붙이면 결과 후의 상태를 나타내잖아요. 예를 들어 「行っている」가 '가 있다'라는 뜻이 되는 것처럼요. 그럼, 진행 중 상태인 '가고 있다'라는 의미를 나타내고 싶을 때는 어떻게 해야 하죠?

좋은 질문이에요. 그런 경우에는 「〜ている」에 「ところだ」를 붙여 「〜ているところだ(한참 〜하고 있는 중이다)」로 표현하면 된답니다.

결과 후 상태	진행 중 상태
行っている(가 있다)	行っているところだ(가고 있다)
来ている(와 있다)	来ているところだ(오고 있다)
帰っている(돌아와(가) 있다)	帰っているところだ(돌아오(가)고 있다)

「〜ているところだ」의 단짝 표현

1. 동작, 상황이 시작되기 직전

   • 「동사의 사전형 + 〜るところだ」: 〜하려는 참이다

   今家を出るところです。 지금 막 집을 나서려던 참입니다.
   電話をかけるところだ。 막 전화를 걸려던 참이다.

2. 동작, 상황이 끝난 직후

   • 「동사의 た형 + 〜たところだ」: 지금 막 〜했다

   今駅に着いたところです。 지금 막 역에 도착했습니다.
   ちょうど会議が終わったところだ。 마침 회의가 막 끝났다.

Exercise

1. 다음 빈칸에 들어갈 알맞은 말을 써 넣으세요.

① もう新聞は読みましたか。 신문은 벌써 읽었습니까?

→ いいえ、まだ _____。
아니요, 아직 읽지 않았습니다.

② もう薬は飲みましたか。 약은 벌써 먹었습니까?

→ はい、もう _____。
네, 이미 먹었습니다.

③ テストは終わりましたか。 테스트는 끝났습니까?

→ はい、_____。
네, 끝났습니다.

→ いいえ、_____。
아니요, 아직 끝나지 않았습니다.

④ 去年はスキーに行きましたか。 작년에는 스키를 타러 갔었습니까?

→ はい、_____。
네, 갔었습니다.

→ いいえ、_____。
아니요, 가지 않았습니다.

⑤ 昨日、ミジは来ましたか。 어제 미지는 왔었습니까?

→ はい、_____。
네, 왔었습니다.

→ いいえ、_____。
아니요, 오지 않았습니다.

Exercise

2. 아래의 그림과 보기를 참고하여 ( ) 안에 각각의 문장이 진행 중 상태(A)인지 결과 후 상태(B)인지를 쓰고, 다음의 우리말을 일본어로 바르게 옮기세요.

[보기] 肉を焼く　トレーを持つ　ソーセージを食べる　歌を歌う
着物を着る　ベンチに座る　ビールを飲む　ズボンが汚れる

❶ セホは 고기를 굽고 있습니다. (　　　)

→ セホは _____。

❷ 山田は 쟁반(トレー)을 들고 있습니다. (　　　)

→ 山田は _____。

❸ 田中は 소시지(ソーセージ)를 먹고 있습니다. (　　　)

→ 田中は _____。

❹ あゆみは 노래를 부르고 있습니다. (　　　)

→ あゆみは _____。

❺ さおりは 기모노를 입고 있습니다. (　　　)

→ さおりは _____。

❻ アレックスは 벤치에 앉아 있습니다. (　　　)

→ アレックスは _____。

❼ ミジは 맥주를 마시고 있습니다. (　　　)

→ ミジは _____。

❽ ダニエルは 바지가 더러워져 있습니다. (　　　)

→ ダニエルは _____。

Exercise

3. 아래의 보기를 활용하여 다음의 우리말을 일본어로 바르게 옮기세요.

> [보기] てしまう　ておく　ている　た　てくる　はじめる　ているところだ

❶ 어제는 아침밥을 먹지 않았다.
→ _____

❷ 오늘도 아직 아침밥을 먹지 않았다.
→ _____

❸ 컵을 떨어뜨려서, 깨뜨리고 말았습니다.
→ _____

❹ 그녀는 피아노를 치기 시작했다.
→ _____

❺ 그는 지금 목욕을 하고 있는 중입니다.
→ _____

❻ 점점 추워져 온다.
→ _____

11 수수 표현

국민 MC란, 기쁨 주고 사랑 받는 사람이다.

수수(授受) 표현이란 말 그대로 주고 받는 표현으로, 일본어의 수수 표현에는 물건을 주고 받는 수수 표현과 주어에게 이득이 되는 행위를 주고 받는 수수 표현이 있습니다.

01 수수 표현이란?

Q: 일본어의 수수 표현(주고받는 표현)은 너무 복잡해요.

A: 맞아요! 우리말과는 쓰임이 달라서 어렵게 느껴지죠? 우리말은 내가 남에게 주든, 남이 나에게 주든 모두 '주다'라는 동사를 쓰면 되지만, 일본어의 경우에는 내가 남에게 줄 때와 남이 나에게 줄 때 쓰는 동사가 달라요.

Q: 그럼, 어떻게 구별해서 써야 하는 거죠?

A: 내가 남에게 줄 때는 「あげる」를 쓰고, 남이 나에게 줄 때는 「くれる」를 쓴답니다.

Q: 그럼, 「もらう」는 언제 쓰나요?

A: 우리말의 경우는 내가 받든 남이 받든 '받다'를 쓰면 되죠? 일본어의 「もらう」는 꼭 그런 것은 아니지만, 일반적으로 내가 남에게 받는 경우에 많이 쓰여요. 참고로, 남이 나에게 받을 때는 '받다'라는 표현대신, '주다'인 「あげる」를 쓰는 게 좋습니다.

02 「〜てあげる」・「〜てくれる」・「〜てもらう」의 용법

Q: 그런데「あげる, くれる, もらう」는 앞에「て」가 붙어서 쓰이는 경우도 있죠?

A: 네, 맞아요. 「〜てあげる」「〜てくれる」「〜てもらう」는 물건을 주고받는 행위라기보다는 이익이 되는 행위를 해 주고받는 표현을 나타낼 때 쓰이는 보조 동사랍니다.

Q: 「〜てもらう」의 쓰임에 대해 더 자세히 알려 주세요!

A: 「〜てもらう」는 우리말 표현에는 없어서 좀 어려운 느낌이 들죠? 「〜てもらう」를 직역하면 '〜해 받다'이지만, 이런 말은 우리말에는 없잖아요. 「〜てもらう」도 「もらう」의 경우와 마찬가지로 내가 남으로부터 이익이 되는 행위를 받을 때 쓰이는 표현이랍니다. 그럼, 이제 좀 더 자세히 살펴 볼까요?

# 수수 표현 맥 짚어보기

수수 표현이란, 사물이나 이익이 되는 행위를 주고받는 표현을 말합니다. 주는 사람과 받는 사람의 방향성과 관계없이 '주다, 받다'라고 하는 일정한 수수 동사가 사용되는 우리말과는 달리, 일본어의 경우에는 물건이나 행위가 주는 사람과 받는 사람 사이에서 어느 쪽으로 이동하느냐에 따라 사용되는 수수 동사가 다릅니다. 일본어의 수수 동사에는 이동의 방향에 따라 여러 가지의 수수 동사가 사용됩니다.

1. 사물의 주고 받기
   (1) あげる(주다)
      기본적으로 말하는 사람(나)이 상대방에게 사물을 줄 때 사용되는 표현입니다.
   (2) くれる(주다)
      기본적으로 상대방이 말하는 사람(나)에게 사물을 줄 때 사용되는 표현입니다.
   (3) もらう(받다)
      기본적으로 말하는 사람(나)이 상대방으로부터 사물을 받을 때, 또는 다른 사람이 다른 사람에게 받을 때 주로 사용되는 표현입니다.

2. 행위의 주고 받기
   (1) ～てあげる(～해 주다)
      기본적으로 말하는 사람(나)이 상대방에게 이익이 되는 행위를 해 줄 때 사용되는 표현입니다.
   (2) ～てくれる(～해 주다)
      기본적으로 상대방이 말하는 사람(나)에게 이익이 되는 행위를 해 줄 때 사용되는 표현입니다.
   (3) ～てもらう(～해 받다)
      기본적으로 말하는 사람(나)이 상대방으로부터, 또는 다른 사람이 다른 사람에게 이익이 되는 행위를 해 받을 때 주로 사용되는 표현입니다. 우리말 표현에는 딱히 대응하는 표현이없으므로 주의해서 사용하세요.

 사물의 주고-받기

「あげる」: 사물의 이동이 나(말하는 사람)에서 바깥쪽(나 → 상대방)으로 향하는 경우
「くれる・もらう」: 사물의 이동이 나(말하는 사람)의 안쪽(나 ← 상대방)으로 향하는 경우

주다 類	주는 이 → 받는 이	우리말	일본어
	① 나 → 상대방	주다	あげる
	私は彼にお金をあげた。 나는 그에게 돈을 주었다.		
	② 상대방 → 나	주다	くれる
	彼は私にお金をくれた。 그는 나에게 돈을 주었다. [②=③]		

받다 類	받는 이 ← 주는 이	우리말	일본어
	③ 나 ← 상대방	받다	もらう
	私は彼にお金をもらった。 나는 그에게 돈을 받았다. [③=②]		
	④ 상대방 ← 나	받다	もらう (△) (어색함)
	(△) 彼は私にお金をもらった。 그는 나에게 돈을 받았다. = (○) 私は彼にお金をあげた。		

 우리말의 '받다'는 내가 상대방에게 받든, 상대방이 나한테 받든 상관없이 쓰이지만, 일본어의 「もらう」는 ④와 같이 상대방이 나에게 사물을 받는 표현으로 쓰이면 어색한 표현이 된다는 점에 주의하세요.

1 あげる

인칭과 관련하여, 「あげる(주다)」가 쓰일 수 있는 상황은 다음 4가지입니다.

주는 이(が/は)	받는 이(に)	주다	예문
① 나(1인칭)	그녀(3인칭)	あげる	私はテヒさんに花をあげた。 나는 태희 씨에게 꽃을 주었다.
② 나(1인칭)	너(2인칭)	あげる	私はあなたに何をあげましょうか。 나는 당신에게 무엇을 줄까요?
③ 너(2인칭)	그녀(3인칭)	あげる	あなたはテヒさんに何をあげましたか。 당신은 태희 씨한테 무엇을 주었나요?
④ 그(3인칭)	그녀(3인칭)	あげる	ドンゴンさんもテヒさんに花をあげた。 동건 씨도 태희 씨에게 꽃을 주었다.

Tip: '주다'의 또 다른 표현 「やる」의 쓰임새

バラの花に水をやる。 장미꽃에 물을 준다.

にわとりにえさをやる。 닭에게 모이를 준다.

息子にこづかいをやる。 아들에게 용돈을 준다.

내가 상대방에게 뭔가를 줄 때는 「あげる」뿐만 아니라 「やる」를 쓰는 경우도 있습니다. 일반적으로 「やる」는 동물에게 먹이를 주거나 식물에 물을 줄 때, 또는 윗사람이 아랫사람에게 뭔가를 줄 때 사용한답니다. 하지만 「あげる」에 비해 거친 표현이라서 언제부터인가 여성의 경우에는 위의 예문과 같은 경우에도 「やる」를 쓰지 않고 「あげる」를 쓰는 경향이 있으니, 주의해서 사용하세요!

2 くれる

인칭과 관련하여, 「くれる(주다)」가 쓰일 수 있는 상황은 다음 4가지입니다.

주는 이 (が/は)	받는 이 (に)	주다	예문
① 그(3인칭)	나(1인칭)	くれる	ドンゴンさんが私に花をくれた。 동건 씨가 나에게 꽃을 주었다.
② 너(2인칭)	나(1인칭)	くれる	あなたが私に花をくれますか。 당신이 나에게 꽃을 주겠습니까?
③ 그(3인칭)	너(2인칭)	くれる	ドンゴンさんがあなたに花をくれましたか。 동건 씨가 당신에게 꽃을 주었습니까?
④ 그(3인칭)	*내 여동생 (3인칭)	くれる	ドンゴンさんが私の妹に花をくれた。 동건 씨가 내 여동생한테 꽃을 주었다.

* 원래 「3인칭 → 3인칭」의 「주고-받기」 표현의 경우는 기본적으로 앞에서 다룬 「あげる」를 쓰는 것이 보통입니다. 하지만 여기에서의 여동생(妹)은 객관적으로는 3인칭이지만 내(私) 여동생(내가 속한 집단 사람)이기 때문에 1인칭 취급을 받아, ①「3인칭 → 1인칭」과 동일한 상황으로 간주되어 「くれる」를 써야 합니다.

3 もらう

인칭과 관련하여, 「もらう(받다)」가 쓰일 수 있는 상황은 다음 4가지입니다.

받는 이 (が/は)	주는 이 (に/から)	받다	예문
① 나(1인칭)	그(3인칭)	もらう	私はドンウォンさんに花をもらった。 나는 동원 씨에게 꽃을 받았다. 私は父から誕生日のプレゼントをもらう。 나는 아빠한테 생일 선물을 받는다.
② 나(1인칭)	너(2인칭)	もらう	私はあなたに花をもらいたいです。 나는 당신에게 꽃을 받고 싶어요.
③ 너(2인칭)	그(3인칭)	もらう	あなたはドンウォンさんに何をもらいましたか。 당신은 동원 씨한테서 무엇을 받았나요?
④ 그녀(3인칭)	그(3인칭)	もらう	ジヒョンさんもドンウォンさんに花をもらった。 지현 씨도 동원 씨에게 꽃을 받았다.

질문 있어요!

그럼, 상대방이 나에게 줄 때(상대방→나)는 어떤 표현을 써야 하나요?

일본인 사이에서도 약간의 개인차가 있어, 이 경우에도 자연스럽지는 않지만 「もらう」를 쓸 수 있다고 하는 사람도 있습니다. 하지만, 일반적으로는 부자연스러운 표현으로 여겨지기 때문에, 받는 이(상대방)를 주어로 하는 「もらう」를 쓰지 않고, 주는 이(나)를 주어로 하는 「あげる」를 쓰는 것이 더 자연스러운 일본어 표현이랍니다.

확·인·문·제

다음 빈칸에 들어갈 알맞은 표현을 보기에서 골라 과거 정중형으로 바꾸어 문장을 완성하세요.

[보기]   あげる   くれる   もらう   やる

① 昨日、セホがミジに花を _____。
어제 세호가 미지에게 꽃을 주었습니다.

② 昨日、ミジはセホに花を _____。
어제 미지는 세호에게 꽃을 받았습니다.

③ 昨日、セホが私に花を _____。
어제 세호가 나에게 꽃을 주었습니다.

④ 今朝、僕は花に水を _____。
오늘 아침 나는 꽃에 물을 주었습니다.

⑤ 今朝、母が弟におこづかいを _____。
오늘 아침 엄마가 남동생에게 용돈을 주었습니다.

 행위의 주고-받기

행위의 「주고-받기」 표현은 주어에 대한 도움이나 이익이 되는 행위인 경우가 많습니다.

해 주다 類	주는 이 → 받는 이	우리말	일본어
	① 나 → 상대방	해 주다	～てあげる
	私(わたし)は彼(かれ)にお金(かね)を貸(か)してあげた。 나는 그에게 돈을 빌려 주었다.		
	② 상대방 → 나	해 주다	～てくれる
	彼(かれ)は私(わたし)にお金(かね)を貸(か)してくれた。 그는 나에게 돈을 빌려 주었다. [②＝③]		

해 받다 類	받는 이 ← 주는 이	우리말	일본어
	③ 나 ← 상대방	(△) 해 받다	～てもらう
	私(わたし)は彼(かれ)にお金(かね)を貸(か)してもらった。 나는 그에게 돈을 빌려 받았다. / 그는 나에게 돈을 빌려 주었다. [③＝②]		
	④ 상대방 ← 나	(△) 해 받다	×
	(×) 彼(かれ)は私(わたし)にお金(かね)を貸(か)してもらった。 (○) 私(わたし)は彼(かれ)にお金(かね)を貸(か)してあげた。 나는 그에게 돈을 빌려 주었다.		

일본어의 「～てもらう」는 상대방이 나에게 받을 때는 쓸 수 없답니다.

> 질문 있어요!
>
> 그럼, 상대방이 나한테 어떠한 행위를 해 받을 때 (상대방←나)는 어떻게 표현하나요?

> 그럴 때는 행위를 해 받는 이(상대방)를 주어로 하는 「〜てもらう」가 아닌, 행위를 해 주는 이(나)를 주어로 하는 「〜てあげる」 표현을 써야 한답니다.

> 「〜てあげる, 〜てくれる, 〜てもらう」가 인칭과 관련하여 쓰일 수 있는 상황은 앞에 나온 「あげる, くれる, もらう」의 경우와 동일합니다.

1 〜てあげる

인칭과 관련하여, 「〜てあげる(〜해 주다)」가 쓰일 수 있는 상황은 「あげる」의 경우와 마찬가지로 다음 4가지입니다.

주는 이(が/は)	받는 이(に)	해 주다	예문
① 나(1인칭)	그녀(3인칭)	〜てあげる	私はテヒさんに花を買ってあげた。 나는 태희 씨에게 꽃을 사 주었다.
② 나(1인칭)	너(2인칭)	〜てあげる	私はあなたに何を買ってあげましょうか。 나는 당신에게 무엇을 사 줄까요?
③ 너(2인칭)	그녀(3인칭)	〜てあげる	あなたはテヒさんに何を買ってあげましたか。 당신은 태희 씨에게 무엇을 사 주었나요?
④ 그(3인칭)	그녀(3인칭)	〜てあげる	ドンゴンさんもテヒさんに花を買ってあげた。 동건 씨도 태희 씨에게 꽃을 사 주었다.

> **「〜てやる」의 쓰임새**
>
> 「〜てやる」는 '선배가 후배에게' 또는 '상사가 부하직원에게', '선생님이 학생에게' 등 손윗사람이 손아랫사람에게 어떤 행위를 해 줄 때 쓰이는 표현입니다.
>
> 僕は後輩に本を貸してやった。 나는 후배에게 책을 빌려 주었다.

2 ~てくれる

인칭과 관련하여, 「~てくれる(~해 주다)」가 쓰일 수 있는 상황도 「くれる」의 경우와 마찬가지로 다음 4가지입니다.

주는 이(が/は)	받는 이(に)	해 주다	예문
① 그(3인칭)	나(1인칭)	~てくれる	ドンゴンさんが私に花を買ってくれた。 동건 씨가 나에게 꽃을 사 주었다.
② 너(2인칭)	나(1인칭)	~てくれる	あなたが私に花を買ってくれますか。 당신이 나에게 꽃을 사 주겠습니까?
③ 그(3인칭)	너(2인칭)	~てくれる	ドンゴンさんがあなたに花を買ってくれましたか。 동건 씨가 당신에게 꽃을 사 주었습니까?
④ 그(3인칭)	*내 여동생 (3인칭)	~てくれる	ドンゴンさんが私の妹に花を買ってくれた。 동건 씨가 내 여동생한테 꽃을 사 주었다.

* 원래 「3인칭 → 3인칭」의 「주고-받기」 표현의 경우는 「~てあげる」를 쓰는 것이 보통입니다. 하지만, 여기에서의 여동생(妹)은 객관적으로는 3인칭이지만 내(私) 여동생(내가 속한 집단)이기 때문에 1인칭 취급을 받아 ① 「3인칭 → 1인칭」과 동일한 상황으로 간주되어, 「くれる」의 경우와 마찬가지로 「~てくれる」를 써야 합니다.

3 ~てもらう

인칭과 관련하여, 「~てもらう(해 받다)」가 쓰일 수 있는 상황은 「もらう」의 경우와 마찬가지로 다음 4가지입니다. 단, 우리말에는 '해 받다'라는 표현이 없으므로, 해석할 때는 '주는 이'를 주어로 바꿔서 '~해 주다'로 하는 것이 자연스럽습니다.

받는 이(が/は)	주는 이(に/から)	해 받다	예문
① 나(1인칭)	그(3인칭)	~てもらう	私はドンウォンさんに花を買ってもらった。 NG : 나는 동원 씨에게 꽃을 사 받았다. OK : 동원 씨가 나에게 꽃을 사 주었다.
② 나(1인칭)	너(2인칭)	~てもらう	私はあなたに花を買ってもらいたいです。 NG : 나는 당신에게 꽃을 사 받고 싶어요. OK : 당신이 나에게 꽃을 사 주었으면 해요.
③ 너(2인칭)	그(3인칭)	~てもらう	あなたはドンウォンさんに何を買ってもらいましたか。 NG : 당신은 동원 씨한테 무엇을 사 받았나요? OK : 동원 씨가 당신한테 무엇을 사 주었나요?
④ 그녀(3인칭)	그(3인칭)	~てもらう	ジヒョンさんもドンウォンさんに花を買ってもらった。 NG : 지현 씨도 동원 씨에게 꽃을 사 받았다. OK : 동원 씨는 지현 씨에게도 꽃을 사 주었다.

확·인·문·제

다음 빈칸에 들어갈 알맞은 수수 표현을 보기에서 골라 문장을 완성하세요.

[보기]　てあげる　　てくれる　　てもらう

① 昨日、セホがミジに花を _____。
어제 세호가 미지에게 꽃을 사 주었습니다.

② 昨日、ミジはセホに花を _____。
어제 미지는 세호에게 꽃을 사 받았습니다.

③ 昨日、セホが私に花を _____。
어제 세호가 나에게 꽃을 사 주었습니다.

④ 僕は子供に絵本を _____。
나는 아이에게 그림책을 사 주었습니다.

⑤ 昨日、セホが私の妹に本を _____。
어제 세호가 내 여동생에게 책을 사 주었습니다.

Point  콕 선생의 비밀 과외!

일본어의 「주고-받기」 표현이 인칭과 관계가 있다고 하는 점은 이들 「주고-받기」 표현 각각이 가지는 경어 표현(겸양어 또는 존경어)을 살펴보면 좀 더 명확해집니다. 그럼, 「주고-받기」 표현의 경어 표현에는 어떠한 것들이 있는지 살펴 봅시다.

1. 「사물의 주고-받기」

겸양어	일반 동사	존경어
さしあげる(드리다)	あげる	×
「あげる」는 기본적으로 내가 남한테 주는 것을 나타내므로, 겸양어(「さしあげる」)는 있으나 존경어는 없습니다.		
×	くれる	くださる(주시다)
「くれる」는 기본적으로 남이 나한테 주는 것을 나타내므로, 존경어(「くださる」)는 있으나 겸양어는 없습니다.		
いただく(받다)	もらう	×
「もらう」는 기본적으로 내가 남한테 받는 것을 나타내므로, 겸양어(「いただく」)는 있으나 존경어는 없습니다.		

- さしあげる : 내가 윗사람에게 드리다 (겸양어)
  僕が先生にお茶をさしあげた。 내가 선생님께 녹차를 드렸다.

- くださる : 윗사람이 내게 주시다 (존경어)
  先生が僕に本をくださった。 선생님이 나에게 책을 주셨다.

- いただく : 내가 윗사람에게 받다 (겸양어)
  僕は先生に(から)本をいただいた。 나는 선생님께 책을 받았다.

2. 「행위의 주고-받기」

겸양어	일반 동사	존경어
~てさしあげる(~해 드리다)	~てあげる	×
「~てあげる」는 기본적으로 내가 남한테 해 주는 행위를 나타내므로, 겸양어(「~てさしあげる」)만 있습니다.		
×	~てくれる	~てくださる(~해 주시다)
「~てくれる」는 기본적으로 남이 나한테 해 주는 행위를 나타내므로, 존경어(「~てくださる」)만 있습니다.		
~ていただく(~해 받다)	~てもらう	×
「~てもらう」는 기본적으로 내가 남한테 해 받는 행위를 나타내므로, 겸양어(「~ていただく」)만 있습니다.		

- ～てさしあげる : 내가 윗사람에게 해 드리다

    僕が先生にお茶を送ってさしあげた。 내가 선생님께 녹차를 보내 드렸다.

- ～てくださる : 윗사람이 내게 해 주시다

    先生が僕に本を貸してくださった。 선생님이 나에게 책을 빌려 주셨다.

- ～ていただく : 내가 윗사람에게 해 받다

    僕は先生に(から)本を貸していただいた。
    선생님이 나에게 책을 빌려 주셨다. / 나는 선생님께 책을 빌려 받았다.

※ 우리말에는 일본어의 「～ていただく」에 해당하는 '～해 받다'라는 말이 없으므로, 결국에는 윗사람의 행위를 높여 말하는 '～해 주시다(～てくださる)'로 해석하면 됩니다.

- '선생님, 역까지 모셔다 드릴게요.'는 「先生、駅まで送ってさしあげます。」라고 하면 되겠네요?

- 음……. 직역을 하면 그렇게 되긴 하지만, 일본인들은 그렇게 쓰진 않는답니다.

- 예에~!? 그럼, 어떤 표현을 써야 하죠?

- 「～てさしあげる」를 윗사람의 면전에서 쓰는 것은 왠지 윗사람에게 자기가 하는 일을 공치사하는 느낌을 줄 수 있기 때문에 잘 사용하지 않습니다. 대신에 자신의 행동을 낮추어 말하는 겸양 표현을 쓰죠. 즉, 「先生、駅までお送りします」라고 말하면 됩니다.

- 그럼, 「～てさしあげる」는 쓸 일이 없는 건가요?

- 꼭 그렇진 않아요. 당사자인 윗사람이 없는 자리에서 다른 사람과 말할 때 쓰는 건 무방해요.
  그럼, 간단히 정리해 볼까요?

[선생님이 앞에 계실 때]

- 선생님, 역까지 모셔다 드릴게요.

    (○) 先生、駅までお送りします。 [겸양 표현]

    (×) 先生、駅まで送ってさしあげます。

[선생님은 안 계시고, 선배 앞에서 말할 때]

- 어제는 선생님을 역까지 모셔다 드렸습니다.

    昨日は先生を駅まで送ってさしあげました。

「友達が来た」vs「友達に来てもらった」

- '친구가 왔다'를 일본어로 표현하면 「友達が来た」외에, 여기서 배운 「友達に来てもらった」라고 쓸 수 있나요?

- 네, 쓸 수 있어요. 원칙적으로는 「来てもらった」는 '와 주었다'라고 번역해야 하겠지만요.

- 「来た」와 「来てもらった」 둘 다 우리말 번역은 똑같은데, 일본어로는 무슨 차이가 있는 거죠?

- 음……. 「友達が来た」는 말하는 사람의 입장에서 단순히 '친구가 왔다'는 사실을 중립적으로 표현하는 것이고, 「友達に来てもらった」는 '친구가 왔다'고 하는 사실을 말하는 사람이 자신에게 이익(플러스적)이 되는 일로 받아들이고 있다는 차이가 있습니다.

- 그럼, 말하는 사람의 입장에서 볼 때 자신에게 중립적인 표현이나 플러스적인 표현이 있으면 마이너스적인 표현도 있나요?

- 아직 배우지는 않았지만, 물론 있지요. 그건 「友達に来られた」와 같은 '간접 수동' 표현입니다. '간접 수동'은 항상 마이너스적으로 쓰이는 표현이에요. 지금까지의 설명을 간단하게 정리하면 다음과 같습니다.

▶ 친구가 왔다.

[중립적]   友達が来た。 → 왔다는 것을 단순하게 표현

[플러스적] 友達に来てもらった。
           → 친구의 도움이 필요한 시점에, 마침 친구가 왔을 때

[마이너스적] 友達に来られた。
             → 친구가 와서 하려던 일을 하지 못 해, 말하는 사람에게 피해가 됐을 때

- 특히 「～てもらう」는 말 그대로 '～해 받다'라는 의미를 가지므로, 말하는 사람이 상대방한테 부탁해서 동작이 이루어지는 경우도 많습니다. 결국 상대방에게 부탁해서 이루어지는 일이니까 당연히 말하는 사람한테는 이익(플러스적)이 되는 일이겠죠.

Exercise

1. 다음 그림을 보고 보기와 같이 문장을 완성하세요.

[보기] 弟は、私にチョコレートをくれました。
남동생은 저에게 초콜릿을 주었습니다.
→ 私は、弟にチョコレートをもらいました。
저는 남동생에게 초콜릿을 받았습니다.

❶  ミジさんは、＿＿＿＿＿＿＿＿＿＿＿＿＿＿＿＿＿。
미지 씨는 혜진 씨에게 책을 주었습니다.
ヘジンさんは、＿＿＿＿＿＿＿＿＿＿＿＿＿＿＿＿＿。
혜진 씨는 미지 씨에게 책을 받았습니다.

❷  木村さんは、＿＿＿＿＿＿＿＿＿＿＿＿＿＿＿＿＿。
기무라 씨는 나에게 꽃을 주었습니다.
私は、＿＿＿＿＿＿＿＿＿＿＿＿＿＿＿＿＿。
나는 기무라 씨에게 꽃을 받았습니다.

❸  木村さんは、＿＿＿＿＿＿＿＿＿＿＿＿＿＿＿＿＿。
기무라 씨는 미지 씨에게 시계를 주었습니다.
ミジさんは、＿＿＿＿＿＿＿＿＿＿＿＿＿＿＿＿＿。
미지 씨는 기무라 씨에게 시계를 받았습니다.

❹  テヒさんは、＿＿＿＿＿＿＿＿＿＿＿＿＿＿＿＿＿。
태희 씨는 미지 씨에게 우산을 받았습니다.
ミジさんは、＿＿＿＿＿＿＿＿＿＿＿＿＿＿＿＿＿。
미지 씨는 태희 씨에게 우산을 주었습니다.

❺  私の弟は、＿＿＿＿＿＿＿＿＿＿＿＿＿＿＿＿＿。
제 남동생은 태희 씨에게 바나나를 받았습니다.
テヒさんは、＿＿＿＿＿＿＿＿＿＿＿＿＿＿＿＿＿。
태희 씨는 제 남동생에게 바나나를 주었습니다.

283

Exercise

2. 다음 문장의 (　) 안에서 적당한 표현을 골라 동그라미 치세요.

❶ キムさんが私の妹に本を (くれた / あげた)。
김 씨가 내 여동생에게 책을 주었다.

❷ セホはミジにプレゼントを (くれた / あげた)。
세호는 미지에게 선물을 주었다.

❸ 大学 (から / に) 奨学金をもらった。
대학교에서 장학금을 받았다.

❹ A : 私が (くれた / あげた) クッキー、おいしかった？
내가 준 쿠키, 맛있었어?

　 B : あれ、うちの犬に (やった / くれた) よ。
어머, 우리 개한테 줬어.

❺ A : そのバッグ、すてきですね。
그 백, 멋지네요.

　 B : 昨日、母に (もらいました / あげました)。
어제 엄마가 주셨습니다(엄마한테 받았습니다).

❻ A : バレンタインデーに、ミジがチョコレートを (やった / くれた) よ。
발렌타인데이에 미지가 초콜릿을 줬어.

　 B : ほんとうなの？ 僕にも (あげた / くれた) よ。
정말이야? 나한테도 줬는데.

3. 다음 문장에서 주어를 바꾸어 같은 뜻의 문장이 되도록 고쳐 쓰세요.

❶ テヒさんが私に英語を教えてくれた。
태희 씨가 나에게 영어를 가르쳐 주었다.

→ 私は、_____。

❷ 中井さんがテヒさんのレポートを直してあげました。
나카이 씨가 태희 씨의 리포트를 수정해 주었습니다.

→ テヒさんは、_____。

❸ 私の弟は彼女に本を買ってもらいました。
그녀는 내 남동생에게 책을 사 주었습니다.

→ 彼女は、_____。

❹ ミジはセホにお弁当を作ってあげました。
미지는 세호에게 도시락을 만들어 주었습니다.

→ セホは、_____。

❺ 木村さんはセホに絵を書いてあげました。
기무라 씨는 세호에게 그림을 그려 주었습니다.

→ セホは、_____。

Exercise

4. 다음 우리말을 일본어로 바르게 옮기세요.

① 세호는 내 여동생에게 새 책을 주었습니다.
→ _____

② 기무라 씨는 매일 꽃에 물을 줍니다.
→ _____

③ 나는 친구에게 과자를 받았습니다.
→ _____

④ 미지는 세호에게 선물을 주었습니다.
→ _____

⑤ 친구가 나에게 돈을 빌려 주었습니다.
→ _____

⑥ 아버지가 나에게 새 자전거를 사 주었습니다. 〈「～てもらう」형태로〉
→ _____

⑦ 스즈키 선생님은 태희에게 시계를 사 주었습니다.
→ _____

⑧ 형이 나에게 일본어를 가르쳐 주었습니다. 〈「～てもらう」형태로〉
→ _____

톰은 쫓고 제리는 쫓기고,
하지만 제리가 항상 수동적인 것은 아니다.

12 수동 표현

수동 표현이란, 행위를 하는 사람이 아니라 행위를 받거나 당하는 사람을 주어로 해서 문장을 서술하는 표현입니다. 우리말에 비해 일본어에서는 수동 표현을 많이 씁니다.

01 수동 표현의 정의

Q 일본어의 수동 표현은 우리말의 수동 표현과 어떻게 다른가요?

같은 부분도 있고, 다른 부분도 있어요. 예를 들어 '개가 아이를 물다'를 수동문으로 바꾸면 '아이가 개한테 물리다'가 되겠죠? 일본어도 이와 동일한 수동 표현(직접 수동)을 만들 수 있어요. 여기서는 말하는 사람이 '물은 개'보다는 '물린 철수'를 중심으로 말하려고 하니까, 수동 표현을 쓰는 거랍니다.

02 일본어 수동 표현의 특징

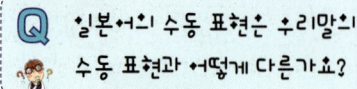

Q 우리말과 다른 수동 표현에는 어떤 것이 있나요?

우리말의 경우와 달리, 일본어는 자동사로 만드는 간접 수동이 있어요. 물론 타동사로 만드는 경우도 있고요. 우선 간접 수동은 다른 말의 도움 없이, 수동문만으로도 그 주어가 간접적으로 피해를 입었다는 사실을 말하고 싶을 때 씁니다. 예를 들어 '비가 오다'에 해당하는 일본어 자동사문 「雨が降る」를 말하는 사람인 「私(나, 저)」를 주어로 해서 수동문을 만들면, 「私は雨に降られる(나는 비를 맞는다)」라는 수동문이 되는 거랍니다.

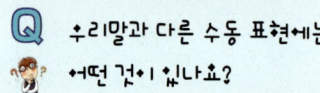

Q 그럼, 그 수동문은 무슨 뜻인가요? 우리말에는 이런 수동이 없어서 이해가 잘 안 돼요.

단순히 「雨が降る」라고 하면, 말하는 사람과 상관없이 단지 비가 온다는 것을 객관적으로 나타내지만, 「雨に降られる」라고 하면, '집에 돌아가는 도중 갑자기 비가 내려 다 젖었다'와 같은 경우에 쓰인답니다. 그러니까 귀가 도중에 말하는 사람(私)이 '비를 맞아 피해를 입었다'고 할 경우에 쓴다는 것이죠. 일본어에는 '직접 수동'과 '간접 수동' 외에도 또 다른 종류의 수동 표현이 있으니까, 이제부터 자세히 살펴 보도록 할까요?

 ## 수동 표현 맥 짚어보기

행위를 하는 사람을 주어로 하는 표현이 능동 표현이라 한다면, 수동 표현이란 행위를 받는 사람을 주어로 하는 표현을 말합니다. 일본어의 수동표현에는 크게 '직접 수동'과 '간접 수동', 그리고 '소유자 수동'의 세 가지 형태가 있으며, 이들 중 간접 수동은 자동사로부터 만들어 지는 경우가 많으며, 우리말 표현에는 없는 일본어 특유의 표현이라고 할 수 있습니다.

1. **직접 수동**
   수동문의 주어가 동사가 나타내는 행위나 영향을 직접적으로 받는 수동을 말합니다.
   子供が犬に噛まれる。 아이가 개한테 물리다.
   [능동문] 犬が子供を噛む。
   → 수동문의 주어인 '아이'가 '물리다'라는 행위를 직접적으로 받는 것을 나타냅니다.

2. **간접 수동**
   일반적으로 수동문의 주어가 동사가 나타내는 행위로부터 간접적으로 마이너스적인 영향이나 피해를 입음을 나타내는 수동입니다.
   私は飼い犬に死なれた。 내 애완견이 죽었다.
   [능동문] 飼い犬が死んだ。
   → 애완견이 죽음으로 인해, 수동문의 주어(나)가 간접적으로 영향(피해, 슬픔)을 받는 것을 나타냅니다.

3. **소유자 수동**
   능동문의 목적어의 소유자가 수동문의 주어가 되는 수동을 말합니다.
   子供が犬に足を噛まれる。 아이가 개한테 다리를 물리다.
   [능동문] 犬が子供の足を噛む。
   → 능동문의 목적어(다리)의 소유자(아이)가 수동문의 주어가 된다는 것을 알 수 있습니다.

 **01 그룹별 동사의 수동형 만들기**

1 1그룹 동사의 수동형

어미 う단을 あ단으로 바꾼 다음, 「れる」를 붙이세요.

かむ
↓
犬(いぬ)にかまれる。
개한테 물리다.

[呼ぶ] 先生(せんせい)に呼(よ)ばれる。 선생님께서 부른다.
[死ぬ] 飼(か)い犬(いぬ)に死(し)なれた。 애완견이 죽었다. [마이너스적 의미]
[書く] 名前(なまえ)はカタカナで書(か)かれる。 이름은 가타카나로 쓰인다.
[使う] じゃがいもは料理(りょうり)によく使(つか)われる。 감자는 요리에 자주 사용된다.

2 2그룹 동사의 수동형

어미 「る」를 떼고, 그대로 「られる」를 붙이세요.

みる
↓
裸(はだか)をみられる。
발가벗은 모습을 보이다.

[ほめる] 先生(せんせい)にほめられた。 선생님께 칭찬받았다.
[起きる] 友達(ともだち)に先(さき)に起(お)きられた。 친구가 먼저 일어났다. [마이너스적 의미]
[食べる] 僕(ぼく)は弟(おとうと)にりんごを食(た)べられた。 남동생이 내 사과를 먹었다.

3 3그룹 동사의 수동형

「くる」와 「する」 달랑 두 개밖에 없으니까, 무조건 외우세요.

くる
↓
友達(ともだち)にこられる。
친구가 오다. [마이너스적 의미]

する
↓
上司(じょうし)に信頼(しんらい)される。
상사에게 신뢰받다.

「する」의 수동형인 「される」는 '~되다', '~받다', '~당하다' 등으로 다양하게 해석된답니다.

[来る]　母(はは)にむりやり連(つ)れて来(こ)られた。 엄마가 억지로 끌고 왔다. [마이너스적 의미]

[スカウトする]　彼(かれ)はスカウトされた。 그는 스카우트되었다.

[尊敬する]　先生(せんせい)は学生(がくせい)に尊敬(そんけい)される。 선생님은 학생들에게 존경받는다.

질문 있어요!

친구가 찾아오면 좋은데, 왜 수동을 쓰는 거예요?

친구가 오는 게 말하는 사람 본인한테 피해가 될 때, 즉 마이너스적 의미일 때만 이렇게 수동을 쓰는 거랍니다. 우리말에 없는 표현이라서 좀 생소하죠?

 02 수동문의 특징

 **1. 직접 수동문의 특징**

	능동문		직접 수동문	
구문	AがBを~する		BがAに~される	
예문	犬が子供を噛む。 개가 아이를 물다.		子供が犬に噛まれる。 아이가 개한테 물리다.	
조사 및 동사의 교체	주어	A(犬)が	피동작주	B(子供)が
	목적어	B(子供)を	동작주	A(犬)に
	동사	능동 동사(噛む)	수동 동사	(ら)れる(噛まれる)
의미	수동문의 주어는 능동문이 나타내는 동작으로부터 직접적인 동작·영향(개가 물면, 물리는 사람이 직접적인 동작·영향)을 받으므로 직접 수동이라고 합니다.			
특징	대체적으로 직접 수동문의 주어에는 사람(동물)이 오지만, 다음과 같이 수동문의 주어로 무생물이 오는 경우도 있습니다. オリンピックは4年に1回開かれます。[←開く] 올림픽은 4년에 한 번씩 열립니다. 『ハリー・ポッター』は、J. K. ローリングによって書かれた。[←書く] 『해리포터』는 J. K. 롤링에 의해 쓰여졌다. ※ 무생물이 주어인 수동문에서 행위자를 나타낼 경우에는 주로 「~によって(~에 의해)」를 사용합니다.			

그러니까 개가 나를 문다고 하면, 내가 물리는 동작을 직접적으로 받으니까, 직접 수동이라는 거구나!

猫が車にひかれた。[←ひく] 고양이가 차에 치였다.
学生が先生にほめられる。[←ほめる] 학생이 선생님에게 칭찬받는다.
遅刻して、先生に叱られた。[←叱る] 지각해서 선생님께 야단맞았다.
景福宮は、1395年に建てられた。[←建てる] 경복궁은 1395년에 지어졌다.
私は電車の中で、後ろの人に押された。[←押す] 나는 전철 안에서, 뒷사람에게 밀렸다.

2. 소유자 수동문의 특징

	능동문		소유자 수동문	
구문	AがBのCを~する		BがAにCを~される	
예문	セリがイチローの足を踏む。 세리가 이치로의 발을 밟다.		イチローがセリに足を踏まれる。 이치로가 세리에게 발을 밟히다.	
조사 및 동사 교체	주어	A(セリ)が	피동작주	B(イチロー)が
	소유주	B(イチロー)の	동작주	A(セリ)に
	목적어 (소유물)	C(足)を	목적어 (소유물)	C(足)を
	동사	능동 동사(踏む)	수동 동사	(ら)れる(踏まれる)
특징	C에는 능동문 소유주(B)의 신체부위, 소유물, 가족 등의 명사가 옵니다. セリは先生に息子をほめられた。 세리는 선생님께 아들을 칭찬받았다. (선생님께서 세리의 아들을 칭찬했다.) [가족]			

> 어라? 수동문인데, 목적어가 그대로 있네? 아! 그렇구나. 능동문 목적어의 소유주가 수동문의 주어로 온다고 해서 소유자 수동이라고 하는 거구나.

私は弟にりんごを食べられました。 [←食べる] 동생이 내 사과를 먹었습니다.

私はバスの中で、財布をすられた。 [←する] 나는 버스 안에서 지갑을 소매치기당했다.

昨日の夜、私は蚊に耳を刺されました。 [←刺す] 어젯밤, 나는 모기에 귀를 물렸습니다.

私は電車の中で、後ろの人に背中を押された。 [←押す] 나는 전철 안에서 뒷사람에게 등을 밀렸다.

3. 간접 수동문의 특징

		능동문		자동사 간접 수동문
자동사 구문		Aが〜する		Bは/がAに〜される
예문		子供が泣いた。 아이가 울었다.		私は子供に泣かれて、(勉強ができなかった。) 아이가 울어서, (공부를 못했다). [마이너스적 의미]
조사 및 동사 교체	주어	A(子供)が	피해 주어	B(私)が/は
	없음	B(능동문에 없음)	동작주	A(子供)に
	동사	능동 동사(泣く)	수동 동사	(ら)れる(泣かれる)
		기본문		타동사 간접 수동문
타동사 구문		AがCを〜する		Bは/がAにCを〜される
예문		田中が新説を発表した。 다나카가 새로운 학설을 발표했다.		私は田中に(先に)新説を発表された。 다나카가 나보다 먼저 새로운 학설을 발표했다. [분한 기분]
조사 및 동사	주어	A(田中)が	피해 주어	B(私)は/が
	없음	B(능동문에 없음)	동작주	A(田中)に
	목적어	C(新説)を	목적어	C(新説)を
	동사	능동 동사(発表する)	수동 동사	(ら)れる(発表される)
특징	◎ 타동사뿐만 아니라, 자동사에 의해서도 만들어집니다. ◎ 능동문에는 없었던 사람이 수동문의 주어(B)가 됩니다. [없음(능동) → 私(수동)] ◎ 수동문의 주어는 능동문이 나타내는 동작으로부터 간접적인 영향, 작용을 받거나 느낍니다. ◎ 수동문의 주어가 받는 간접적인 영향이나 작용이란, 수동문의 주어에게 피해가 되거나 마이너스적인 일을 말합니다. ◎ 수동문의 주어에는 반드시 사람이 옵니다. ◎ 우리말에는 없는 수동이므로 우선 능동문으로 해석한 후에, 수동문의 주어가 간접적으로 피해를 입었다고 하는 피해의 의미를 부각시켜서 해석해야 합니다. 바로 이것이 직접 수동문이나 소유자 수동문과 다른 점입니다.			

이런 요상한 수동문이 다 있네요? 그러니까, 단지 아이가 우는 걸 표현할 땐「子供が泣く」라는 능동문을 쓰면 되는 거고, 아이가 울어서 말하는 사람이 뭔가 간접적으로 피해를 입었을 때는「子供に泣かれる」라는 간접 수동문을 쓰면 되는 거구나!

友達に来られて、仕事ができなかった。 [←来る] 친구가 와서 일을 할 수 없었다.
彼は飼い犬に死なれて、悲しんでいる。 [←死ぬ] 그는 애완견이 죽어서 슬퍼하고 있다.
突然、従業員に(店を)やめられて、店主が困っている。 [←やめる]
갑자기 종업원이 그만두어서 주인이 곤란해하고 있다.
私は、昨日の晩、となりの家の赤ちゃんに泣かれて、眠れませんでした。 [←泣く]
저는 어젯밤에 옆집 아기가 울어서, 잠을 못 잤습니다.

> 간접 수동은 우리말로는 능동으로 해석되니까, 특히 간접 수동문에서 동작을 하는 사람은 조사「に」를 동반하여 표시된다는 점에 주의해야겠구나. 왜 이런 수동이 있어서 내 머리를 아프게 하는 거얏?

Exercise

1. 다음 그림을 보고 아래에 주어진 문장을 직접 수동문으로 고쳐 쓰세요.

❶  ❷  ❸

❹  ❺  ❻

❶ 母が子供をしかる。 엄마가 아이를 혼낸다.
 → _____

❷ 兄が弟をたたく。 형이 동생을 때린다.
 → _____

❸ ぶどうからワインを作る。 포도로 와인을 만든다.
 → _____

❹ 先輩が後輩をいじめる。 선배가 후배를 괴롭힌다.
 → _____

❺ 母が子供を起こす。 엄마가 아이를 깨운다.
 → _____

❻ 母がヘジンに買い物を頼む。 엄마가 혜진에게 장보기를 부탁한다.
 → _____

2. 다음 그림을 보고 아래에 주어진 문장을 소유자 수동문으로 고쳐 쓰세요.

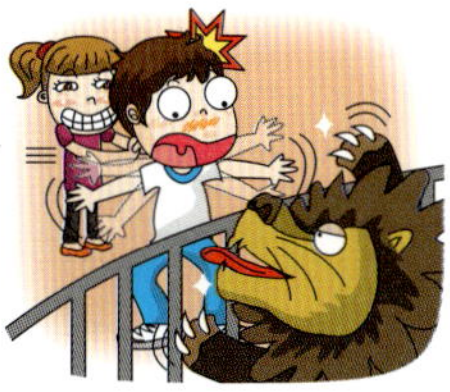

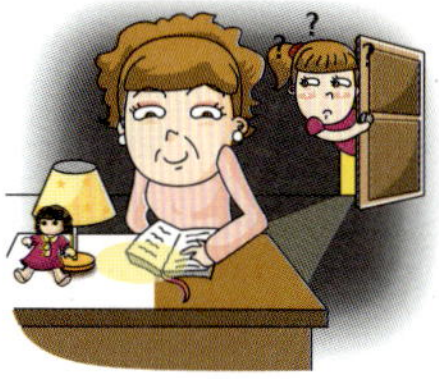

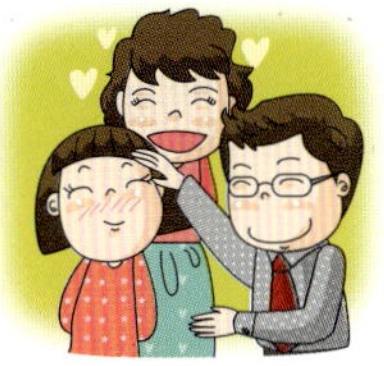

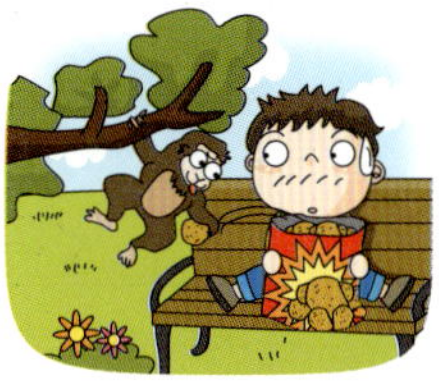

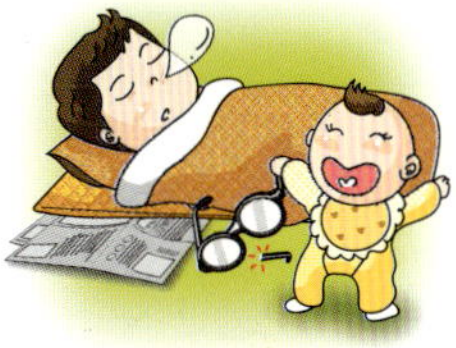

❶

❷

❸

❹

❺

❻

❶ 犬(いぬ)がセホの足(あし)をかむ。 개가 세호의 다리를 물다.

→ ____________________

❷ ミジがセホの背中(せなか)を押(お)す。 미지가 세호의 등을 민다.

→ ____________________

❸ 母(はは)がミジの日記(にっき)を読(よ)む。 엄마가 미지의 일기를 읽는다.

→ ____________________

❹ 先生(せんせい)が私(わたし)の娘(むすめ)をほめる。 선생님이 내 딸을 칭찬한다.

→ ____________________

❺ さるが子供(こども)のお菓子(かし)を取(と)る。 원숭이가 아이의 과자를 뺏는다.

→ ____________________

❻ 赤(あか)ちゃんが父(ちち)のめがねをこわす。 아기가 아빠의 안경을 망가뜨린다.

→ ____________________

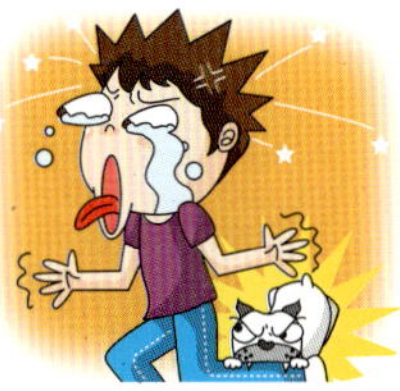

Exercise

3. 다음 그림을 보고 아래에 주어진 문장을 간접 수동문으로 고쳐 쓰세요.

❶  ❷  ❸

❹  ❺  ❻

❶ 友達が来る。 친구가 온다.
　→ 私は、_____。

❷ どろぼうが(家に)入った。 도둑이 (집에) 들어왔다.
　→ 僕は、_____。

❸ 雨が降る。 비가 내린다.
　→ 私は、_____。

❹ 赤ん坊が泣いた。 아기가 울었다.
　→ 僕は、_____。

❺ 犬が死ぬ。 개가 죽다.
　→ 僕は、_____。

❻ 家の前に、ビルを建てた。 집 앞에 빌딩을 세웠다.
　→ 私は、_____。

어두워도 볼 수 있는 것은 뭘까요? 그거야 꿈과 맛이지요.

13 가능 표현

가능 표현이란 어떠한 행위를 할 수 있고 없음을 나타내는 표현으로, 일본어의 경우는 가능 표현 문장과 가능 동사 문장으로 표현할 수 있습니다.

01 가능 표현의 종류

Q 일본어의 가능 표현에는 어떤 것들이 있나요?

일본어의 가능 표현은 크게 '가능 표현'과 '가능 동사'의 두 가지 형식이 있습니다. 우리말은 '~(ㄹ) 수 있다'가 가장 대표적인 가능 표현인데, 일본어로는 「~ことができる」라고 표현합니다.

02 「え단 + る」 또는 「られる」로 가능 동사를 만드는 방법

Q 「え단 + る」 또는 「られる」와 같은 방법으로도 가능 동사를 만들 수 있다면서요?

똑같지는 않지만, 2그룹 동사는 수동 표현의 경우처럼 「~られる」를 붙여 가능 동사를 만들 수 있어요. 그리고, 1그룹 동사는 동사의 어미를 え단으로 바꾼 다음 「る」를 붙여 가능 동사를 만들지요. 예를 들어 「かく(쓰다)」는 「かけ+る」, 즉 「かける」가 되는 거죠. 그리고 3그룹 동사 「くる」는 「こられる」, 「する」는 「できる」가 된답니다.

03 1·2·3그룹 동사를 가능 동사로 만드는 방법

Q 1·2·3그룹 동사의 가능 동사 만드는 방법이 모두 달라 복잡해요.

꼭 그렇지만은 않아요. 세 종류의 동사를 같은 방법으로 만들 수도 있어요. 2그룹 동사도 1그룹 동사처럼 만들면 되고, 3그룹 동사도 비슷하답니다.

Q 그럼, 동사의 어미를 'え단'으로 고친 다음 「る」를 붙이면 된다는 얘긴가요?

네, 맞아요. 우선 2그룹 동사 「みる(보다)」는 「みれ+る=みれる」, 「たべる(먹다)」는 「たべれ+る=たべれる」로 가능 동사를 만들 수 있어요. 그리고, 3그룹 동사 「くる」는 「こられる」에서 「ら」를 뺀 「これる」가 되고, 「する」는 무조건 「できる」입니다. 그럼, 가능 표현에 대해서 좀 더 구체적으로 살펴 볼까요?

가능 표현 맥 짚어보기

일본어의 가능 표현 형식으로는 '가능 표현'을 쓰는 경우와 보통의 동사에 가능의 기능을 갖는 말을 접속시켜 만드는 '가능 동사' 형식이 있습니다. 하지만, '가능 동사'를 만드는 방법이 1그룹 동사, 2그룹 동사, 3그룹 동사가 각각 다르다는 점에 유의해야 합니다.

1. **가능 표현**
   ~(する)ことができる : ~(할) 수 있다

2. **가능 동사**

   ① 1그룹 동사

   え단 + 「る」 : 동사의 어미를 え(-e)단으로 바꾼 다음, 「る」를 붙여 만듭니다.
   예) 書く(쓰다) → 書ける(쓸 수 있다)

   ② 2그룹 동사

   「~られる」 : 어미 「る」를 떼고, 「られる」를 붙여 만듭니다.
   예) 起きる(일어나다) → 起きられる(일어날 수 있다)

   ③ 3그룹 동사

   「くる」 → 「こられる」, 「する」 → 「できる」

☞ 2그룹 동사와 3그룹 동사의 일부는 이러한 방법 외에 다른 방법으로도 가능 동사를 만들 수 있습니다.

01 가능 표현의 종류

1 동사의 사전형 + ～ことができる(~할 수 있다) : 문장체적인 표현

私(わたし)は日本語(にほんご)を話(はな)すことができる。 나는 일본어를 할 줄 안다.

僕(ぼく)はへびを食(た)べることができます。 나는 뱀을 먹을 수 있습니다.

息子(むすこ)はピアノをひくことができる。 아들은 피아노를 칠 줄 안다.

Tip

「～ことができる」의 부정 표현

「～ことができない」: ~할 수 없다

私(わたし)は日本語(にほんご)を話(はな)すことができない。 나는 일본어를 못한다.
僕(ぼく)はへびを食(た)べることができません。 나는 뱀을 못 먹습니다.

2 가능 동사(~할 수 있다) : 회화체에서 많이 쓰이는 표현

私(わたし)は日本語(にほんご)が話(はな)せる。 나는 일본어를 할 줄 안다.

息子(むすこ)はピアノがひける。 아들은 피아노를 칠 줄 안다.

僕(ぼく)はへびが食(た)べられます(=食べれます)。 나는 뱀을 먹을 수 있습니다.

일반적으로 가능 동사 앞에는 조사 「～が」가 옵니다.

가능 동사를 만드는 방법은 뒤에 있는 03 그룹별 동사의 가능 동사 만들기 부분을 봐주세요.

 ## 02 가능형 문장의 생김새

일반 동사 문장	[행위자] が/は	[대상] を	동사
	私が	日本語を	話す

가능 표현 문장	[행위자] が/は	[대상] を	가능 표현
	私は	日本語を	話すことができる
가능 동사 문장	[행위자] は	[대상] が	가능 동사
	私は	日本語が	話せる

질문 있어요!

일반 동사 문장의 대상을 나타내는 조사「を」를 반드시 가능 동사 문장에서는「が」로 바꾸어 써야 하나요?

「が」를 쓰는 것이 일반적이지만, 때에 따라서는「を」가 그대로 쓰이는 경우도 있고, 또한 원래부터「を」를 필요로 하지 않는 동사일 경우에도「が」로 바뀌지 않습니다.

　　兄を手伝う → 兄を手伝える。 형을 도울 수 있다.

여기서「兄が手伝える」라고 하면 누가 누구를 돕는 것인지 명확하지 않으므로, 이 경우에는「を」를 그대로 쓰는 게 바람직합니다. 그리고 다음 예문에서처럼 원래부터「を」를 동반하지 않는 동사의 앞에 오는 조사는 가능 동사 문장에서도「が」로 바뀌지 않고 그대로 쓰입니다.

　　人に会う → (○)人に会える。 사람을 만날 수 있다. [(×) 人が会える。]
　　学校に行く → (○)学校に行ける。 학교에 갈 수 있다. [(×) 学校が行ける。]

03 그룹별 동사의 가능 동사 만들기

1 1그룹 동사의 가능 동사

어미 う단을 え단으로 바꾼 다음 「る」를 붙이세요.

かく
↓
ハングルがかける。
한글을 쓸 수 있다.

[飛ぶ] 空も飛べる。 하늘도 날 수 있다.
[乗る] 自転車に乗れる。 자전거를 탈 줄 안다.
[使う] カードが使える。 카드를 사용할 수 있다.

2 2그룹 동사의 가능 동사

1 기존의 가능 동사 형식

기존에 늘 사용되어 왔던 가능 동사의 형식입니다.

어미 「る」를 떼고, 그대로 「られる」를 붙이세요.

たべる
↓
さしみがたべられる。
생선회를 먹을 수 있다.

[見る] 星が見られる。 별을 볼 수 있다.
[教える] 僕は英語が教えられる。 나는 영어를 가르칠 수 있다.
[起きる] 兄より先に起きられる。 형(오빠)보다 먼저 일어날 수 있다.

2 디지털 세대의 가능 동사 형식

최근에 많이 사용되는 가능 동사 형식으로, 지금의 디지털 세대들 사이에서는 거의 짧고 간단한 형식의 가능 동사를 주로 사용합니다. 이러한 형식으로 만들면 결국 1그룹 동사의 가능 동사 형식과 동일하게 됩니다.

> 어미 う단(る)을 え단(れ)으로 바꾼 다음, 「る」를 붙이세요.

たべる
↓
さしみがたべれる。
생선회를 먹을 수 있다.

[見る]　星が見れる。 별을 볼 수 있다.
[教える]　僕は英語が教えれる。 나는 영어를 가르칠 수 있다.
[起きる]　兄より先に起きれる。 형(오빠)보다 먼저 일어날 수 있다.

3 3그룹 동사의 가능 동사

> ① 「くる」는 「こられる」와 「これる」 이렇게 두 가지입니다.
> ② 「する」는 오직 「できる」 한 가지뿐입니다.

くる
↓
3時までにこられる(=これる)。
3시까지 올 수 있다.

する
↓
運動ができる。
운동을 할 수 있다.

[来る]　一人で来られる(=来れる)。 혼자서 올 수 있다.
[する]　スキーができる。 스키를 탈 줄 안다.

305

질문 있어요!

아참! 그런데 한 가지 질문이 있어요!
'알다'인「分かる」의 가능 표현, 즉 '알 수 있다'는
「分(わ)かることができる」「分かれる」양쪽 다 쓸 수 있나요?

아니요, 둘 다 쓸 수 없어요.「分かる」는 동사 그 자체가
가능의 의미를 나타내고 있기 때문에, 가능 표현도 그대로
「分かる」를 쓰면 됩니다. 꼭 기억해 두세요!

れる/られる家의 가계도

[れる/られる]　① 수동
　　　　　　　② 존경
　　　　　　　③ 자발
　　　　　　　④ 가능 → 1그룹 가능 :書(か)かれる, 読(よ)まれる 등 [1그룹 동사는 이렇게 만들면 절대로 안 돼요!]
　　　　　　　　　　　 2그룹 가능 :見(み)られる, 食(た)べられる 등
　　　　　　　　　　　 3그룹 가능 :来(こ)られる 등

[eる]　　　　　1그룹 가능 :書(か)ける, 読(よ)める 등
　　　　　　　2그룹 가능 :見(み)れる, 食(た)べれる 등
　　　　　　　3그룹 가능 :来(こ)れる 등

☞ 「れる/られる」는 원래 수동, 존경, 자발, 가능의 뜻을 가지는 동사를 모두 만들 수 있었지만, 현재는 1그룹 동사에「れる」를 붙여 가능 동사를 만들 수 없습니다.
☞ 요즘은 젊은 사람들이 회화체에서 1그룹 동사와 같은 방법으로 2그룹 동사의 가능 동사를 만들어 쓰는 경우가 많습니다. 그래서 3그룹 동사「くる」의 경우도 회화체에서「こられる」보다「これる」가 더 많이 쓰입니다.

Exercise

1. 다음 그림을 보고, 아래의 보기에서 적당한 동사를 골라 (1)에는 가능 동사를, (2)에는 가능 표현을 써 넣어 문장을 완성하세요.

   [보기] する　来る　聞く　買う　食べる　見る　習う　吸う

❶ ここは、ものが安く(1)＿＿＿＿＿＿＿＿100円ショップです。
여기는 물건을 싸게 살 수 있는 백 엔숍입니다.

→ 100円ショップでは、ものを安く(2)＿＿＿＿＿＿＿＿。
백 엔숍에서는 물건을 싸게 살 수 있습니다.

❷ これは、部屋の掃除が(1)＿＿＿＿＿＿＿＿ロボットです。
이것은 방 청소를 할 수 있는 로봇입니다.

→ このロボットは、部屋の掃除を(2)＿＿＿＿＿＿＿＿。
이 로봇은 방 청소를 할 수 있습니다.

❸ これは、いつでも音楽が(1)＿＿＿＿＿＿＿＿MP3プレーヤーです。
이것은 언제든지 음악을 들을 수 있는 MP3 플레이어입니다.

→ MP3プレーヤーで、いつでも音楽を(2)＿＿＿＿＿＿＿＿。
MP3 플레이어로 언제든지 음악을 들을 수 있습니다.

❹ ここは、キリンとパンダが(1)＿＿＿＿＿＿＿＿動物園です。
여기는 기린과 판다를 볼 수 있는 동물원입니다.

→ 動物園では、キリンとパンダを(2)＿＿＿＿＿＿＿＿。
동물원에서는 기린과 판다를 볼 수 있습니다.

Exercise

❺ ここは、おすしが (1) ＿＿＿＿＿＿＿＿ 回転ずしやです。
여기는 초밥을 먹을 수 있는 회전 초밥집입니다.

→ 回転ずしやでは、おすしを (2) ＿＿＿＿＿＿＿＿。
회전 초밥집에서는 초밥을 먹을 수 있습니다.

❻ ここは、ピアノが (1) ＿＿＿＿＿＿＿＿「ピアノ教室」です。
여기는 피아노를 배울 수 있는 '피아노 교실'입니다.

→「ピアノ教室」では、ピアノを (2) ＿＿＿＿＿＿＿＿。
'피아노 교실'에서는 피아노를 배울 수 있습니다.

❼ これは、ふじ山の空気が (1) ＿＿＿＿＿＿＿＿ 缶詰です。
이것은 후지산 공기를 마실 수 있는 캔입니다.

→ この缶詰は、ふじ山の空気を (2) ＿＿＿＿＿＿＿＿。
이 캔은 후지산의 공기를 마실 수 있습니다.

❽ ここは、誰でも気軽に (1) ＿＿＿＿＿＿＿＿ 公園です。
여기는 누구라도 쉽게 올 수 있는 공원입니다.

→ この公園は、誰でも気軽に (2) ＿＿＿＿＿＿＿＿。
이 공원은 누구라도 쉽게 올 수 있습니다.

14 사역 표현

제발 나한테 하기 싫은 공부 좀 시키지 마

사역 표현이란, 손윗사람이 손아랫사람에게 어떤 행위를 시키거나 허락해 줄 때 쓰이는 표현입니다. 그리고 사역 수동 표현이란, 행위자가 다른 사람 또는 어떤 상황에 의해 강요된 행동을 어쩔 수 없이 해서 그 행위가 피해로 생각될 때 쓰이는 표현입니다.

01 사역 표현과 사역 수동 표현의 정의

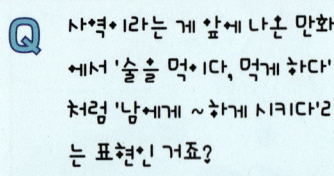

네, 의미상으로는 똑같은데 사역 표현이 다양한 우리말과는 달리, 일본어에는 동사에 사역 조동사 「~(さ)せる(~시키다)」를 붙여서 만드는 한 가지 방법 밖에 없답니다.

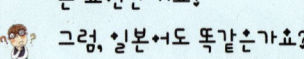

처음 들어보는 말이죠? 사역 표현에 또다시 수동 표현을 접속시킨 것을 사역 수동 표현이라고 해요. 앞의 만화에서처럼 '본인은 술을 마시고 싶지 않은데, 부장님이 마시게 해서 어쩔 수 없이 마셨다'라는 말이 나왔었죠? 이처럼 사역 수동이란, 사역의 '시키다'와 수동의 '당하다'의 복합적인 의미를 한 마디로 나타내는 표현이랍니다.

02 사역 수동 표현을 만드는 방법

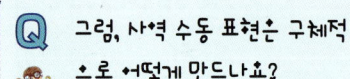

간단해요. 사역의 「~(さ)せる」에 수동의 「~られる」를 접속시켜서 「~(さ)せられる」라고 만들면 완성이에요. 그럼, 이제부터 사역 동사와 사역 수동 동사를 만드는 방법과 이들 표현의 의미에 대해 좀 더 구체적으로 알아보도록 할까요?

사역 표현 맥 짚어보기

사역 표현이란 손윗사람이 손아랫사람에게 어떠한 행위를 하도록 강요하거나 허용하는 것을 나타내는 표현입니다. 일본어의 사역 표현을 의미적인 면에서 나누어 보면, 가장 대표적인 종류로는 '강제 사역'과 '허용 사역' 그리고 사역을 이용한 표현으로 우리말 표현에는 없는 '사역 수동 표현'이 있습니다.

1. 사역 표현
   (1) 강제 사역
   　　손윗사람이 손아랫사람에게 어떠한 행위를 명령하거나 강요하는 것을 나타내는 표현입니다.
   　　예) 母が子供に野菜を食べさせる。 엄마가 아이에게 채소를 먹게 한다.

   (2) 허용 사역
   　　손아랫사람이 하고 싶어 하는 행위를 할 수 있도록 허용, 허가함을 나타내는 표현입니다.
   　　예) 母が子供を遊ばせる。 엄마가 아이를 놀게 해 준다.

2. 사역 수동 표현
   　사역 조동사와 수동 조동사가 결합한 동사 형태를 취하는 사역 수동 표현은 문장의 주어가 상대방이 시켜서 어쩔 수 없이 시킴을 당하게 되는 것을 나타내는 표현입니다.
   　예) 子供が母に野菜を食べさせられる。
   　　 (엄마가 먹으라고 해서) 어쩔 수 없이 아이가 채소를 먹는다.

 01 그룹별 동사의 사역형 만들기

① 1그룹 동사의 사역형

> 어미 う단을 あ단으로 바꾼 다음, 「せる」를 붙이세요.

よむ
↓
子供(こども)に本(ほん)をよませる。
아이에게 책을 읽히다.

[怒る] 彼(かれ)は姉(あね)を怒(おこ)らせた。 그는 누나를 화나게 했다.
[笑う] 彼はいつもみんなを笑(わら)わせる。 그는 언제나 모두를 웃긴다.
[運ぶ] 先生(せんせい)は学生(がくせい)に机(つくえ)を運(はこ)ばせた。 선생님은 학생에게 책상을 옮기게 했다.

② 2그룹 동사의 사역형

> 어미 「る」를 떼고, 그대로 「させる」를 붙이세요.

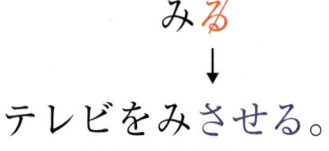

みる
↓
テレビをみさせる。
텔레비전을 보게 하다.

[いる] 父(ちち)は僕(ぼく)を家(いえ)に一人(ひとり)でいさせた。 아빠는 나를 집에 혼자 있게 했다.
[片付ける] 母(はは)は子供(こども)に部屋(へや)を片付(かたづ)けさせる。 엄마는 아이에게 방을 정리하게 한다.
[寝る] 母は子供を9時間(じかん)くらい寝(ね)させる。 엄마는 아이를 9시간 정도 자게 한다.

3 3그룹 동사의 사역형

「くる」와「する」달랑 두 개밖에 없으니까, 무조건 외우세요.

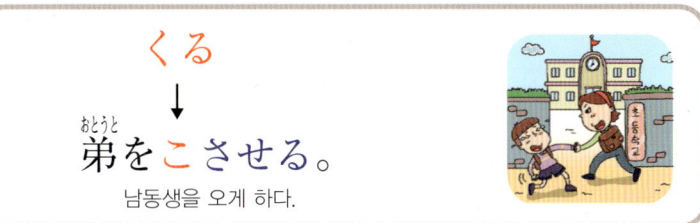

くる
↓
弟をこさせる。
남동생을 오게 하다.

する
↓
子供を勉強させる。
아이를 공부시키다.

[来る]　彼氏にケーキを買って来させる。 남자친구에게 케이크를 사오게 하다.
[来る]　先輩は僕にかばんを持って来させた。 선배는 나에게 가방을 들고 오게 했다.
[掃除する]　母は子供に部屋を掃除させる。 엄마는 아이에게 방을 청소시킨다.
[留学する]　親が子供をアメリカに留学させる。 부모가 아이를 미국에 유학보낸다.

02 자동사 사역문과 타동사 사역문

Type 1		기본문		자동사 사역문
자동사 구문		Aが~する		CがAを/に~(さ)せる
예문		弟が(スーパーへ)行く		母が弟を/弟に(スーパーへ)行かせる
조사 및 동사 교체	주어	A(弟)が	주어(사역주)	C(母)が
	없음	기본문에 없음	동작주	A(弟)를 또는 A(弟)に
	동사	する(行く)	사역 동사	(さ)せる(行かせる)

Type 2		기본문		타동사 사역문
타동사 구문		AがBを~する		CがAにBを~させる
예문		弟が薬を飲む		母が弟に薬を飲ませる
조사 및 동사 교체	주어	A(弟)が	주어(사역주)	C(母)が
	없음	기본문에 없음	동작주	A(弟)に
	목적어	B(薬)を	목적어	B(薬)を
	동사	する(飲む)	사역 동사	(さ)せる(飲ませる)

자동사 사역문의 특징

◎ 자동사 사역문의 경우, 기본문의 주어가 사역문에서 조사 「を」나 「に」 양쪽 모두를 취할 수 있습니다. 보통 「を」를 취하는 경우는 행위자의 의지를 무시하고 강요하는 '강제 사역'으로, 「に」를 취하는 경우는 행위자의 의지를 일단 받아들이고 행위를 허가하는 '허용 사역'으로 해석되는 경향이 있습니다.

母が弟をスーパーへ行かせる。
(동생이 가기 싫어하는데) 엄마가 동생을 슈퍼마켓에 보낸다.

母が弟にスーパーへ行かせる。
엄마가 (슈퍼마켓에 가고 싶어하는) 동생을 슈퍼마켓에 보낸다.

◎ 자동사라고 해도 「歩く(걷다), 走る(달리다)」 등과 같은 이동을 나타내는 동사의 경우, 「を」가 기본문에 이미 존재할 때는 사역문에서 「を」가 겹치게 되므로, 이때 조사는 「を」가 아닌 「に」를 써야 합니다.

(○) 先生は学生たちに山道を走らせた。 선생님은 학생들에게 산길을 달리게 했다.
(×) 先生は学生たちを山道を走らせた。

타동사 사역문의 특징

◎ 타동사 사역문은 자동사 사역문의 경우와 달리, 기본문의 주어는 사역문에서 조사 「に」만을 취할 수 있습니다. 「を」를 취할 수 없는 이유는 타동사문의 목적어(を)가 사역문에 그대로 남아 「を」가 두 번 중복되기 때문입니다.

(○) 母が弟に薬を飲ませる。 엄마가 동생에게 약을 먹게 한다.
(×) 母が弟を薬を飲ませる。

03 의미에 따른 사역의 분류

사역이란, 누군가에게 어떠한 행위를 강요하는 것이 기본적인 역할입니다. 그러나 사역은 이러한 강요 외에도, 사역 동사가 쓰이는 문맥에 따라 다음과 같은 파생적인 의미를 갖습니다.

강요(강제)	母は、いやがる子供にむりやりミルクを飲ませた。 엄마는 싫다는 아이에게 억지로 우유를 마시게 했다.
허용	母は、飲みたがっている子供にミルクを飲ませた。 엄마는 마시고 싶어하는 아이에게 우유를 마시게 했다.
방임·묵인	母は子供を外で思う存分遊ばせた。 엄마는 아이를 밖에서 마음껏 놀게 했다.
원인	この問題は多くの人を悩ませている。 이 문제는 많은 사람을 괴롭히고 있다.
후회의 기분	田中さんは娘を交通事故で死なせた。 다나카 씨는 딸이 교통사고로 죽었다. [※그에게 사고에 대한 직접적인 책임은 없지만, 간접적으로 책임을 느낄 때 사용합니다.]
잔혹성의 약화	犯人が彼を死なせた。 범인이 그 사람을 죽였다. [※방송이나 뉴스 등에서 잔혹하게 들릴 수 있는 「殺す(죽이다)」를 다소 부드럽게 들리게 하기 위해서 쓸 때도 있습니다.]

 # 04 사역 수동 표현

사역 수동형이란 말 그대로 「사역+수동」형을 말하는데, 일단 동사의 사역형을 알면 간단합니다. 앞에서 배운 사역형에 수동형 「～られる」만 접속시키면 바로 '사역 수동형(せられる, させられる)'이 됩니다.

 **1. 사역 수동형 만들기**

1 1그룹 동사의 사역 수동형

어미 う단을 **あ단**으로 바꾼 다음, 「**せられる**」를 붙이세요.

よ
読む
↓
子供(こども)は父親(ちちおや)に本(ほん)を読(よ)ませられる。
아빠의 성화에 아이는 싫어하면서도 책을 읽는다.

[走る] 僕(ぼく)は先生(せんせい)に１時間(じかん)も走(はし)らせられた。
나는 선생님이 시켜서 어쩔 수 없이 1시간이나 달렸다.

[買う] 父(ちち)が知(し)り合(あ)いに映画(えいが)のチケットを買(か)わせられた。
아빠가 친지로부터 (어쩔 수 없이) 영화표를 샀다.

 1그룹 동사의 경우는 결국 동사(読む)에 「～せる」를 붙여서 사역 동사(読ませる)를 만든 후, 다시 수동의 「～られる」를 접속시키면 사역 수동(読ませられる)이 되는 거군요!

2 2그룹 동사의 사역 수동형

> 어미 「る」를 떼고, 그대로 「させられる」를 붙이세요.

食べ<s>る</s>
↓
子供は母親にピーマンを食べさせられる。
엄마의 강요에 의해 아이는 하는 수 없이 피망을 먹는다.

[着<s>る</s>]　彼は女の服を着させられた。 그는 어쩔 수 없이 여자 옷을 입었다.

[答え<s>る</s>]　僕はつまらない質問に答えさせられた。
나는 재미없는 질문에 어쩔 수 없이 대답했다.

 2그룹 동사의 경우도 거의 마찬가지네요. 결국 동사(食べる)에 「〜させる」를 접속시켜 사역 동사(食べさせる)를 만든 후, 다시 수동의 「〜られる」를 붙이면 사역 수동(食べさせられる)이 되는 거군요!

3 3그룹 동사의 사역 수동형

> 「くる」와 「する」 달랑 두 개밖에 없으니까, 무조건 외우세요.

くる
↓
学校にこさせられる。
어쩔 수 없이 학교에 오다.

する
↓
子供は母親に勉強させられる。
아이는 엄마가 시켜서 어쩔 수 없이 공부한다.

[来る]　休みだったのに、会社に来させられた。
　　　　휴일이었는데, 어쩔 수 없이 회사에 왔다.

[する]　妹は姉に部屋の掃除をさせられた。
　　　　여동생은 언니가 시켜서 어쩔 수 없이 방 청소를 했다.

 1, 2, 3그룹 동사 모두 일단은 사역형을 만들면 2그룹 동사 [-eる]가 되니까, 수동형은 항상 「~られる」를 접속시키게 되는 거군요!

2. 사역 수동 표현의 단축형 만들기

사역 수동 표현의 단축형은 1그룹 동사만 가능하며, 1그룹 동사 중에서도 「す」로 끝나는 동사 「話す(이야기하다)」, 「貸す(빌리다)」 등은 단축형을 만들 수 없습니다. 이러한 단축형은 회화에서 많이 쓰인답니다.

1그룹 동사	~せられる[serareru] ⇒ ~される[sareru] 예 [歌う] : 歌わせられる ⇒ 歌わされる 　　[飲む] : 飲ませられる ⇒ 飲まされる 　　[泳ぐ] : 泳がせられる ⇒ 泳がされる
	「す」로 끝나는 1그룹 동사 : 단축형 없음 예 [話す] : 話させられる ⇒ (×) 話さされる

3. 사역 수동 표현의 의미

사역 수동 표현은 일반적으로 해당 동작이나 행위를 하는 사람이 싫어하거나 귀찮다고 생각하는 일을 누군가의 강요에 의해 어쩔 수 없이 하는 경우에 쓰이는 표현입니다.

先輩にお酒を飲まされた(飲ませられた)。
선배가 (무리하게) 권해서 억지로 술을 마시게 되었다.

僕は駅で彼女に1時間も待たされた(待たせられた)。
나는 어쩔 수 없이 역에서 여자친구를 1시간이나 기다렸다.

子供（こども）は服（ふく）を着替（きが）えさせられた。 아이는 억지로 옷을 갈아입었다.
母親（ははおや）に毎日（まいにち）ピアノの練習（れんしゅう）をさせられた。 엄마의 강요로 매일 피아노 연습을 했다.
私（わたし）はその話（はなし）を聞（き）いて、いろいろ考（かんが）えさせられた。 나는 그 이야기를 듣고 여러 가지로 생각했다.

사역 수동 표현에는 마지막 예문에서처럼 타인이 시키는 것은 아니지만, 결과적으로 혹은 심리적으로 어떠한 상태가 되는 경우에 쓰일 때도 있답니다.

표로 정리하는 사역 / 사역 수동형

① 사역형

종류	기본형	사역 표현		예
1그룹 동사	思う(생각하다)	思う → わ	+ せる	思わせる(생각하게 하다)
	書く(쓰다)	書く → か		書かせる(쓰게 하다)
	読む(읽다)	読む → ま		読ませる(읽게 하다)
2그룹 동사	見る(보다)	見る	+ させる	見させる(보게 하다)
	食べる(먹다)	食べる		食べさせる(먹게 하다)
3그룹 동사	来る(오다)	불규칙		来させる(오게 하다)
	する(하다)			させる(하게 하다)

② 사역 수동형

종류	기본형	사역 수동 표현(~せられる)	단축형(~される)
1그룹 동사	歌う(노래하다)	歌わせられる(억지로 노래를 하게 되다)	歌わされる
	飲む(마시다)	飲ませられる(억지로 마시게 되다)	飲まされる
	泳ぐ(헤엄치다)	泳がせられる(억지로 헤엄치게 되다)	泳がされる
2그룹 동사	食べる(먹다)	食べさせられる(억지로 먹게 되다)	없음
3그룹 동사	来る(오다)	来させられる(억지로 오게 되다)	없음
	する(하다)	させられる(억지로 하게 되다)	없음

Exercise

1. 다음 그림을 보고 아래에 주어진 단어를 사용하여 사역 표현 문장으로 고쳐 쓰세요.

❶  ❷  ❸

❹  ❺  ❻

❶ 兄・弟・泣く   형・남동생・울다
→ _____

❷ 娘・親・喜ぶ   딸・부모님・기뻐하다
→ _____

❸ 彼・彼女・びっくりする   그・그녀・놀라다
→ _____

❹ 母・赤ちゃん・ミルクを飲む   엄마・아기・우유를 마시다
→ _____

❺ 父・子供・迎えに来る   아빠・아이・마중하러 오다
→ _____

❻ 部長・新入社員・歌を歌う   부장님・신입사원・노래를 부르다
→ _____

2. 다음 그림을 보고 아래에 주어진 단어를 사용하여 사역 수동형 문장으로 고쳐 쓰세요.

❶
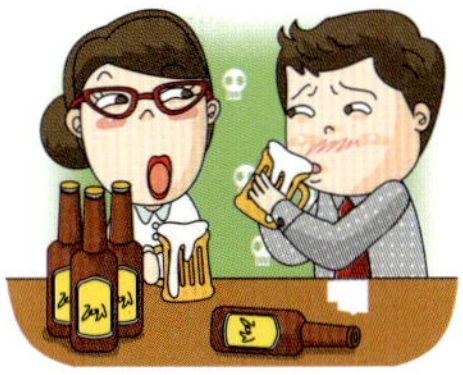

❷
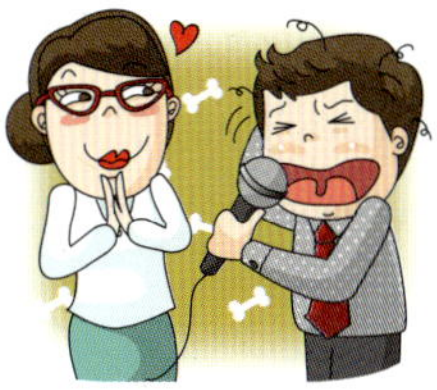

❸
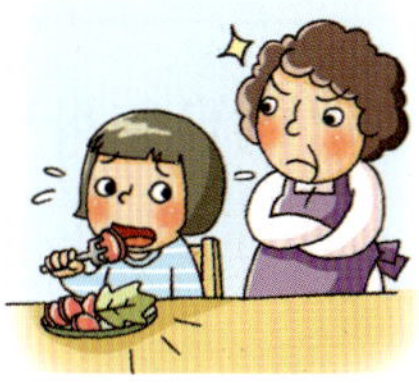

❹
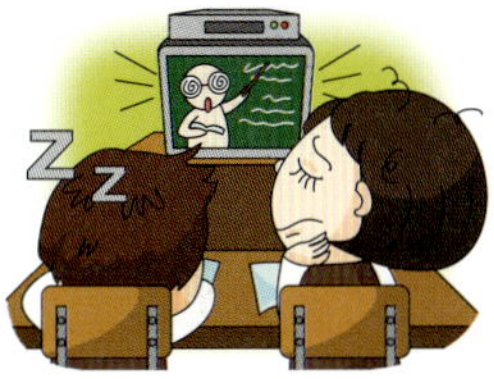

❺
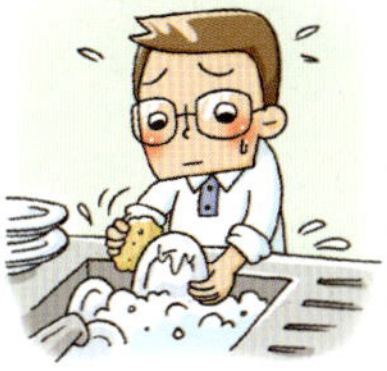

❻
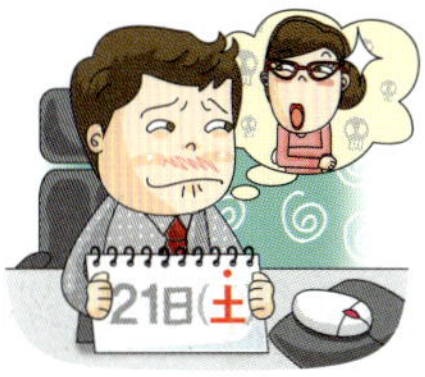

❶ 彼(かれ)・お酒(さけ)を飲(の)む　그 사람 · 술을 마시다

→ ________________________________

❷ 彼(かれ)・歌(うた)を歌(うた)う　그 사람 · 노래를 부르다

→ ________________________________

❸ 子供(こども)・野菜(やさい)を食(た)べる　아이 · 채소를 먹다

→ ________________________________

❹ 学生(がくせい)たち・つまらないビデオを見(み)る　학생들 · 지루한 비디오를 보다

→ ________________________________

❺ 夫(おっと)・皿洗(さらあら)いをする　남편 · 설거지를 하다

→ ________________________________

❻ 彼(かれ)・会社(かいしゃ)に来(く)る　그 사람 · 회사에 오다

→ ________________________________

Exercise

3. 다음 우리말을 사역 표현을 써서 먼저 일본어로 바르게 옮긴 후, 그에 대응하는 사역 수동 표현 문장으로 바꾸어 쓰세요.

❶ 선생님은 학생들에게 일본어로 이야기하게 합니다.
→ _____
→ _____

❷ 부장님이 나에게 짐을 나르게 했다.
→ _____
→ _____

❸ 엄마가 나를 슈퍼마켓에 보냈다(가게 했다).
→ _____
→ _____

❹ 그녀가 나를 1시간이나 기다리게 했다.
→ _____
→ _____

❺ 아내는 나에게 방 청소를 하게 했습니다.
→ _____
→ _____

15 가정·조건 표현

라면 이라면 이 라면이 짱이에요!

가정·조건 표현이란, 어떤 상황이 일어났을 때 그 결과로 인해 다른 상황이 일어난다고 하는 인과관계를 예측하는 표현입니다. 일본어의 가정·조건 표현을 나타내는 대표적인 형식으로는「〜ば・〜と・〜たら・〜なら」가 있습니다.

01 가정·조건 표현의 종류

Q 우리말에서는 '~면', '~라면'을 붙이면 가정·조건 표현이 되는데, 일본어의 경우는 어떤가요?

일본어에는 「~ば」, 「~と」, 「~たら」, 「~なら」라는 4가지 형식의 가정·조건 표현이 있어 조금 복잡합니다. 각각의 가정·조건 표현은 기본적으로는 그 쓰임새가 조금씩 다르기도 하지만, 어떤 경우에는 쓰임새가 비슷한 경우도 있어 상당히 복잡한 편입니다.

02 각각의 가정·조건 표현의 쓰임새

Q 그럼, 이들 4가지 가정·조건 표현의 가장 대표적이고 기본적인 쓰임새를 가르쳐 주세요.

우선 「~ば」는 기본적으로 변하지 않는 사실이나 객관적인 사실 등의 가정·조건 표현에 많이 쓰입니다. 그리고 「~と」는 「~ば」와 쓰임새가 비슷하여 서로 바꾸어 쓸 수 있는 경우가 많고, 기본적으로 앞의 사항이 성립하면 뒤의 사항도 성립할 경우에 많이 쓰인답니다. 그리고 「~たら」는 「~ば」, 「~と」와는 달리, 주로 개별적, 일회적, 주관적, 특정적 사건에 많이 쓰이기 때문에 4가지 가정 표현 중 일상회화에서 가장 많이 사용된답니다. 그리고 「~なら」는 일반적으로 앞의 사실이 실현되기 이전에 말하는 사람의 판단이나 의지를 뒤의 사실에서 나타낼 때 쓰이는 경우가 많아요. 예를 들어 '일본에 돌아갈 거라면(帰るなら), 먼저 연락 주세요'의 경우처럼 상대방이 일본에 돌아간다고 하는 사실이 실현되기 이전에 말하는 사람의 판단을 나타내는 문장이므로, 이러한 경우에는 「~なら」를 써야 한답니다.

그럼, 이들 가정·조건 표현의 각각의 쓰임새와 차이에 대해 좀 더 자세히 알아봅시다.

가정·조건 표현 맥 짚어보기

우리말의 가정·조건 표현은 대부분 '~면'으로 표현되는 경우가 많지만, 일본어의 가정·조건 표현은 어떠한 상황에서 쓰이느냐에 따라 대표적으로 「~ば」, 「~と」, 「~たら」, 「~なら」의 4가지 종류가 있습니다. 각각의 가정·조건 표현은 여러 가지 용법을 가지고 있는데, 각각의 가장 기본적인 용법은 다음과 같습니다.

1. 「~ば」
   일본어의 가장 대표적인 가정·조건 표현으로, '진리나 불변의 법칙', '자연현상', '반복적·습관적 사실' 등의 일반적 조건에 많이 쓰입니다.

2. 「~と」
   앞의 사실(「と」절)이 성립되면, 뒤의 사실도 필연적으로 성립될 때 쓰입니다. 따라서 「~ば」와 「~と」는 바꾸어 쓸 수 있는 경우가 많습니다.

3. 「~たら」
   개인적, 일회적, 특정적 사실의 가정·조건 표현으로, 가정·조건 표현 중 가장 많이 쓰이는 표현입니다.

4. 「~なら」
   뒤의 사실이 먼저 성립된 후, 앞의 사실(「なら」절)이 나중에 성립될 경우에 쓰이는 표현으로, 우리말로는 '~(이)라면'으로 해석될 때가 많습니다.

01 ～ば

1. **의미** : ～(하)면
2. **접속** : 「동사・い형용사・な형용사의 가정형 + ば」

※ 가정형 만들기

1그룹 동사	어미를 え단으로 바꾸고 「ば」를 접속	書けば(쓰면) 読めば(읽으면)
2그룹 동사	어미 「る」를 え단(「れ」)으로 바꾸고 「ば」를 접속	見れば(보면) 食べれば(먹으면)
3그룹 동사	「する」→「すれば」, 「来る」→「来れば」	すれば(하면) 来れば(오면)
い형용사	어미 「い」를 떼고 「ければ」를 접속	高ければ(비싸면) よければ(좋으면)
な형용사	어미 「だ」를 떼고 「なら(ば)」를 접속	静かなら(ば)(조용하면) きれいなら(ば)(깨끗하면)

3. **용법**

01 필연적, 일반적 조건

'진리나 불변의 법칙', '자연현상'과 같이 항상 필연적으로 성립하는 사실이나 길 안내 등의 일반적 조건문에 많이 사용됩니다. (※「～と」와 교체 가능)

春が来れば、花が咲く。 봄이 오면, 꽃이 핀다.

100を2で割れば、50になる。 100을 2로 나누면, 50이 된다.

まっすぐ行けば、左側に銀行があります。
쭉 가면, 왼편에 은행이 있습니다.

02 　반복적, 습관적 사실

현재의 습관이나 반복적으로 일어나는 일에 대한 조건 표현에 사용됩니다. (※「～と」와 교체 가능)

天気がよければ、散歩に行く。 날씨가 좋으면 산책하러 간다.

私はお酒を飲めば、手がしびれる。 나는 술을 마시면, 손이 저린다.

03 　가정 조건

뒤의 사실을 성립시키기 위해 앞 문장(조건절)을 가정할 때 쓰입니다. (※「～と」와 교체 불가능)

手術をすれば、助かるよ。 수술하면, 살 수 있어.

走れば、終電に間に合いますよ。
뛰어가면 마지막 전철 시간에 댈 수 있어요.

04 　속담, 격언

불변의 법칙에 쓰이는 조건 표현이기 때문에, 속담이나 격언 등의 조건 표현에 많이 쓰입니다. (※「～と」와 교체 불가능)

急がば回れ。 급할수록 돌아가라.

ちりも積もれば山となる。 먼지도 쌓이면 산이 된다. (티끌 모아 태산)

終わりよければ、すべてよし。 끝이 좋으면, 만사 오케이.

05 　의문사 +「～ばいい」

의문문의 조건 표현에 쓰입니다. (※「～と」와 교체 불가능)

いつ来ればいいですか。 언제 오면 될까요?

私はどうすればいいでしょうか。 나는 어떻게 하면 좋을까요?

06 　주관적 표현(일부의 경우에만 가능)

뒤에 오는 문장에 명령·의지·권유·희망 등 말하는 사람의 주관적인 표현이 오는 경우, 앞 문장의 조건 표현으로는 「～たら」를 사용하는 것이 일반적입니다. 그러나 다음과 같은 일부의 경우에는 「～ば」를 쓸 수도 있습니다.

① 앞 문장(조건절)에 형용사나 상태 동사 「ある」가 올 때

明日、天気がよければ、ドライブに行こうよ。 내일 날씨가 좋으면, 드라이브 가자.

時間があれば、買い物するつもりです。 시간이 있으면, 쇼핑할 생각입니다.

② 앞 문장(조건절)과 뒤에 오는 문장의 주어가 다를 때

あなたが言えば、みなすぐ納得するだろう。 당신이 말하면, 모두 바로 이해할 거야.

뒷문장에 위와 같은 주관적인 표현이 오고, 앞 문장에 상태 동사인 「ある」를 제외한 대부분의 동사가 올 때는 일반적으로 「〜ば」는 올 수 없고 「〜たら」를 써야 합니다.

家へ [(×) 帰れば /(○) 帰ったら]、すぐお風呂に入りたい。
집에 돌아가면, 곧바로 목욕하고 싶다.

07 반대 사실

「〜ば」는 현실과 반대되는 사실을 가정할 수 있습니다. (※「〜と」와 교체 불가능, 「〜たら」와 교체 가능)

(○) あの時、父が許してくれていれば、彼女と結婚できた。
그 당시, 아버지가 허락해 주셨다면 그녀와 결혼할 수 있었다.

(×) あの時、父が許してくれていると、彼女と結婚できた。

02 ～と

1. 의미 : ～(하)면, ～(하)자, ～더니
2. 접속 : 「동사・い형용사・な형용사의 사전형 + と」
3. 용법

01 필연적 조건

앞의 사실이 성립하면, 뒤의 사실도 필연적으로 성립할 때 쓰이기 때문에, 전자제품 사용설명이나 길 안내, 자연현상 등에 주로 쓰입니다. 따라서, 「～ば」의 01번 용법과 거의 동일합니다. (※「～ば」와 교체 가능)

春が来ると、花が咲く。 봄이 오면, 꽃이 핀다.

このボタンを押すと、お湯が出る。 이 버튼을 누르면, 뜨거운 물이 나온다.

まっすぐ行くと、左側に銀行があります。 쭉 가면, 왼편에 은행이 있습니다.

02 현재의 반복적인 습관

한 번에 끝나는 일회적인 사실이 아닌, 현재 반복적으로 행하고 있는 습관인 경우에 쓰입니다. 「～ば」의 02번 용법과 동일합니다. (※「～ば」와 교체 가능)

天気がいいと、散歩に行く。 날씨가 좋으면 산책하러 간다.

お酒を飲むと、いつも顔が赤くなる。 술을 마시면, 항상 얼굴이 빨개진다.

03 일반적 상식

일반적인 상식을 나타내는 조건문에 쓰입니다. (※「～ば」와 교체 가능)

ビールは冷たくないと、おいしくないです。 맥주는 차갑지 않으면, 맛이 없습니다.

部屋がきれいだと、気持ちがいいです。 방이 깨끗하면, 기분이 좋습니다.

04 일회성 확정 조건

일회적인 사건이라도 어떤 조건이 갖춰지면, 확정적으로 그러한 일이 일어난다는 것을 나타낼 때도 쓰입니다. (※「～たら」와 교체 가능)

私は9月になると、彼女と結婚します。 나는 9월이 되면, 그녀와 결혼합니다.

息子は3月になると、小学校に入学する。 아들은 3월이 되면, 초등학교에 입학한다.

05 발견, 연속동작, 과거의 습관

발견, 연속동작, 과거의 습관 등 과거를 나타내는 문장에 쓰입니다. (※「~たら」와 교체 가능)

トンネルを抜けると、そこは雪国だった。 터널을 빠져나오자, 그곳은 설국이었다.

彼は部屋に入ると、すぐ寝てしまった。 그는 방에 들어가자, 곧 잠을 자 버렸다.

彼はお酒を飲むと、いつも泣いた。 그는 술만 마시면, 항상 울었다.

06 주관적 표현 불가

「と」절 뒤에는 '명령·의지·권유·희망·추측' 등의 주관적 표현이 올 수 없습니다. 주관적 표현을 나타내려면, 일반적으로 「~たら」를 써야 합니다.

さくらが [(×) 咲くと / (○) 咲いたら]、花見に行け。 벚꽃이 피면 꽃구경 가(라).

冬休みに [(×) なると / (○) なったら]、スキーに行きたい。
겨울방학이 되면 스키 타러 가고 싶다.

授業が [(×) 終わると / (○) 終わったら]、遊びに来てください。
수업이 끝나면 놀러 오세요.

Point  콕 선생의 비밀 과외!

「~と」와「~ば」는 서로 쓰임새가 비슷한 경우가 많습니다. 그러나 기본적으로「~ば」는 뒤의 사실을 성립시키기 위해 앞 문장(조건절)에서 가정할 때 쓰이며,「~と」는 앞의 사실이 성립되면 반드시 뒤의 사실도 성립된다는 차이가 있습니다.

[(○) 走れば / (×) 走ると] 終電に間に合いますよ。 뛰어가면, 마지막 전철 시간에 댈 수 있어요.

☞ '뛰어가면 반드시 탈 수 있다'라고는 단언할 수 없기 때문에「~と」는 쓸 수 없습니다.

私はお酒を[(×) 飲めば / (○) 飲むと]、顔が赤くなります。
나는 술을 마시면, 얼굴이 빨개져요.

☞ '술을 마시면'이 성립하면 반드시 '얼굴이 빨개진다'가 성립하는 것을 표현하려는 문장이기 때문에「~と」는 쓸 수 있지만, 얼굴이 빨개지려면 술을 마셔야 한다는 의미가 아니므로「~ば」는 쓸 수 없습니다.

03 ～たら

1 의미 : ～(하)면, ～한다면, ～더니, ～(ㄴ)데

2 접속 : 「동사・い형용사・な형용사의 た형 + たら」

품사	접속 형태		예
동사	た형	+ たら	着いたら(도착하면)
い형용사	た형		寒かったら(추우면)
な형용사	た형		暇だったら(한가하면)

3 용법

01 개별적, 일회성 사건

개별적 또는 일회적으로 일어난 우연한 사건, 또는 시간이 경과하면 성립되는 확정적 사실 등에 사용됩니다.

昨日デパートに行ったら、偶然、先生に会った。
어제 백화점에 갔다가 우연히 선생님을 만났다.

うちの子は今年9月になったら、満3才になります。
우리 아이는 올 9월이 되면, 만 세 살이 됩니다.

今年は、冬休みになったら、北海道へスキーに行きます。
올해는 겨울방학이 되면, 홋카이도에 스키를 타러 갈 겁니다.

02 가정 조건

「たら」절 내용의 성립여부를 알 수 없을 때 사용합니다. (※「～ば」와 교체 가능)

明日雨が降ったら(=降れば)、試合は中止だ。 내일 비가 오면 시합은 중지한다.

ゲームに負けたら(=負ければ)、踊ってください。 게임에 지면, 춤을 추세요.

03 확정 조건

앞의 사실인 「たら」절의 내용이 당연히 성립함을 알 수 있을 때 사용합니다. (※「～ば」와 교체 불가능)

午後に [(○) なったら/(×) なれば]、買い物に行きましょう。
오후가 되면, 쇼핑하러 갑시다.

3月に [(○) なったら/(×) なれば]、引っ越しするつもりです。

3월이 되면, 이사할 생각입니다.

> '오후'가 되거나 '3월'이 되는 것은 시간이 지나면 당연히 성립되는 사항이기 때문에 이러한 확정 조건의 경우에는 「~たら」를 씁니다.

04 주관적 표현 가능

「~たら」는 앞의 조건절에 동작이나 변화를 나타내는 동사가 올 경우, 뒤에 '명령 · 의지 · 권유 · 희망 · 추측' 등의 주관적인 표현이 올 수 있습니다. (※「~ば」와 교체 불가능)

家に [(○) 帰ったら/(×) 帰れば]、すぐご飯が食べたい。

집에 돌아가면, 바로 밥을 먹고 싶다.

お風呂に [(○) 入ったら/(×) 入れば]、すぐ寝なさい。

목욕하고 나면 바로 자렴.

05 시제 제약 없음

「~たら」는 뒤에 오는 문장에 어떠한 시제(과거 · 현재 · 미래)가 오더라도 제약 없이 사용할 수 있습니다.

昨日公園に行ったら、部長に会った。 [과거]

어제 공원에 갔다가, 부장님을 만났다.

勉強していたら、友達から電話がかかってきた。 [현재]

공부를 하고 있는데, 친구한테서 전화가 걸려왔다.

明日学校に行ったら、この手紙を先生に渡しなさい。 [미래]

내일 학교에 가면, 이 편지를 선생님께 건네드리렴.

> 회화체와 문장체 양쪽 모두에 두루 쓰이는 「~ば」,「~と」,「~なら」와 달리, 「~たら」는 주로 회화체에서만 쓰이는 가정 · 조건 표현이며, 특히 가정 · 조건 표현 중에서도 가장 많이 쓰이는 표현이랍니다.

04 〜なら

1 의미 : 〜(이)라면, 〜(할)거라면, 〜(한)다면

2 접속 : 「명사 + なら」 / 「동사・い형용사의 사전형, な형용사의 어간 + なら」

품사	접속 형태		예
명사	+ なら		野球なら(야구라면)
동사	사전형	+ なら	買うなら(산다면)
い형용사	사전형		寒いなら(추우면)
な형용사	어간		暇なら(한가하면)

3 용법

01 상대방의 상황을 토대로 하여 말하는 사람의 의견을 나타내는 경우

상대방의 이야기나 상황을 토대로 말하는 사람 본인의 생각을 말할 때 쓰이는 조건 표현으로, 주로 앞의 사실에 대한 말하는 사람의 행동, 의지, 의견, 조언, 판단 등을 나타낼 때 쓰입니다.

A : ちょっとスーパーに行ってきます。 잠깐 슈퍼마켓에 갔다 올게요.
B : あなたが行くなら、私もいっしょに行きます。
　　당신이 갈 거라면, 저도 함께 가겠습니다.

納豆が嫌いなら、食べなくてもいいですよ。 낫토를 싫어하면, 안 먹어도 괜찮아요.
結婚するなら、料理の上手な人のほうがいい。
결혼한다면 음식을 잘하는 사람이 좋다.

02 앞의 사실(조건절의 내용)을 새롭게 알게 되는 경우

「〜なら」는 일반적으로 앞의 사실(조건절의 내용)을 새롭게 알게 되는 경우에 쓰입니다. 따라서 반복적이고 일반적인 사실, 습관, 자연현상 등을 나타낼 때는 쓸 수 없으며, 이 경우에는 「〜ば」나 「〜と」를 써야 합니다.

両替をするなら、銀行に行きなさい。 환전을 할 거라면, 은행에 가세요.
(×) 春になるなら、花が咲きます。[(○) 春になれば/春になると]
(×) まっすぐ行くなら、左側に銀行があります。[(○) 行けば/行くと]

03 앞의 사실이 실현되기 이전에 말하는 사람의 판단이나 의지를 나타낼 경우

「～なら」는 일반적으로 앞의 사실이 실현되기 이전에 말하는 사람의 판단이나 의지를 나타낼 때 사용합니다. 따라서, 뒤에는 과거나 객관적인 사실이 올 수 없습니다.

カメラを買うなら、ビックカメラが安いです。
카메라를 살 거라면 빅카메라(일본 가전제품 할인매장)가 쌉니다.

(×) 家に帰るなら、友達が来ていた。 [(○) 帰ると/帰ったら]

(×) 窓を開けるなら、ふじ山が見える。 [(○) 開けると/開ければ/開けたら]

04 시간적으로 주절이 성립된 후, 조건절이 성립될 경우

'시간적인 관계'에 있어서, 뒤의 사실(주절)이 먼저 성립되고 그 후에 앞의 사실(조건절)이 성립될 경우에는 가정·조건 표현 중 「～なら」만을 사용할 수 있습니다. (※「～と」, 「～ば」, 「～たら」로 교체 **불가능**)

明日試験があるなら、今晩一生懸命に勉強しなさい。
내일 시험이 있으면, 오늘 밤 열심히 공부하렴.

明日引っ越すなら、今日はゆっくり休んだほうがいいですよ。
내일 이사할 거라면, 오늘은 푹 쉬는 게 좋겠어요.

맞짱 뜨기

「～なら」 vs 「～たら」

「～なら」와「～たら」를 시간적인 관점에서 비교해 보면, 「～なら」는 앞의 사실보다 뒤의 사실이 먼저 성립하게 되는 점이 「～たら」와 다르답니다.

a. 国に帰るなら、連絡してください。 고국에 돌아갈 거라면, (미리) 연락해 주세요.

b. 国に帰ったら、連絡してください。 고국에 돌아가면, (고국에 도착해서) 연락해 주세요.

이처럼 「～なら」가 쓰인 a의 경우는 앞의 사실인 「国に帰る」보다, 뒤의 사실인 「連絡する」가 먼저 성립함을 알 수 있습니다. 반면에 「～たら」가 쓰인 b의 경우는 뒤의 사실인 「連絡する」보다 앞의 사실인 「国に帰る」가 먼저 성립하는 것으로, 시간적 관계에 있어 반대의 현상을 보이고 있음을 알 수 있습니다.

Exercise

1. 다음 그림을 보고 아래의 두 문장을 적절한 가정 표현을 사용하여 한 문장으로 완성하세요.

❶ ボタンを押す。 버튼을 누른다. / お湯が出ます。 뜨거운 물이 나옵니다.
→ _____

❷ 私は家へ帰る。 나는 집에 돌아온다. / まず手を洗います。 먼저 손을 씻습니다.
→ _____

❸ 夏休みに旅行する。 여름방학에 여행한다. / 予約が必要です。 예약이 필요합니다.
→ _____

❹ まっすぐ行く。 쭉 가다. / 右に銀行があります。 오른쪽에 은행이 있습니다.
→ _____

❺ 電車に乗る。 전철을 타다. / 本を読みます。 책을 읽습니다.
→ _____

❻ 手術する。 수술하다. / 治ります。 낫습니다.
→ _____

Exercise

2. 다음 가정 표현 문장에서 틀린 곳을 찾아 바르게 고치세요. 답은 복수일 경우도 있습니다.

❶ スミスさんから電話があると、知らせてください。
스미스 씨에게 전화가 오면 알려 주세요.
→ _____

❷ 本を読むと、貸してください。
책을 읽으면, 빌려 주세요.
→ _____

❸ 明日試験があれば、今晩勉強してください。
내일 시험이 있으면, 오늘 밤 공부하세요.
→ _____

❹ 手紙を読めば、泣き出した。
편지를 읽자, 울기 시작했다.
→ _____

❺ 風邪をひけば、薬を飲んだほうがいい。
감기에 걸리면 약을 먹는 편이 좋다.
→ _____

❻ 成績がよいと、大学に入れます。
성적이 좋으면, 대학에 들어갈 수 있습니다.
→ _____

3. 다음 보기 중에서 적절한 조건 표현을 찾아 문장을 완성하세요. 답은 복수일 경우도 있습니다.

❶ 分からないことが [あると / あったら] 遠慮なく聞いてください。
　모르는 것이 있으면 주저 말고 물어보세요.
　→ _____

❷ [暑いと / 暑かったら / 暑ければ] エアコンをつけてください。
　더우면 에어콘을 켜세요.
　→ _____

❸ 部長が帰って [来ると / 来れば / 来たら]、相談してみます。
　부장님이 돌아오면 의논해 보겠습니다.
　→ _____

❹ 釜山に [行くと / 行くなら / 行ったら] 最近はKTXのほうが便利だ。
　부산에 갈 거라면 요즘은 KTX쪽이 편리하다.
　→ _____

❺ 3月に [なると / なったら / なるなら] 暖かくなります。
　3월이 되면 따뜻해집니다.
　→ _____

❻ ドアの前に [立つと / 立てば / 立つなら] ドアが開きます。
　문 앞에 서면 문이 열립니다.
　→ _____

❼ ゆっくり [休めば / 休んだら / 休むなら] すぐ元気になります。
　푹 쉬면 바로 건강해집니다.
　→ _____

Exercise

4. 다음에 제시하는 조건 표현을 사용하여, 우리말을 일본어로 바르게 옮기세요.

❶ 창을 열자, 바다가 보였다. (と / たら)
  → _____
  → _____

❷ 미지라면, 아까 도서관에서 만났어. (なら)
  → _____

❸ 돈이 있었더라면, 그 MP3를 살 수 있었을 텐데. (ば / たら)
  → _____
  → _____

❹ 일이 끝나면, 한잔하러 갑시다. (たら)
  → _____

❺ 싸면 사겠지만, 싸지 않으면 사지 않겠습니다. (ば)
  → _____

❻ 바쁘지 않으면, 놀러와 주세요. (ば / たら)
  → _____
  → _____

16 경어 표현

내가 하면 겸양 표현, 선생님이 하시면 존경 표현, 격식 차려 정중 표현

일본어의 경어 표현에는 상대방(윗사람)의 행위를 높여 표현하는 존경 표현과 말하는 사람 자신의 행위를 낮추어 표현하는 겸양 표현, 그리고 단순히 말하는 사람 자신이 격식을 차려 말함으로써 상대방에게 직접적으로 경의를 표현하는 정중 표현이 있습니다.

01 경어 표현의 정의

Q 경어 표현이라는게 뭐죠?

A 경어 표현이란 말하는 사람과 상대방 사이의 관계, 즉 두 사람 사이의 위아래 관계, 친하고 먼 관계 등을 바탕으로 상황에 맞는 말씨를 골라 쓰는 대우 표현을 말합니다.

Q 우리말과 일본어의 경어 표현은 어떻게 다른가요?

A 우리말의 경어 표현은 상대방이 나보다 윗사람이면 절대적으로 높이는 절대경어 표현을 씁니다. 일본어의 경우는 나보다 윗사람에게는 기본적으로 높여 말한다는 점에서는 우리말과 같다고 할 수 있지만, 일본어는 상대경어라는 것을 사용한답니다. 이 상대경어란, 상대방이 윗사람일지라도 내 쪽의 사람을 외부집단 사람에게 이야기할 때는 자기 쪽을 낮추어 겸손하게 표현하는 것을 말합니다.

02 경어 표현의 종류

Q 그럼, 일본어 경어 표현에는 어떠한 것들이 있나요?

A 존경어, 겸양어, 정중어 등이 있어요. 우선 존경어는 처음부터 상대방을 높이는 말이고, 겸양어는 자신을 낮추어 말함으로써 상대방을 높이게 되는 말입니다. 그리고 정중어란, 상대방을 높이거나 자신을 낮추어 말하는 것이 아니라, 자신의 말에 격식을 갖춰 상대방에게 경의를 표하는 말이랍니다.

03 경어 표현을 사용함에 있어서 주의할 점

Q 그 외에 또 일본어 경어 표현을 공부할 때 주의할 점이 있나요?

A 먼저 일반 동사를 가지고 존경어와 겸양어를 만드는 각각의 경어 공식이 있으니 잘 구별해서 쓸 것! 두 번째는 일반 동사와 전혀 다른 모양을 가진 존경어 특별 동사와 겸양어 특별 동사가 있으니 이러한 것들도 잘 외워둬야지요. 그럼, 이제 경어 표현에 대해 자세히 살펴 볼까요?

경어란 자신보다 윗사람 또는 자신이 속해 있는 집단 이외의 외부 집단 사람을 존중하여 표현하거나, 자신을 낮추어 표현할 때 또는 자신의 말을 정중하게 표현할 때 쓰는 말입니다. 일본어의 경어 표현에는 존경 표현, 겸양 표현, 정중 표현 이렇게 세 가지 종류가 있습니다.

1. 존경 표현
   상대방을 높여 표현합니다.
   → 상대방에게 사용하는 말

2. 겸양 표현
   자신을 낮추어 표현합니다.
   → 자신에게 사용하는 말

3. 정중 표현
   자신의 말을 정중하게 표현합니다.
   → 상대방에게도, 자신에게도 쓸 수 있는 말

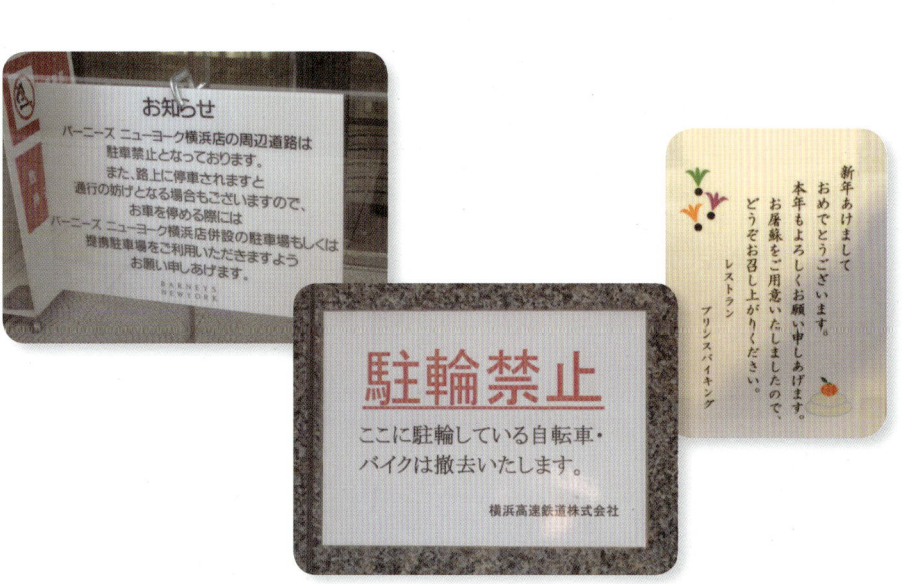

01 존경 표현

존경 표현이란 상대방 또는 상대방의 행위, 소유물 등을 높여 표현함으로써 상대방에게 직접적으로 경의를 표하는 말입니다. 일반적으로 경의를 표하는 대상은 윗사람이거나 자신이 속해 있는 집단의 외부 사람이 되는 경우가 많습니다. 존경 표현의 종류에는 다음과 같은 것이 있습니다.

1 존경의 조동사 「れる / られる」

다른 경어 표현보다 높임의 정도는 떨어지지만, 쉽고 캐주얼하게 쓸 수 있는 존경 표현입니다.

どちらから来られましたか。 [←来ました] 어디서 오셨습니까?

人生は神様が書かれる小説です。 [←書く] 인생은 신이 쓰시는 소설입니다.

登山をされる方へ。 [←する] 등산을 하시는 분들께.

2 「お(ご) + 동사의 ます형(동작성 명사) + になる」

일본어에서 가장 대표적인 존경 표현입니다.

どのくらいお待ちになりましたか。 [←待ちました] 얼마나 기다리셨습니까?

初めてご利用になる方へ。 [←利用する] 처음으로 이용하시는 분들께.

3 「お(ご) + 동사의 ます형(동작성 명사) + です」

今晩どちらにお泊まりですか。 [←泊まります] 오늘 밤은 어디서 묵으십니까?

いつご出発ですか。 [←出発します] 언제 출발하십니까?

4 「お(ご) + 동사의 ます형(동작성 명사) + ください」

エスカレーターは2列でご利用ください。 [←利用する]
에스컬레이터는 두 줄로 이용해 주십시오.

歩きたばこはご遠慮ください。 [←遠慮する]
걸으면서 피우는 담배는 삼가 주세요.

バス停に着いてから席をお立ちください。 [←立つ]
버스정류장에 도착하고 나서 일어나 주세요.

5 「お(ご) + 동사의 ます형(동작성 명사) + なさる」

先生はいつもちょうど12時にお食事なさいます。[←食事します]
선생님은 항상 12시 정각에 식사를 하십니다.

いつ、ご予約なさいましたか。[←予約しました]
언제 예약하셨습니까?

6 접두어, 접미어를 사용하는 형태

01 접두어「お」또는「ご」가 붙는 경우

「お」는 일반적으로 고유의 일본어(和語)에 붙고,「ご」는 한자어(漢語)에 붙습니다.

명사	お国(나라, 고향), お話(이야기), お名前(성함), ご家族(가족), ご意見(의견), ご感想(감상), ご住所(주소)
い형용사	お忙しい(바쁘시다), お美しい(아름다우시다)
な형용사	お元気だ(활달하시다), お上手だ(능숙하시다)
수사	お二人(두 분)
부사	ごゆっくり(천천히)

お時間(시간), お食事(식사), ごゆっくり(천천히), ご都合(형편) 등은 예외적인 단어랍니다.

02 「~さん / 様(さま)」등의 접미어가 붙는 경우

息子さん(아드님), 山田様(야마다 님), お客様(손님)

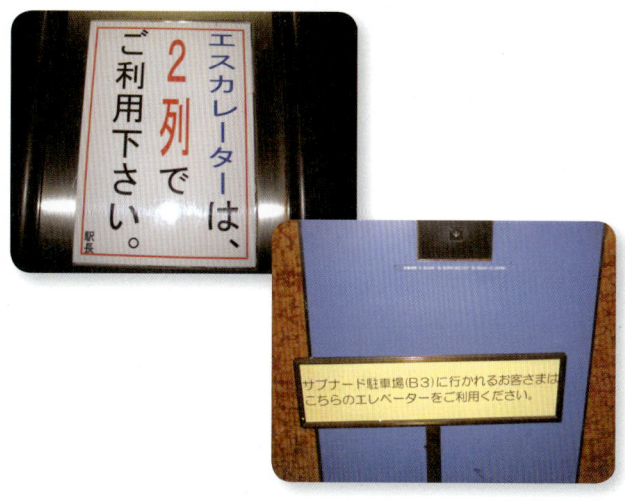

02 겸양 표현

겸양 표현이란, 말하는 사람이 상대방에게 경의를 표하기 위해 자신의 행위를 낮추어 표현함으로써 간접적으로 경의를 나타내는 말입니다. 행위를 낮추는 쪽은 일반적으로 말하는 사람이나 자신이 속해 있는 회사, 가족, 소속집단의 사람입니다. 겸양 표현의 형식으로는 다음과 같은 것이 있습니다.

1 「お(ご) + 동사의 ます형(동작성 명사) + する(いたす)」

よろしくお願いします。 [←願います] 잘 부탁합니다.

私の辞書をお貸しします。 [←貸します] 제 사전을 빌려드리겠습니다.

また後で、ご連絡いたします。 [←連絡します] 다음에 또 연락드리겠습니다.

2 「お(ご) + 동사의 ます형(동작성 명사) + いただく」

말하는 사람에게 이익이 되는 행위를 상대방으로부터 받는다는 의미로 쓰이는 겸양 표현입니다. 상당히 격식을 차려서 말할 때 주로 사용되는 표현입니다.

ご来店いただきまして、ありがとうございます。 저희 가게를 찾아 주셔서 감사합니다.

(○) ご協力いただいて、ありがとうございます。 협조해 주셔서 감사합니다.

(×) ご協力していただいて、ありがとうございます。

> 여기서 「して」를 쓰면 틀린 표현이 되니까, 주의하세요!

3 「동사의 ない형 + (さ)せていただく」

사역 표현에 겸양 표현을 덧붙인 형태로, 사전에 어떤 승인이나 허락을 받아서 행동함을 나타내는 경우나, 실제로 승인이나 허락을 받은 것은 아니지만 그 장소에 있는 사람들이나 관계자에게 자신이 무언가를 하겠다는 뜻을 격식을 차려 말하는 경우에 사용합니다.

今日は、これで終わらせていただきます。 [←終わります]
오늘은 이것으로 마치도록 하겠습니다.

これから発表させていただきます。 [←発表します]
이제부터 발표하겠습니다.

明日は、休ませていただきます。 [←休みます]
내일은 쉬겠습니다.

4 접두어, 접미어를 사용하는 경우

01 접두어 「お」 또는 「ご」가 붙는 경우

お願(ねが)い(부탁), お礼(れい)(답례), ご報告(ほうこく)(보고), ご相談(そうだん)(상의)

02 접미어를 사용하는 경우

~ども : わたくしども(저희들)

03 명사나 대명사 자체에 겸양의 의미를 포함하는 경우

- 다른 사람에게 말하는 사람 자신의 가족을 말할 때 부르는 호칭 : 父(ちち)(아빠), 母(はは)(엄마) 등
- わたくし(저)

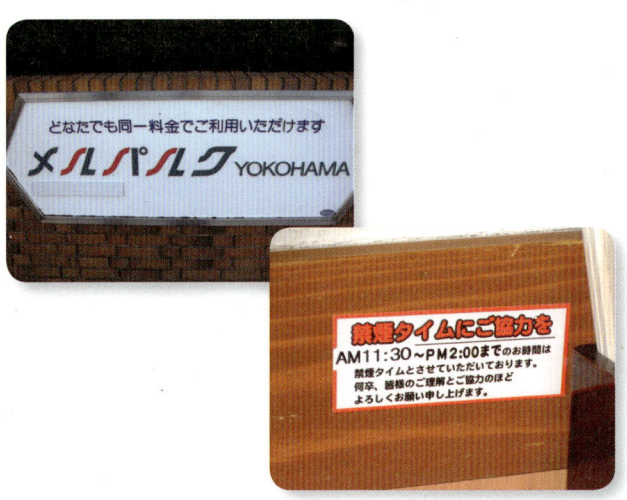

Tip 겸양 표현의 정중어화

원래 겸양 표현은 사람의 행위에 대해서만 사용하는데, 때에 따라서는 사람 이외의 사물에 쓰이는 일도 있습니다. 이때 사용하는 표현인 「まいる」나 「申す」는 겸양 표현이 아니라, 자신의 말을 상대방에게 정중하게 표현하는 말이 됩니다.

ただいま電車(でんしゃ)が入(はい)って**まいりました**。 방금 전철이 들어왔습니다.
東京(とうきょう)には西武(せいぶ)**と申(もう)します**デパートがあります。 도쿄에는 세이부라는 백화점이 있습니다.

03 정중 표현

정중 표현이란 상대방을 높이는 존경 표현이나 자신을 낮추는 겸양 표현과는 달리, 자신이 사용하는 말을 정중하게 표현함으로써 상대방에 대해 경의를 나타내는 말입니다. 기본적으로 말끝은 「〜です(〜입니다)」, 「〜ます(〜합니다)」, 「〜ございます(〜있습니다)」, 「〜でございます(〜입니다)」로 끝나는 것이 보통입니다. 참고로, 「よろしいでしょうか(괜찮겠습니까?)」는 「いいでしょうか」의 정중 표현이며, 「いかがですか(어떻습니까?)」는 「どうですか」의 정중 표현이 됩니다.

ここは社長室です。 여기는 사장실입니다.

私は9時から5時まで働きます。 저는 9시부터 5시까지 일합니다.

銀行は会社の隣にございます。 은행은 회사 옆에 있습니다.

ここは会議室でございます。 여기는 회의실입니다.

お尋ねしてもよろしいでしょうか。 찾아뵈어도 괜찮겠습니까?

질문 있어요!

「〜です」와 「〜でございます」는 양 쪽 모두 '〜입니다'로 번역되는데, 이들 두 표현에는 어떤 차이가 있나요?

큰 차이가 있는 것은 아니지만, 「〜でございます」는 「〜です」보다 좀 더 정중한 표현입니다. 따라서 「〜でございます」는 서비스업에서 쓰이는 일이 많답니다.

Tip

- **미화어**

미화어란 말의 느낌을 예쁘게 꾸며 말하는 사람의 말을 고급스럽게 하는 표현으로, 단어 앞에 「お」 또는 「ご」를 붙여 나타냅니다. 그렇다고 모든 단어에 「お」나 「ご」를 붙일 수 있는 건 아니니까, 주의하세요.

예) お茶(차), お花(꽃), お菓子(과자), お酒(술), お手洗い(화장실), ご飯(밥) 등

- **외래어나 공공건물, 공공장소에는 붙이면 안 돼요!**

(×) おジュース　おコーヒー　おパーマ　お学校　お警察　お会場

(※ 「おビール」, 「おトイレ」와 같이 외래어에 붙여 쓰는 경우도 종종 볼 수 있으나, 이는 올바른 표현이라고는 할 수 없습니다.)

- **「お」를 붙이면 의미가 변해서 큰일 나요!**

やぶん(夜分) : 밤늦게　　おやぶん(親分) : 두목

04 특별 경어 동사

일반 동사를 경의의 뜻을 가지는 완전히 다른 동사로 바꾼 것을 특별 경어 동사라고 합니다. 그러나 경어 동사를 만들 수 있는 일반 동사는 매우 한정적이며, 특별 경어 동사라고 해도 때에 따라서는 존경어만 존재하는 경우도 있고, 반대로 겸양어만 존재하는 경우도 있기 때문에 사용함에 있어서 주의가 필요합니다.

1 특별 동사를 사용하는 존경 표현

「いらっしゃる(가시다, 오시다, 계시다)」, 「おっしゃる(말씀하시다)」, 「なさる(하시다)」 등과 같이 동사 자체가 존경의 의미를 담고 있는 특별한 동사를 사용하는 경우입니다. (※다음 페이지 '표로 정리하는 특별 경어 동사' 참조)

山田さんはいつ韓国へいらっしゃいましたか。[←来ましたか]
야마다 씨는 언제 한국에 오셨습니까?

日本語の勉強はどのくらいなさいましたか。[←しましたか]
일본어 공부는 어느 정도 하셨습니까?

昼ご飯はもう召し上がりましたか。[←食べましたか]
점심 식사는 벌써 드셨습니까?

2 특별 동사를 사용하는 겸양 표현

「まいる(오다)」, 「いただく(받다)」, 「いたす(하다)」 등과 같이 동사 자체가 겸양의 의미를 담고 있는 특별한 동사를 사용하는 경우입니다. (※다음 페이지 '표로 정리하는 특별 경어 동사' 참조)

私は韓国からまいりました。[←来ました]
저는 한국에서 왔습니다.

先生に本をいただきました。[←もらいました]
선생님께 책을 받았습니다.

先生にケーキをさしあげました。[←あげました]
선생님께 케이크를 드렸습니다.

경어 표현으로 쓰이는 특별 동사

보통어	존경어	겸양어
行く(가다)	いらっしゃる, おいでになる, お越しになる	参る, 伺う, 上がる
来る(오다)	いらっしゃる, おいでになる, 見える, お見えになる, お越しになる	参る, 伺う, 上がる
いる(있다)	いらっしゃる, おいでだ	おる
する(하다)	なさる	いたす
あげる(내가 남에게 주다)		さしあげる
くれる(남이 나에게 주다)	くださる	
もらう(받다)		いただく, ちょうだいする
飲む(마시다)・食べる(먹다)	あがる, 召し上がる	いただく
言う(말하다)	おっしゃる	申す, 申し上げる
見る(보다)	ご覧になる	拝見する
知っている(알고 있다)	ご存じだ	存じておる / 存じあげる
聞く(묻다 / 듣다)	お耳に入る('듣다'의 경우)	伺う, 承る('듣다'의 경우)
訪ねる(방문하다)		伺う, お邪魔する, 上がる
会う(만나다)		お目にかかる
買う(사다)	お求めになる	
死ぬ(죽다)	お亡くなりになる	
寝る(자다)	お休みになる	
着る(입다)・はく(신다)	お召しになる	
思う(생각하다)		存じる
わかる(알다)		承知する, かしこまる
～です(입니다)	～でいらっしゃいます	～でございます(정중어)
～ている(~고 있다)	～ていらっしゃる	～ておる

 비즈니스맨에게 꼭 필요한 경어 표현의 NG or OK

01 알겠습니다. 그 건은 알고 있습니다.
　NG　わかりました。その件は知っています。
　OK　承知しました。その件は存じております。

02 저희 쪽도 실물을 보고 싶은데, 괜찮으시겠습니까?
　NG　こちらもぜひ実物を見たいのですが、いいですか。
　OK　わたくしどももぜひ実物を拝見したいのですが、よろしいでしょうか。

03 이제부터 귀사를 방문하고 싶습니다만, 괜찮으시겠습니까?
　NG　これからそちらの会社に行きたいんですが、いいですか。
　OK　これから御社にお伺いしたいんですが、よろしいでしょうか。

04 그럼, 부장님 ○○회사에 다녀오겠습니다.
　NG　では部長、○○会社に行ってきます。
　OK　では部長、○○会社に行ってまいります。

05 부장님, 바쁘신 중에 죄송합니다.
　NG　部長、忙しいのにすみません。
　OK　部長、お忙しいところもうしわけございません。

06 오늘 오후에 미쓰비시상사의 기무라 씨가 오십니다.
　NG　本日午後3時に三菱商事の木村さんが来ます。
　OK　本日午後3時に三菱商事の木村さんがいらっしゃいます。

07 실물 확인을 하고 싶다고 말씀하셨습니다.
　NG　実物の確認をしたいと言っていました。
　OK　実物の確認をしたいとおっしゃっていました。

08 자, 드시지요.
　NG　どうぞ、食べてください。
　OK　どうぞ、お召し上がりください。

Exercise

1. 다음 그림을 보고 경어 표현을 보통체로 고치세요.

❶ 先生がハンバーガーを召し上がる。 선생님이 햄버거를 드신다.
   → _____

❷ 先生が新聞を読まれる。 선생님이 신문을 읽으신다.
   → _____

❸ 私が先生のかばんをお持ちする。 내가 선생님의 가방을 들어드린다.
   → _____

❹ 先生がゴルフをなさる。 선생님이 골프를 치신다.
   → _____

❺ 先生がテレビをご覧になる。 선생님이 텔레비전을 보신다.
   → _____

2. 다음 문장을 적절한 경어 표현을 사용하여 바꾸어 쓰세요.

　❶ 名前と住所を書いてください。 이름과 주소를 써 주세요.
　→ _____

　❷ どこに出かけますか。 어디에 갑니까?
　→ _____

　❸ 私は韓国から来ましたイミジと言います。 저는 한국에서 온 이미지라고 합니다.
　→ _____

　❹ A: 田中課長に会いたいのですが。 다나카 과장님을 만나고 싶습니다만.
　→ _____

　　 B: 田中課長はただいま外出しています。 다나카 과장님은 지금 외출 중입니다.
　→ _____

3. 다음의 특별 동사표를 완성하세요.

	존경어	겸양어
❶ いる 있다		
❷ 来る・行く 오다・가다		
❸ 言う 말하다		
❹ する 하다		
❺ 食べる・飲む 먹다・마시다		
❻ 見る 보다		
❼ あげる 주다	×	
❽ くれる 주다		×
❾ もらう 받다	×	

Exercise

4. 다음 중 틀린 곳을 찾아 올바른 경어 표현으로 고쳐 쓰세요.

❶
お待ちしてください。

→ _____

❷
田中部長は今いらっしゃいません。

→ _____

❸
お客さんがお見えになられました。

→ _____

❹
田中さんでございますか。

→ _____

❺
失礼ですが、お名前は何と拝見すればよいでしょうか。

→ _____

정답 및 부록

확인문제 정답	354
Exercise 정답	359
부록	369

확인문제 정답

4 형용사

p.59
① あおい　あおいです　あおい
② おもしろい　おもしろいです　おもしろい
③ たかい　たかいです　たかい

p.61
① ながく(なる)　ながくて　ながくない
② おおく(なる)　おおくて　おおくない
③ たのしく(なる)　たのしくて　たのしくない

p.64
① さむかった　さむければ　さむいだろう / さむかろう
② あかるかった　あかるければ　あかるいだろう / あかるかろう
③ おもかった　おもければ　おもいだろう / おもかろう

p.70
① きれいだ　きれいです　きれいな
② ひまだ　ひまです　ひまな
③ ゆうめいだ　ゆうめいです　ゆうめいな

p.73
① しずかに(なる)　しずかで　しずかでは(じゃ)ない
② らくに(なる)　らくで　らくでは(じゃ)ない
③ きれいに(なる)　きれいで　きれいでは(じゃ)ない

p.75
① じょうずだった　じょうずなら(ば)　じょうずだろう
② おなじだった　おなじなら(ば)　おなじだろう
③ すきだった　すきなら(ば)　すきだろう

5 동사

p.95
② 1그룹 / いいます　　　③ 2그룹 / おきます

④ 2그룹 / みます　　⑤ 3그룹 / します
⑥ 3그룹 / きます　　⑦ 2그룹 / たべます
⑧ 1그룹 / よみます

p.96

① かう　　　　　　②ならう
③ おきる　　　　　④ おしえる
⑤ べんきょうする　⑥ くる

p.103

① およぎます　およいで　　② いきます　いって
③ いいます　いって　　　　④ たちます　たって
⑤ きります　きって　　　　⑥ よみます　よんで
⑦ とびます　とんで　　　　⑧ しにます　しんで
⑨ きます　きて　　　　　　⑩ ねます　ねて
⑪ きます　きて　　　　　　⑫ します　して

p.107

① やすまない　やすもう　　② あそばない　あそぼう
③ おりない　おりよう　　　④ でない　でよう
⑤ こない　こよう　　　　　⑥ しない　しよう

p.111

① うたえば　うたえ　　　　② きけば　きけ
③ きれば　きろ/よ　　　　 ④ おしえれば　おしえろ/よ
⑤ くれば　こい　　　　　　⑥ すれば　しろ

p.115

① ぬいだ　ぬいだり　　　　② つかった　つかったり
③ まった　まったり　　　　④ きった　きったり
⑤ たのんだ　たのんだり　　⑥ あそんだ　あそんだり
⑦ しんだ　しんだり　　　　⑧ いった　いったり
⑨ きた　きたり　　　　　　⑩ でた　でたり
⑪ きた　きたり　　　　　　⑫ した　したり

7 조동사

p.143

1. ① 私はコーヒが(を)飲みたい。　② テヒは映画を見たがっている。
   ③ 子供たちはお菓子を食べたがる。
2. ① 朝、6時に起きなければならない。　② 約束を守らなければならない。
   ③ 毎日、運動をしなければならない。

p.145

① 事務所でたばこを吸ってもいい。　② 部屋は汚くてもいい。
　事務所でたばこを吸ってはいけない。　部屋は汚くてはいけない。
③ 日本語が下手でもいい。　④ 学校を休んでもいい。
　日本語が下手ではいけない。　学校を休んではいけない。

p.150

1. ① 冬休みには、日本へ行くつもりだ。　② 公園で運動するつもりだ。
   　冬休みには、日本へ行こう。　公園で運動しよう。
   ③ 私は将来、先生になるつもりだ。　④ これからはお水をたくさん飲むつもりだ。
   　私は将来、先生になろう。　これからはお水をたくさん飲もう。
2. ① 僕は友達と日本へ行くことにした。
   ② テヒはなるべく日本語で話すようにしている。
   ③ うちの子供は本が読めるようになった。
   ④ ここで検査を受けることになっている。

p.154

1. ① とってください / とらないでください　② 読んでください / 読まないでください
   　とってもらいたい / とらないでもらいたい　読んでもらいたい / 読まないでもらいたい
   　とってほしい / とらないでほしい　読んでほしい / 読まないでほしい
2. ① 明日、コンサートへ行きましょう。　② 今晩先生に会いましょう。
   　明日、コンサートへ行きましょうか。　今晩先生に会いましょうか。
   　明日、コンサートへ行きませんか。　今晩先生に会いませんか。

p.161

1. ① 明日は雪が降るかもしれない。　② あのアパートはきれいかもしれない。
   　明日は雪が降るだろう。　あのアパートはきれいだろう。
   　明日は雪が降るでしょう。　あのアパートはきれいでしょう。

③ この時計は高いかもしれない。

　　この時計は高いだろう。

　　この時計は高いでしょう。

2. ① 彼は犯人だと思う。　　　　　　② 彼女は来ると思う。

　　彼は犯人のはずだ。　　　　　　　彼女は来るはずだ。

　　彼は犯人のはずがない。　　　　　彼女は来るはずがない。

　③ あの部屋は静かだと思う。

　　あの部屋は静かなはずだ。

　　あの部屋は静かなはずがない。

p.168

1. ① 先生のようだ　先生らしい　先生だそうだ

　② 降るようだ　降るらしい　降るそうだ　降りそうだ

　③ 高いようだ　高いらしい　高いそうだ　高そうだ

　④ 静かなようだ　静からしい　静かだそうだ　静かそうだ

2. ① 彼女は来そうもない。　　　　　② この本はおもしろそうではない。

　　彼女は来そうに(も)ない。　　　　この本はおもしろくなさそうだ。

　　彼女は来そうにもない。

　③ この問題は簡単そうではない。

　　この問題は簡単ではなさそうだ。

p.172

① 日本へ行ったことがある。
② (時々)お酒を飲むこともあります。
③ 時間がないから、タクシーに乗ったほうがいいです。
④ たばこを吸わないほうがいいです。

8 조사

p.186

① は,が　②は,の　③に,に(へ)　④と,を　⑤に,を　⑥が,も　⑦で,を

p.188

① や,など　　② から,まで　　③ より,ほう　　④ から　　⑤ から(に)

p.192
① くらい(ほど)　② くらい(ほど, ばかり)　③ ほど　④ でも
⑤ しか　⑥ だけ　⑦ ばかり

p.199
① が(けれども)　② ても　③ ながら　④ ので(から)
⑤ から　⑥ たり, たり　⑦ て, て　⑧ のに

p.203
① よ　② よね　③ ね　④ か　⑤ わ
⑥ な　⑦ か

p.205
① について　② によって　③ のために　④ に対して　⑤ として
⑥ にとって

p.211
① に, で　② に, へ　③ しか, だけ

11 수수 표현

p.273
① あげました　② もらいました
③ くれました　④ やりました
⑤ あげました/くれました

p.277
① 買ってあげました　② 買ってもらいました
③ 買ってくれました　④ 買ってやりました
⑤ 買ってくれました

Exercise 정답

1 기본문형

1. ❶ です　　❷ あります　　❸ いません　　❹ いません　　❺ ではありません

2. ❶ これは　かばんです。
   ❷ 彼(かれ)は　医者(いしゃ)では(じゃ)　ありません。
   ❸ ここは　日本(にほん)でも　韓国(かんこく)でも　ありません。
   ❹ テーブルの　上(うえ)に　本(ほん)や　パソコンなどが　あります。
   ❺ 僕(ぼく)には、兄弟(きょうだい)が　いません。

2 대명사

1. ❶ B それは彼(かれ)のかんづめ
   ❷ B これは人形(にんぎょう)　　A その　　B これは彼女(かのじょ)の
   ❸ B あれは車(くるま)　　A あの　　B 母(はは)の

2. (1) ❶ ここです　　❷ そこです　　❸ あそこです
   (2) ❶ そこにいます　　❷ あそこにいます　　❸ ここにあります

3. ❶ あの赤(あか)いくつはだれのですか。
   ❷ 会議室(かいぎしつ)はあそこです。
   ❸ この方(かた)が田中(たなか)さんです。
   ❹ 事務室(じむしつ)はどちらですか。
   ❺ あなたの家(いえ)はどこですか。
   ❻ あそこにだれかいますか。

3 수사

1. ❶ ひとり, ふたり, ひとり, よにん　　❷ よっつ, やっつ, じゅうにこ
   ❸ ななまい, にまい, いちまんななせん　　❹ ごほん, さんぼん, はっぽん
   ❺ じゅうろくさい, はたち, 자신의 나이

2. ❶ じゅうにじじゅうごふんです。　　❷ くじよんじゅうごふんです。
   ❸ よじさんじゅっぷん(よじはん)です。　　❹ ろくじにじゅうごふんです。
   ❺ しちじじゅっぷんです。

359

3. ❶ ごがついつかです。
   ❷ くがつようかからです。
   ❸ ろくがつにじゅうよっかからはちがつさんじゅういちにちまでです。
   ❹ げつようびとすいようびです。
   ❺ ごがつよっかにちようびです。

4. ❶ ゼロ(れい)にー(の)　にーはちにーはちの　ななごーななごー
   ❷ ゼロ(れい)ろく(の)　ろくにーよんいちの　にーよんにーいち
   ❸ ゼロ(れい)きゅうゼロ(れい)(の)　ごーななにーろくの　ゼロ(れい)ゼロ(れい)にーはち
   ❹ ゼロ(れい)はちゼロ(れい)(の)　にーごーにーごーの　ゼロ(れい)はちにーさん
   ❺ ひゃくとおばん

4 형용사

1. ❶ さむい, あつい　　❷ たかい, やすい　　❸ きらい, すき
   ❹ にぎやか, しずか　　❺ ひま, いそがしい

2. ❶ 広いです, 広くありません
   ❷ やさしいです, やさしくありません
   ❸ 遠いです, 遠くありません
   ❹ 上手です, 上手では(じゃ)ありません
   ❺ 便利です, 便利では(じゃ)ありません

3. ❶ おいしい　　❷ おもしろい　　❸ まじめな　　❹ 同じ　　❺ にぎやかな

4. ❶ 家が駅から近ければ、家賃が高いです。
   ❷ 首が長ければ、それはきりんです。
   ❸ 勉強が楽しければ、成績がよくなります。
   ❹ 顔がきれいなら(ば)、美人ですか。
   ❺ 値段が同じなら(ば)、どちらを買いますか。

5. ❶ このクッキーはかたくてまずいです。
   ❷ きのうのしけんはむずかしかったです。
   ❸ としょかんはしずかではなかったです / としょかんはしずかではありませんでした。
   ❹ セホは日本語が上手になりました。
   ❺ ミジはりんごが好きで、セホはみかんが好きです。

5 동사

1. ① あらう, 1그룹　　② おきる, 2그룹　　③ たべる, 2그룹
   ④ すわる, 1그룹　　⑤ およぐ, 1그룹　　⑥ おちる, 2그룹

2.

	사전형	ます형 (정중)	ない형 (부정)	て형 (연결·음편)	ば형 (가정)	명령형	의지형 (~う/よう)
1그룹 동사	いう 말하다	いいます	いわない	いって	いえば	いえ	いおう
	のる 타다	のります	のらない	のって	のれば	のれ	のろう
	かえる 돌아가(오)다	かえります	かえらない	かえって	かえれば	かえれ	かえろう
	あそぶ 놀다	あそびます	あそばない	あそんで	あそべば	あそべ	あそぼう
	はなす 이야기하다	はなします	はなさない	はなして	はなせば	はなせ	はなそう
2그룹 동사	ねる 자다	ねます	ねない	ねて	ねれば	ねろ/よ	ねよう
	かえる 바꾸다	かえます	かえない	かえて	かえれば	かえろ/よ	かえよう
3그룹 동사	くる 오다	きます	こない	きて	くれば	こい	こよう
	する 하다	します	しない	して	すれば	しろ/せよ	しよう

3. ① 食べて, 行きます　② 乗り　③ 読んだり, 見　④ はこべ

4. ① 夜はお酒を飲んで、すしを食べた。
　　夜はお酒を飲んだり、すしを食べたりしました。
　② 午後は手紙を書いて、プールで泳いだ。
　　午後は手紙を書いたり、プールで泳いだりしました。
　③ 吉田さんは魚屋で魚を買って、花屋で花を買った。
　　吉田さんは魚屋で魚を買ったり、花屋で花を買ったりしました。
　④ 日曜日は友達と公園で遊んで、家で休んだ。
　　日曜日は友達と公園で遊んだり、家で休んだりしました。

5. ① 一生懸命勉強すれば、試験に受かります。
　② 春が来れば、さくらが咲きます。
　③ タクシーに乗れば、10時の授業に間に合います。
　④ まっすぐ行けば、右側にスーパーがあります。

6. ① 毎日、ニュースを見ます。
　② バスに乗れば、30分かかります。

❸ 彼はお酒を飲んだり、歌を歌ったりします。
❹ きのうはプールで泳いだ。
❺ 日本語で話そう。
❻ 私は友達に会って、映画を見た。
❼ 彼は日本語を習いません。
❽ はやく、ご飯を食べろ。

6 자동사・타동사

1. ❶ A 起きる B 起こす　　❷ A 見る B 見せる
   ❸ A 開く B 開ける　　❹ A 倒れる B 倒す
   ❺ A 並ぶ B 並べる

2. ❶ 火を消しました。　　❷ コーヒーカップが割れる。
   ❸ 料理を冷やします。　　❹ ごみが燃える。
   ❺ お金が残ります。　　❻ 赤ちゃんを生む。
   ❼ 落し物が見つかる。　　❽ 車を止める。

3. ❶ 母が妹に服を着せました。　　❷ 授業は9時に始まって、6時に終わります。
   ❸ 先生は毎日難しい問題を出します。　　❹ 弟がコンピューターをこわしました。
   ❺ 私は体重を減らしました。　　❻ 父が車から荷物をおろします。
   ❼ 兄が壁に時計をかけます。　　❽ どろぼうがかばんにお金を入れます。

7 조동사

1. ❶ はい、洗濯してもいいです。　　❷ いいえ、使ってはいけません。
   ❸ はい、パーティーをしてもいいです。　　❹ いいえ、とってはいけません。

2. ❶ 私は水が飲みたい。
   ❷ 子供たちはお菓子を食べたがる。
   ❸ 人々はお金持ちになりたがる。
   ❹ ミジは日本へ行きたがっている。

3. ❶ ボタンがとれそうだ。　　❷ 雨が降りそうだ。
   ❸ 彼は忙しそうだ。　　❹ 彼はひまそうだ。

4. ❶ 飲まないことにしています。　　❷ 晴れるだろう。
   ❸ 遅れるかもしれません。　　❹ 行かないつもりだ。
   ❺ 歩いていかなければなりません。　　❻ 行ってもらいたい。

5. ① 降りそう　② 行ったよう　③ 雪だそう
   ④ おいしいらしい　⑤ 痛いみたい　⑥ 有名らしい
6. ① 私はふじ山に登ったことがある。
   ② 健康によくないので、たばこは吸わないほうがいい。
   ③ 来週から水泳を習うことにしました。
   ④ 映画館で携帯電話を使ってはいけない。
   ⑤ 今日は日曜日だから、会社にだれもいないはずだ。
   ⑥ 明日から京都へ行くことになった。
   ⑦ ここに座ってもいいですか。

8 조사

1. ① より　② に, で, へ(に)　③ ながら　④ で, たり, たり　⑤ から, まで, ほど/くらい
2. ① の　② は, も　③ が(けれども)　④ な　⑤ でも
   ⑥ よ　⑦ で　⑧ に　⑨ で, に　⑩ までに
3. ① セホは歌が上手ですが、ミジは歌が下手です。
   ② 私は今、1,000円しかありません。
   ③ 私は毎日、バスに乗って会社まで行きます。
   ④ このりんごはあとで食べるから、捨てないでください。
   ⑤ 彼女はソウルに住んでいます。
4. ① 東京より京都のほうが暑いです。
   ② いっしょにコーヒーでも飲みませんか。
   ③ あの子はテレビばかり見ています。
   ④ 試験まであと1日しかありません。

9 부사・접속사

1. ① やっと　② あまり　③ せっかく, たくさん　④ もう
   ⑤ ちょうど　⑥ わざわざ　⑦ たぶん
2. ① まだ(結婚)していません。　② ほとんど食べません。
   ③ 忙しくて全然していません。　④ 好きなので、たくさん飲みます。
   ⑤ いつも帰りが遅くて、あまり寝られません。
   ⑥ 健康がいちばん大切です。

3. ① デパートへ行きます。それから、レストランで食事をします。
   ② うめが咲いている。それに、さくらも咲き始めた。
   ③ 明日は雨または雪が降るでしょう。
   ④ 舞台に上がった。すると、みんなが拍手を送ってくれた。
   ⑤ 練習を休みました。なぜなら、かぜをひいたからです。

4. ① 寝る前に、かならず日記を書きます。　② このお菓子はとてもおいしいです。
   ③ 来年もぜひ遊びに来てください。　④ ふじ山は日本でいちばん高い山です。
   ⑤ このコーヒーはちょっと甘いです。　⑥ 毎朝くつをぴかぴかにみがきます。

10 시간 표현

1. ① 読んでいません　　　② 飲みました
   ③ 終わりました　まだ、終わっていません
   ④ 行きました　行きませんでした
   ⑤ 来ました　来ませんでした

2. ① (A), 肉を焼いています。　② (B), トレーを持っています。
   ③ (A), ソーセージを食べています。　④ (A), 歌を歌っています。
   ⑤ (B), 着物を着ています。　⑥ (B), ベンチに座っています。
   ⑦ (A), ビールを飲んでいます。　⑧ (B), ズボンが汚れています。

3. ① 昨日は朝ごはんを食べなかった。　② 今日もまだ朝ごはんを食べていない。
   ③ コップを落として、割ってしまいました。　④ 彼女はピアノをひきはじめた。
   ⑤ 彼は今お風呂に入っているところです。　⑥ だんだん寒くなってくる。

11 수수 표현

1. ① ヘジンさんに本をあげました
   　 ミジさんに本をもらいました
   ② 私に花をくれました
   　 木村さんに花をもらいました
   ③ ミジさんに時計をあげました
   　 木村さんに時計をもらいました
   ④ ミジさんにかさをもらいました
   　 テヒさんにかさをあげました

❺ テヒさんにバナナをもらいました
私の弟にバナナをくれました

2. ❶ くれた　　　　❷ あげた　　　　❸ から
　 ❹ あげた, やった　❺ もらいました　❻ くれた, くれた

3. ❶ テヒさんに英語を教えてもらった
　 ❷ 中井さんにレポートを直してもらいました
　 ❸ 私の弟に本を買ってくれました
　 ❹ ミジにお弁当を作ってもらいました
　 ❺ 木村さんに絵を書いてもらいました (書いていただきました)

4. ❶ セホは私の妹に新しい本をくれました。
　 ❷ 木村さんは毎日、花に水をやります。
　 ❸ 私は友達にお菓子をもらいました。
　 ❹ ミジはセホにプレゼントをあげました。
　 ❺ 友達が私にお金を貸してくれました。
　 ❻ 私は父に新しい自転車を買ってもらいました。
　 ❼ 鈴木先生はテヒに時計を買ってあげました。
　 ❽ 私は兄に日本語を教えてもらいました。

12 수동 표현

1. ❶ 子供が母にしかられる。　　　❷ 弟が兄にたたかれる。
　 ❸ ワインはぶどうから(で)作られる。❹ 後輩が先輩にいじめられる。
　 ❺ 子供が母に起こされる。　　　❻ ヘジンが母に買い物を頼まれる。

2. ❶ セホが犬に足をかまれる。　　❷ セホがミジに背中を押される。
　 ❸ ミジが母に日記を読まれる。　❹ 私の娘が先生にほめられる。
　 ❺ 子供がさるにお菓子を取られる。❻ 父が赤ちゃんにめがねをこわされる。

3. ❶ 友達に来られる　　　　　　❷ どろぼうに入られた
　 ❸ 雨に降られる　　　　　　　❹ 赤ん坊に泣かれた
　 ❺ 犬に死なれる　　　　　　　❻ 家の前に、ビルを建てられた

13 가능 표현

1. ❶ (1) 買える　(2) 買うことができます
　 ❷ (1) できる　(2) することができます

❸ (1) 聞ける　(2) 聞くことができます
❹ (1) 見られる(見れる)　(2) 見ることができます
❺ (1) 食べられる(食べれる)　(2) 食べることができます
❻ (1) 習える　(2) 習うことができます
❼ (1) 吸える　(2) 吸うことができます
❽ (1) 来られる(来れる)　(2) 来ることができます

14 사역 표현

1. ❶ 兄が弟を泣かせる。　❷ 娘が親を喜ばせる。
   ❸ 彼が彼女をびっくりさせる。　❹ 母が赤ちゃんにミルクを飲ませる。
   ❺ 父が子供を迎えに来させる。　❻ 部長が新入社員に歌を歌わせる。
2. ❶ 彼はお酒を飲ませられた(飲まされた)。
   ❷ 彼は歌を歌わせられた(歌わされた)。
   ❸ 子供は野菜を食べさせられた。
   ❹ 学生たちはつまらないビデオを見させられた。
   ❺ 夫は皿洗いをさせられた。
   ❻ 彼は会社に来させられた。
3. ❶ 先生は学生たちに日本語で話させます。

   学生たちは、先生に日本語で話させられます。
   ❷ 部長が私に荷物を運ばせた。

   私は、部長に荷物を運ばせられた(運ばされた)。
   ❸ 母が私に(を)スーパーへ行かせた。

   私は、母にスーパーへ行かせられた(行かされた)。
   ❹ 彼女が僕を1時間も待たせた。

   僕は彼女に1時間も待たせられた(待たされた)。
   ❺ 妻は僕に部屋の掃除をさせました。

   僕は妻に部屋の掃除をさせられました。

15 가정·조건 표현

1. ❶ ボタンを押すと、お湯が出ます。
   ❷ 私は家へ帰ったら、まず手を洗います。
   ❸ 夏休みに旅行するなら、予約が必要です。

❹ まっすぐ行けば(行くと)、右に銀行があります。
　❺ 電車に乗ったら、本を読みます。
　❻ 手術すれば、治ります。

2. ❶ スミスさんから電話があったら、知らせてください。
　❷ 本を読んだら、貸してください。
　❸ 明日試験があるなら、今晩勉強してください。
　❹ 手紙を読むと / 読んだら、泣き出した。
　❺ 風邪をひいたら、薬を飲んだほうがいい。
　❻ 成績がよければ、大学に入れます。

3. ❶ 分からないことがあったら遠慮なく聞いてください。
　❷ 暑かったら / 暑ければエアコンをつけてください。
　❸ 部長が帰って来たら、相談してみます。
　❹ 釜山に行くなら最近はKTXのほうが便利だ。
　❺ 3月になると / なったら暖かくなります。
　❻ ドアの前に立つと / 立てばドアが開きます。
　❼ ゆっくり休めば / 休んだらすぐ元気になります。

4. ❶ 窓を開けると、海が見えた。

　　窓を開けたら、海が見えた。
　❷ ミジならさっき図書館で会ったよ。
　❸ お金があれば、そのMP3が買えたのに。

　　お金があったら、そのMP3が買えたのに
　❹ 仕事が終わったら、一杯飲みに行きましょう。
　❺ 安ければ買いますが、安くなければ買いません。
　❻ 忙しくなければ、遊びに来てください。

　　忙しくなかったら、遊びに来てください。

16 경어 표현

1. ❶ 先生がハンバーガーを食べる。
　❷ 先生が新聞を読む。
　❸ 私が先生のかばんを持つ。
　❹ 先生がゴルフをする。
　❺ 先生がテレビを見る。

2. ❶ お名前とご住所をお書きください。
   ❷ どちらにお出かけですか。
   ❸ 私は韓国から参りましたイミジと申します。
   ❹ A：田中課長にお会いしたいのですが。
      B：田中はただいま外出しております。

3. ❶ いらっしゃる/おいでだ　おる
   ❷ いらっしゃる/おいでになる/お越しになる　参る/伺う/上がる
   ❸ おっしゃる　申す/申し上げる
   ❹ なさる/いたす
   ❺ あがる/めしあがる　いただく
   ❻ ご覧になる　拝見する
   ❼ さしあげる
   ❽ くださる
   ❾ いただく/ちょうだいする

4. ❶ お待ちください。
   ❷ 田中は今おりません。
   ❸ お客さんがお見えになりました。
   ❹ 田中さんでいらっしゃいますか。
   ❺ 失礼ですが、お名前は何とお読みすればよろしいでしょうか。

1 동사의 여러 가지 표현 일람

동사의 표현	동사의 변화	의미
1. 정중한 현재 사항 서술	食べます	먹습니다
2. 정중한 과거 사항 서술	食べました	먹었습니다
3. 보통체의 현재·과거	食べる·食べた	먹다·먹었다
4. 동작의 진행	食べています	먹고 있습니다
5. 동작의 개시	食べはじめる	먹기 시작하다
6. 동작의 전개	食べつづける	계속 먹다
7. 동작의 종료	食べおわる	다 먹다
8. 동작의 열거	食べたり	먹기도 하고
9. 동작의 완료	食べてしまう	먹어 버리다
10. 결과 후 상태	食べてある	먹었다(먹어 두었다)
11. 준비	食べておく	먹어 두다
12. 경험	食べたことがある	먹은 적이 있다
13. 권유	食べましょう·食べよう	먹읍시다·먹자
14. 의지	食べよう	먹어야지
15. 계획	食べるつもりだ	먹을 생각이다
16. 희망	食べたいです	먹고 싶습니다
17. 의뢰	食べてください	먹어 주세요
18. 추측	食べるでしょう	먹겠죠
19. 전달	食べるそうです	먹는다고 합니다
20. 추측	食べそうです	먹을 것 같습니다
21. 말하는 사람의 판단·추측	食べるようです	먹는 것 같습니다
22. 추측	食べるらしい	먹는 것 같다
23. 의무	食べなければならない	먹어야 한다
24. 50퍼센트 가능성	食べるかもしれない	먹을 지도 모른다
25. 가능	食べられます	먹을 수 있습니다
26. 수동	食べられます	먹힙니다
27. 사역	食べさせます	먹입니다
28. 사역 수동	食べさせられます	먹습니다(먹음을 당하다)
29. 수수 표현	食べてあげます	먹어 줍니다
30. 수수 표현	食べてくれます	먹어 줍니다
31. 수수 표현	食べてもらいます	먹어 줍니다(먹어 받다)
32. 가정·조건	食べれば	먹으면
33. 가정·조건	食べると	먹으면·먹었더니
34. 가정·조건	食べたら	먹으면·먹었더니
35. 가정·조건	食べるなら	먹을 거라면

2 동사의 접속 활용표

동사 종류 \ 표현유형 접속어	기본형 ~u (~다)	ます형(정중형) ~ます (~ㅂ니다)	ない형(부정형) ~ない (~않다)	て형(연결형) ~て (~고, ~서)	た형(과거형) ~た (~었다)
1그룹 동사	押す 누르다	おします	おさない	おして	おした
	行く 가다	いきます	いかない	いって	いった
	書く 쓰다	かきます	かかない	かいて	かいた
	泳ぐ 수영하다	およぎます	およがない	およいで	およいだ
	死ぬ 죽다	しにます	しなない	しんで	しんだ
	読む 읽다	よみます	よまない	よんで	よんだ
	飛ぶ 날다	とびます	とばない	とんで	とんだ
	言う 말하다	いいます	いわない	いって	いった
	待つ 기다리다	まちます	またない	まって	まった
	乗る 타다	のります	のらない	のって	のった
	くださる 주시다	くださいます	くださらない	くださって	くださった
	擦る 문지르다	すります	すらない	すって	すった
	切る 자르다	きります	きらない	きって	きった
2그룹 동사	着る 입다	きます	きない	きて	きた
	寝る 자다	ねます	ねない	ねて	ねた
3그룹 동사	する 하다	します	しない	して	した
	来る 오다	きます	こない	きて	きた
	分析する 분석하다	分析します	分析しない	分析して	分析した
동일 접속 유형	사전형, 명사 수식형 ~だろう, ~かもしれない ~はずだ, ~らしい ~ようだ, ~つもりだ ~ことにする ~と ~から, ~ので, ~のに ~な	~たい ~やすい(にくい) ~そうだ ~ながら ~すぎる ~なさい ~ましょう	~れる/られる ~せる/させる ~せられる ~させられる ~なければならない ~なくてもいい	~ている ~てある ~ていく ~てください ~てほしい ~てもらう ~てもいい ~てはいけない	~たり ~たら ~たことがある ~たほうがいい ~たところだ ~たばかりだ

가정형	명령형	의지형	수동 표현	사역 표현	가능 표현
~ば (~면)	~ろ(よ) (~(해)라)	~う/よう (~해야지)	~れる/られる (~당하다)	~せる/させる (~시키다)	~eる/られる (~할 수 있다)
おせば	おせ	おそう	おされる	おさせる	おせる
いけば	いけ	いこう	いかれる	いかせる	いける
かけば	かけ	かこう	かかれる	かかせる	かける
およげば	およげ	およごう	およがれる	およがせる	およげる
しねば	しね	しのう	しなれる	しなせる	しねる
よめば	よめ	よもう	よまれる	よませる	よめる
とべば	とべ	とぼう	とばれる	とばせる	とべる
いえば	いえ	いおう	いわれる	いわせる	いえる
まてば	まて	まとう	またれる	またせる	まてる
のれば	のれ	のろう	のられる	のらせる	のれる
くだされば	ください				
すれば	すれ	すろう	すられる	すらせる	すれる
きれば	きれ	きろう	きられる	きらせる	きれる
きれば	きろ(きよ)	きよう	きられる	きさせる	きられる(きれる)
ねれば	ねろ(ねよ)	ねよう	ねられる	ねさせる	ねられる(ねれる)
すれば	しろ(せよ)	しよう	される	させる	できる
くれば	こい	こよう	こられる	こさせる	こられる(これる)
分析すれば	分析しろ	分析しよう	分析される	分析させる	分析できる

비고	• 「くれる(주다)」의 명령 표현 ⇨ 「くれ(줘)」 • 「ある(있다)」의 부정 표현 ⇨ 「ない」 • 「問う」, 「乞う」의 연결 표현 ⇨ 「問うて」/「乞うて」 • 「くださる」처럼 ます형・명령형이 「い」로 변하는 동사 　⇨ 「いらっしゃる」, 「なさる」, 「おっしゃる」, 「ござる」 • 「こわれる(부서지다), たおれる(쓰러지다)」 등과 같은 무의지 동사는 명령 및 의지・권유 표현을 만들 수 없습니다. • 활용이 불규칙한 동사 ⇨ 「愛する(사랑하다)」, 「信ずる(믿다)」, 「案ずる(생각해내다)」

3 형용사 및 명사의 접속 활용표

형용사 명사	접속어 표현유형	기본형 ～い / だ (～다)	정중 표현 ～です	부정 표현 ～くない ～で(は)ない	연결 표현 ～くて ～で	과거 표현 ～かった ～だった	과거 정중 표현 ～かったです ～でした
い형용사		ひろい 넓다	ひろいです	ひろくない	ひろくて	ひろかった	ひろかったです
		うれしい 기쁘다	うれしいです	うれしくない	うれしくて	うれしかった	うれしかったです
		いい(よい) 좋다	いいです よいです	よくない	よくて	よかった	よかったです
		おおきい 크다	おおきいです	おおきくない	おおきくて	おおきかった	おおきかったです
		すくない 적다	すくないです	すくなくない	すくなくて	すくなかった	すくなかったです
		ない 없다	ないです	なくない	なくて	なかった	なかったです ありませんでした
い형용사형		食べたい 먹고 싶다	食べたいです	食べたくない	食べたくて	食べたかった	食べたかったです
な형용사형		きれいだ 깨끗하다	きれいです	きれいで(は)ない	きれいで	きれいだった	きれいでした
		同じだ 같다	同じです	同じで(は)ない	同じで	同じだった	同じでした
		健康だ 건강하다	健康です	健康で(は)ない	健康で	健康だった	健康でした
명사＋だ		健康だ 건강이다	健康です	健康ではない	健康で	健康だった	健康でした
		学生だ 학생이다	学生です	学生ではない	学생で	学生だった	学生でした

비고
- 형용사의 어간 : い형용사는 어미 「い」를 제외한 나머지이고, な형용사는 어미 「だ」를 제외한 나머지가 어간이 됩니다.
- 외견상 같은 말이 문맥에 따라 'な형용사'로도 '명사＋だ'로도 쓰이는 경우가 있는데, 그 예로는 「自由だ(자유롭다, 자유이다)」, 「親切だ(친절하다, 친절이다)」 등이 있습니다.
- 엄밀히 말하면 「大きな」는 활용 형태가 아닌 연체사지만, 여기서는 기능면에 중점을 두어 형용사적 표현에서 함께 다루었습니다. 그 예로는 「小さな, おかしな」 등이 있습니다.

조건 표현 가정 표현	형용사적 표현 (명사 수식)	부사적 표현 (동사 수식)	추측 표현(1)	추측 표현(2)	추측 표현(3)
～ければ ～なら(ば)	い / な / の	～く ～に	～だろう ～かろう	～そうだ	～ようだ
ひろければ	ひろい＋명사	ひろく＋동사	ひろいだろう ひろかろう	ひろそうだ	ひろいようだ
うれしければ	うれしい＋명사	うれしく＋동사	うれしいだろう うれしかろう	うれしそうだ	うれしいようだ
よければ	いい(よい)＋명사	よく＋동사	いい(よい)だろう よかろう	よさそうだ	いい(よい)ようだ
おおきければ	おおきい(おおきな)＋명사	おおきく＋동사	おおきいだろう おおきかろう	おおきそうだ	おおきいようだ
すくなければ	すくない＋명사	すくなく＋동사	すくないだろう すくなかろう	すくなそうだ	すくないようだ
なければ	ない＋명사	なく＋동사	ないだろう なかろう	なさそうだ	ないようだ
食べたければ	食べたい＋명사	食べたく＋동사	食べたいだろう 食べたかろう	食べたそうだ	食べたいようだ
きれいなら(ば)	きれいな＋명사	きれいに＋동사	きれいだろう	きれいそうだ	きれいなようだ
同じなら(ば)	同じ＋명사	同じに＋동사	同じだろう	同じそうだ	同じようだ
健康なら(ば)	健康な＋명사	健康に＋동사	健康だろう	健康そうだ	健康なようだ
健康なら(ば)	健康の＋명사		健康だろう		健康のようだ
学生なら(ば)	学生の＋명사	学生に＋동사	学生だろう		学生のようだ

매달 JPT 시험에 응시하는 저자가 직접 집필!

JPT 시험에 최다 응시 기록을 가지고 있는
저자가 직접 집필했으며, 저자의 응시 경험과
노하우를 고스란히 전수 받을 수 있습니다.

수준별 교재의 완벽 수험서로 가장 넘기 힘들다는
JPT 800점을 이 책 한 권으로 쉽게 뛰어넘을 수 있습니다.

파트별 철저한 유형분석과
난이도 있는 양질의 문제들로 구성되어
실제 시험에 대한 적응력을 키울 수 있습니다.

800점대를 목표로 하는 학습자를 위해
점수 향상과 직결되는
고난이도 문제 위주로 선별하였습니다.

서경원 저 / 값 14,000원 (모의테스트 2회+해설+CD 2장 포함)

실제 시험과 동일한 문제형식으로 시험 완벽 대비!!

200문항의 완벽한 해설로 핵심 출제 유형을 알 수 있다!

200문항에 모두 완벽한 해설이 달려있으며,
모든 문제마다 출제 유형의 포인트가 정리되어 있어서
이 부분만 잘 활용해도 자신이 어떤 부분에 취약한지
바로 알 수 있습니다.

시험 직전 완벽한 마무리!

실제시험과 동일한 문제형식으로
시험 직전 마무리 정리가 가능합니다.

자세한 해설과 출제 유형 포인트, 보충표현으로
시험에 완벽한 대비가 가능합니다.

각 파트별 끝 부분에 주요문법과 표현들이 완벽하게
정리되어 있어서 따로 노트정리 할 필요가 없습니다.

서경원 저 / 1회, 2회 / 각 10,000원(문제집+해설집+CD 1장 포함)

新감각 초급 일본어
뉴톱재패니즈

미키 스즈에, 사토 다케오, 나카하라 리사, 박정희, 송미혜 공저
1권(26과), 2권(25과) | 4×6배 | 듣기CD 1장씩 포함 | 각 12,000원

일본어 교육의 흐름을 바꿔놓은 교재
지난 10년간 가장 많이 팔린 롱런 베스트셀러로,
한국의 일본어 교육 흐름을 바꾸어 놓은 책입니다.
한국어와 일본어 양쪽 특성을 잘 아는 한일 필자들이 만들어
한국인에게 맞습니다.

신감각 요즘 일본어
현재 일본인들이 자주 쓰는 요즘말고 첨단 용어를 놓치지 않고,
일본 최신의 '쉬운 문법'을 도입하여 배우기가 훨씬 쉽습니다.
시원한 지면 구성과 올 컬러 삽화로 공부가 즐거워집니다.

▲ 초간편 휴대용 단어장

▲ 해설강의 플래시 동영상 CD 1장

book.japansisa.com
▶ 인터넷 무료 동영상
▶ 일본글자 쓱쓱~ 쉽게 쓰고 익히기
▶ 무료 mp3 다운로드

박정희, 송미혜 공저 | 해설강의 박나리 | 감수 今井幹夫
값 15,000원

저자 소개

정의상

- 일본 오사카 국립대학 대학원 일본학과 문학박사
  (현대 일본어학 전공)
- 現 조선대학교 일본어과 교수
- 前 한국일본어통번역학회 회장
  한국일어일문학회 기획이사
  한국관광공사 일본사업부문 심사위원 및 자문위원

주요 저서

「일본어 잘하고 싶을 땐 다락원 독학 첫걸음」
「일본어 잘하고 싶을 땐 히라가나 가타카나부터」
「더욱 새로워진 귀로 쏙쏙 일본어 문법」
「하지메테노 일본어 Step1, 2」
「50가지 표현으로 배우는 일본어 기본문형」
「49문장으로 끝내는 일본어 기초 문법」
「일본어뱅크 오픈 일본어회화1, 2」
「일본어뱅크 New 스타일 일본어문법」
「新 일본어능력시험 이렇게 풀어라! N1, N2」
「新 일본어능력시험 이거 하나면 끝! N3」
 – 문자·어휘/문법/독해/청해,
「문화로 맛보는 맛있는 일본 요리」

초판발행	2009년 4월 6일
1판 9쇄	2023년 4월 20일
저자	정의상
책임 편집	조은형, 무라야마 토시오, 김성은
펴낸이	엄태상
디자인	이건화
콘텐츠 제작	김선웅, 장형진
마케팅	이승욱, 왕성석, 노원준, 조성민, 이선민
경영기획	조성근, 최성훈, 정다운, 김다미, 최수진, 오희연
물류	정종진, 윤덕현, 신승진, 구윤주
펴낸곳	시사일본어사(시사북스)
주소	서울시 종로구 자하문로 300 시사빌딩
주문 및 교재 문의	1588-1582
팩스	0502-989-9592
홈페이지	www.sisabooks.com
이메일	book_japanese@sisadream.com
등록일자	1977년 12월 24일
등록번호	제 300-2014-92호

ISBN 978-89-402-4079-3 13730

* 이 책의 내용을 사전 허가 없이 전재하거나 복제할 경우 법적인 제재를 받게 됨을 알려 드립니다.
* 잘못된 책은 구입하신 서점에서 교환해 드립니다.
* 정가는 표지에 표시되어 있습니다.